만주에서 고구려에게 길을 묻다

만주에서 고구려에게 길을 묻다

초판 1쇄 인쇄 | 2011년 6월 15일
초판 1쇄 발행 | 2011년 6월 20일

글 | 윤명철
펴 낸 이 | 김남석
편집이사 | 김정옥
전   무 | 정만성
영업부장 | 이현석

펴 낸 곳 | (주)대원사
주   소 | 135-943 서울 강남구 일원동 640-2
전   화 | (02)757-6711, 757-6717~6719
팩   스 | (02)775-8043
등록번호 | 제3-191호
홈페이지 | http://www.daewonsa.co.kr

값 18,000원
ⓒ 2011, 윤명철
Daewonsa Publishing Co., Ltd.
Printed in Korea 2011
이 책에 실린 글과 사진은, 저자와 주식회사 대원사의
동의 없이는 이용하실 수 없습니다.
ISBN 978-89-369-0805-8 03900

*잘못 만들어진 책은 바꾸어 드립니다.

만주에서 고구려에게
길을 묻다

대원사

머리말

신화와 전설의 바다를 건너서

'바다구나!'

덩어리, 덩어리. 한여름날의 구름뭉치들이 여객기의 남빛 날개에 부딪혀 흩어진다. 그리고 날개 끝으로 바닷물이 언뜻언뜻 파랗게 걸린다.

참 오랫동안 잊어버렸던 바다. 어차피 황해를 사이에 두고 중국 땅과 우리 땅이 서로 마주보고 수천 년을 지내왔는데, 이 바다 위를 얼마나 많은 사람들이 욕망과 꿈과 돈 그리고 많은 물건들을 실은 채 오고 갔겠는가?

언젠가부터 우리는 이 바다를 잊어버리기 시작했다. 그리고 스스로를 농경민족이라고 생각했다. 산줄기와 산이 만나는 곳, 그 새새로 구릉이 점잖게 선을 그리고, 구릉이 끝나고 너른 곳을 '들판'이라 하면서 그 곳을 세계의 전부로 알았다. 휘어진 구릉과 얕은 냇물이 휘감고 돌아나가는 곳이 우주 전체였던 것이다. 그 너른 땅, 크고 길고 파란 물결이 넘실넘실대는 강, 그리고 이 크고 막막하기조차 한 황해바다를 빼앗기고 난 후에 책임감을 회피하고 스스로를 숨기며 자위하려고 지어낸 생각인지도 모르겠다.

황해는 누른 빛이라 하는데, 비행기에서 보이는 황해는 푸르기만 하다.

'생명의 바다, 돈의 바다, 힘의 바다였는데……'

언젠가부터 스물스물 빼앗기기 시작하더니 우리는 이제 바다를 모르는

반도민족이 되고 말았다. 지금 사람들이 그토록 겁내는 이 바다를 옛날 사람들은 이른 밥 챙겨 먹고 이웃 마을에 마실 가듯 건너다니면서 살아왔던 것이다. 최단 거리 불과 200여 km. 9C경의 돛단배로도 하루 온날이 채 안걸리는 거리이다. 옛날 시력 좋은 사람들은 조금만 바다로 나가도 반대편 땅이 가물가물거렸을 것이다. 오죽하면 백령도 사람들은 산동반도에서 우는 닭소리가 들린다고 말들하고 있겠는가!

출발한 지 거의 한 시간여나 지났으니 이제는 황해 한가운데 있을 것이다. 거의 반년여 만에 다시 보는 바다다.

그렇다면 우리에게 고구려와 고구려 역사는 구체적으로 어떤 의미를 가지고 있을까? 사실 우리는 고구려에 대해서 별로 알고 있는 게 없다. 막연하게 고주몽의 건국 이야기와 광개토 대왕의 정복 활동, 그리고 약한 자의 자위로 때때로 지껄이는 만주 땅 이야기 정도이다.

나는 한때, 겨울이 시작되면 일본 땅에 갔다. 전국에서 올라오는 초중고교 역사·지리 교사들과 함께 일본 땅에 있는 우리 문화의 유적지를 탐방하면서 한일 고대사를 강의하고 있다. 그 곳에는 가야, 백제, 신라의 유물과 유적들이 남아 있다. 그러나 고구려 역사도 아직 일본 땅에서 그 자취를 남기고 있다.

　잃어버린 고향 같은 아스카에 들어서서 노란 귤 알맹이들이 주렁주렁 열리는 언덕엘 올라가면 고송총이 나타난다. 처음 갈 때는 배낭여행을 하는 학생으로서 멋도 모른 채 찾아갔었다. 그 고분에는 바로 고구려인이 묻혀 있었다. 대륙에 있었던 고구려가 일본 땅에도 그 흔적을 남기고 있다니, 여간 충격을 받은 게 아니었다. 그런데 막상 고구려에 관심을 가진 채 이것저것을 살펴보니까 일본 땅엔 고구려 흔적이 곳곳에 너무나 많이 남아 있었다.

　특히 내 가슴을 아리게 하는 것은 동경 근처인 사이타마현의 고려향고구려촌과 그 곳에 있는 '고려 신사'이다. 약광왕若光王을 모신 고구려 신사인데, 59대에 이르는 후손들이 지금껏 족보를 간직하고 내려왔다. 약광왕은 고구려가 망하기 직전 왜국에 사신으로 왔었다. 그런데 돌아가는 길에 고국이 멸망했다는 비보를 듣고 바닷가에서 몸을 돌려 왜국에 정착했다고 한다. 그리고 이 곳 동경 지역을 개척하였다. 국내에선 관념적으로 느꼈던 고구려가 일본 땅에서 이상한 상태로 접하면서는 현실적으로 나타났다. 그리고 '도대체 고구려는 어떤 나라인가?'라는 의문이 구체적이고 집요하게 생겼다.

　그러길 몇 년, 결국 수차례 만주 땅엘 가고, 고구려를 직접 체험하게 되었다. 집안과 환인 지역에 국한되었지만 비교적 시간을 가지고 충분히 볼 수가 있었다. 그리고 나니까 비로소 고구려가 역사가 아니라 현실로 다가

온 것이다. 그리고 다시 1년을 준비하여 이제 한반도를 떠난 것이다. 그것도 말을 타고 직접 고구려인들의 생활을 체험하고, 역사를 이해하기 위해서다.

나는 고구려 역사 기마탐사대를 편성하였다. 원래 처음에 세웠던 계획은 기마와 함께 황해 뗏목 탐험도 겸하기로 했었다. 그것은 고구려인들의 해양 활동을 추적하고, 동시에 그것을 사람들에게 인식시키기 위해서였다.

아직은 대부분의 사람들이 고구려의 해양 활동에 대해서 이해하지 못하고 있다. 나는 우리 역사상 해양 활동이 가장 활발한 나라는 고구려일 것이라고 생각하고, 최근 몇 년 동안에는 고구려의 해양 활동에 대한 논문들을 발표하였다. 그렇게 이론으로는 구축했지만, 실제로 고구려의 바다를 답사한 적은 없었다. 또한 나는 한반도 및 우리 민족의 활동 무대가 동아지중해적 성격을 띠었음을 강조하고 주장한다. 이른바 동아시아사 및 우리 역사를 해석하는 하나의 모델을 설정한 것이다. 그리고 그 동아지중해 모델은 과거뿐만 아니라 현재 및 21C 우리 민족의 위치를 설정하는 중요한 틀이 될 것이라고 생각한다.

이러한 역사 이론의 실체화와 대중화를 위해선 직접 답사와 탐험이 병행되지 않으면 전파력이 떨어지고 효용성도 훨씬 약해진다. 그러므로 나는 직접 말을 타고 뗏목을 타면서 탐험하기도 하였다.

고구려는 우리의 미래이다

　우리네 사람들은 고구려에 대해서 묘한, 알기 힘든 감정을 지니고 있다. 그 넓이를 부러워하건, 그 사내다움의 기상을 흠모하건, 천수백 년을 간직해 온 벽화예술에 신들려 혼절하건, 자신감에 찬 문화에 질려 쭈볏쭈볏거리건 간에 묘한 감동으로 만나고 있다. 잃어버렸던, 잊혀진 자신의 원형으로서 그리움을 간직한 채 만나고 있다. 구체적으로 꼭 알 수는 없지만 뭔가가 있는 나라, 허기에 허덕거리는 우리에게 뭔가를 줄 수가 있는 역사로 막연히 기대하면서 말이다.

　나는 고구려 지역을 답사한 초창기의 학자이고, 더구나 말을 타고 10여 년 전 직접 고구려의 역사와 자연을 생체험하였다. 오늘날까지 해마다 고구려를 만나러 가는 운명의 길을 가고 있다.

역사학이란 과거 혹은 현장과 살을 섞는 것이라는 행동주의 역사학을 주장해 온 나에게 기마문화의 생체험은 사료 속에서는 빠져 버린 진짜 고구려를 이해하는 데 실로 많은 도움을 받았다.

그 동안 세월도 흐르고 고구려의 옛 땅도 많이 변했고, 그를 둘러싼 역사적인 환경, 사회적인 분위기도 많이 변했다. 한국 사람들은 옛 고구려 지역을 방문하여 흥분하기도 하고, 감동에 전율하기도 하고, '우리 땅'이라고 목청껏 외쳐 대기도 하였다. 학자들도 또한 방문해서 미진했던 연구에 도움을 받기도 하였다. 그리고 이미 그 무렵에 예견했고, 이 책의 곳곳에서, 신문과 방송, 강의에서 절실하게 호소했던 내용들이 이젠 사실로 드러나면서 우리를 당혹스럽게 만들고 있다.

결국 고구려의 옛 땅과 역사를 두고 우리와 중국은 갈등을 벌이고 있다.

소위 '동북공정'이라는 사태는 막 이제 시작했을 뿐 앞으로 그 정도는 더욱 심각해지고, 아마도 우리의 자유를 지키는 일에도 구체적으로 영향을 끼칠 것이다. 역사학은 궁극적으로 미래학이듯이, 고구려는 과거이지만 현재이며 절실하게 다가오는 우리 미래이다. 그리고 고구려는 우리만의 문제가 아니요, 동아시아 전체의 문제이기도 하고, 나아가서는 지구와 문명의 문제이기도 하다. 반도사관의 함정에 매몰되었던 우리에게는 해륙사관을 통해서 잃었던 정체성을 찾는 계기를 주고, 동아시아 세계에는 지나친 경쟁과 갈등 대신에 상생의 효율적인 방략을 제공한다. 그리고 문명의 극적인 전환기에서 허둥거리는 인류에게는 자유 의지와 강건함, 아름다운 세상을 추구하는 모델을 제공한다.

최근의 동북공정 사태로 많은 이들이 고구려에 관해 관심을 가지게 되었다. 망가진 더듬이를 꿈틀거리면서도 늘 우쭐거리는 지식인들, 정치인들, 시민단체들, 역사학자들도 갑자

기 발언들을 쏟아내고 있다. 늘 그렇듯이 곡마단의 앞줄에 선 어릿광대들의 행진은 사람들의 관심을 불러일으키는 역할을 하는 것이니 고마울 따름이다. 다만 우리 근대 이후의 역사가 여러 번 그랬듯이, 그래서 그게 당연시되고 있지만, 그들이 간신히 펼쳐진 판을 빼앗고 천방지축으로 까불다가 다 망쳐 버리지 않을까 우려된다. 초판을 쓸 무렵부터 예견했듯이, 다시 한 번 예측하지만 앞으로 수 년 안에 우리의 미래 운명이 결정될 것이다. 이젠 모든 판에서 벌어지는 너무도 많은 어릿광대들의 바보스러운 폭력을 맥 놓고 바라만 볼 수 있는 상황이 아니다.

  모두, 우리들 모두, 천수백 년 만에 다시 만나는 고구려를 붙들고 우리의 불유쾌한 과거와 너절한 현실, 불안한 미래를 날려 버리는 신춤을 추어 보자.

2011. 6

만주에서 고구려에게 길을 묻다

차 례

● 머리말

제1장 | 초원으로 가다

:: 눈강이 흐르는 부여의 땅 대안 · 18

:: 부여인의 혼처럼 빛나는 별빛 눈강 · 25

:: 장수왕의 기백이 서려 있는 초평선 울란호특 · 35

:: 예족과 부여인의 선주지 눈강 유역 · 45

:: 부여의 수도, 발해의 부여부가 있던 곳 농안 · 55

:: 고조선의 땅, 부여의 땅, 고구려의 땅 농안 · 59

제2장 | 고구려의 혼이 살아 숨쉬는 길림

:: 항전의 땅, 독립군의 땅 길림 · 72

:: 송화강 변의 고구려성 용담산성 · 79

:: 난공불락의 요새 동단산성 · 86

:: 잃어버린 고향이 숨어 있는 곳 매하구 · 96

:: 800m 고지 위에 쌓은 석회암성 라통산성 · 106

:: 고구려의 역사와 숨결이 숨어 있는 곳 라통산성 · 112

:: 혼강과 자안산성이 있는 곳 통화 · 115

제3장 | 고구려 옛길 기마군도

:: 어둡고 고요한 밤 대전 · 122
:: 고구려 첫 도읍지 흘승골성 환인 · 129
:: 환인에 있는 고구려 고분 미창구 장군총 · 149
:: 산길로 남은 고구려의 옛길 기마군도 · 156
:: 화전자, 망파령, 쌍파, 소판자, 집안으로 연결된 고구려군도 · 166

제4장 | 국내성 시대를 펼친 집안

:: 고구려 최대의 야외 박물관 집안 · 192
:: 고구려의 혼 광개토 대왕비와 장군총 · 213
:: 대수맥족 땅에 쌓은 고구려의 성 국내성 · 245
:: 들판 한가운데에 있는 고분 모두루총 · 253
:: 축자 방어 체제 고구려의 기마군도 북도 · 256
:: 유화 부인의 신화가 깃든 동굴 국동대혈 · 263
:: 고구려의 혼을 조각하던 채석장 녹수교 · 278

제5장 | 고구려 국력의 상징 천리장성

:: 송화강과 대흥안령의 품 하얼빈 · 284

:: 폐허로 남은 동부여의 터전 아성 · 290

:: 고구려가 한족을 방어하기 위해 쌓은 성 천리장성 · 296

:: '고이산산성'으로 불리는 고구려성 신성 · 301

:: 고구려 최후의 보루성 개모성, 백암성, 요동성 · 311

:: 양만춘 장군의 혼이 깃든 성 안시성 · 326

:: 고려성촌을 품은 성 건안성 · 340

:: 천리장성의 시작과 끝 비사성 · 351

제6장 | 고구려의 해안 방어 기지

:: 요동의 해안 방어 진지 오고성과 석성 · 368

:: 검은 바위산에 쌓은 성 오골성 · 390

:: 대륙과 해양의 출입구 압록강 하구 · 403

:: 고구려의 옛 땅을 갈라놓은 국경선 압록강 · 417

:: 진달래꽃 피는 땅은 모두 우리 땅 우리 겨레 · 422

제1장
초원으로 가다

:: 대안 | 눈강 | 울란호특 | 눈강 유역 | 농안

대안
눈강이 흐르는 부여의 땅

 **7월 13일** 1#   기마민족의 후예를 찾아서

우리는 길림성의 수도 장춘에 도착, 장춘공항에 내렸다. 장춘에서 하룻밤 묵고, 새벽에 북쪽의 대안으로 출발하기로 했다. 어제 도착하기로 했던 차는 내일 통화를 출발해서 모레 오전까지는 대안에 도착하기로 약속했단다. 애당초 큰 기대는 안 했지만 처음부터 삐그덕거리기 시작한다. 대안까지는 정북으로 6시간 정도 걸린다. 길림성의 끝이고 흑룡강성과 강 하나를 사이에 두고 만나는 지역이다.

이 지역이 고구려와 깊은 관련이 있다는 흔적은 찾기 어렵다. 하지만 가능한 한 멀리 올라가는 것이 상책이라는 판단이 서서 지도를 보고 내가 결정했다.

우리의 이번 탐사는 단순한 고구려 유적뿐만 아니라 부여의 옛 지역에 대한 조사도 포함되어 있다. 더구나 차를 타지 않고, 말을 타고 각 지역을 직접 답사하는 것이다. 이른바 기마민족의 옛길을 재현하고, 그들의 활동이 구체적으로 어떠했는지 직접 체험하고자 하는 목적을 가지고 있다. 역사를 이해하는 데 있어서 실체험이란 매우 중요하다.

흔히 '기마민족의 후예'란 말을 많이 한다. 그러나 실제로 말을 타 본 경험을 가진 사람은 별로 없다. 승마장에서 경기하는 것 외에 말 타는 것도 본 적이 없고, 말 타고 달릴 만한 공간, 즉 평원을 본 적도 없다. 더구나 고려나 조선 시대에 언제 우리가 말을 탔는가? 백제나 신라는 말을 탔는가? 복천동, 대성동, 양동리, 함안 등에서 기마와 관련된 유물들이 발견되기는 하지만 왠지 피부에 와 닿지가 않는다. 그러니 지금 우리가 살고 있는 이 땅에선 말을 탔었다는 생각을 할 수 없고, 기마민족의 후예라는 확신도 들지 않는다.

'기마문화', 광활한 평원을 달리고 대륙을 호령했다고 해도, 마을 밖을 나가기조차 어려워했던 천수백 년간의 생활 속에서 그건 이미 껍데기만 남은 말이었다. 고대 역사를, 아니 조상들의 삶을 이해하려고 해도 그건 불가능했다. 오죽했으면 일본 열도의 정복 과정을 설명한 '기마민족 정복국가설'도 일본인인 에가미나미오江上波夫에 의해서 제기되었을까? 경험이 없는 우리의 인식은 도저히 미치지 못했는데, 일본은 오랫동안 무사국가였고 일제 강점기 때 만주 벌판을 달려본 경험이 있는 데다 해양민족이기 때문에 기마민이 가진 이동성을 충분히 이해하고 있었다.

나는 기마 탐사를 통해서 기마문화의 실상을 알고 싶었다. 역사적 사실, 예를 들면 고구려의 군도軍道, 적과의 전투 상황, 고구려 방어 체제 및 진출 과정과 전략을 이해하기 위해서는 우선 기마에 대한 실체험이 필요했다. 그리고 말을 기르고 타는 사람들의 정서, 그들의 사랑과 세계관은 어떤 것

몽골 초원을 달리다 보면 간혹 나타나는 목가적인 풍경에 마음을 빼앗겨 잠시 머물게 된다.

인가도 알고 싶었다.

 사실 난 말을 굉장히 타고 싶었다. 기마문화를 몸뚱이로, 혼으로 체험하고 싶었다. 내 핏속에 끝 모르고 달리던 이동민의 피가 흐르고 있기 때문이다. 철이 들면서 좁은 땅에서 산으로, 동굴로, 강으로, 바다로 헤갈했다. 그래도 채워지지 않아 대한해협을 건너고, 세계를 돌아다녔다. 그러나 정작 그 피를 흐르게 한 기마는 할 기회가 없었다. 정말 끝없이, 내가 지치고 말이 지쳐 게거품 흘리며 떨어질 때까지 끝없는 평원을 달리고 싶었다. 그러니 말을 구하기 위해서 몽고와 가까운 지역으로 올라가야 하고, 가능한 한 부여나 고구려와도 관련이 있어야 했다. 그래서 대안을 첫 출발지로 삼았다.

 우리는 기차를 탔다. 처음에는 서서 갔는데 시간이 좀 지나서 다행히 자리를 잡아 앉았다. 외국인 티를 안 내려고 했지만, 역시 옷차림이나 나의 수염 난 외모 때문에 그게 쉽지 않았다. 어느 나라나 철로 주변은 더러움과 빈곤, 그리고 목가적인 모습이 교차되고 있지만 중국은 그게 좀 더 심한 것 같다.

기차가 장춘권을 벗어나면서 차창 밖의 풍경이 달라지기 시작했다. 논이 사라지는가 했더니 옥수수밭이 눈을 채우고, 다시 좀 더 철마가 달리자 길게 늘어진 구릉이 시야를 열고, 초록색 가운데서 흙빛 점들이 군데군데 채우고 있었다. 말들이 초원에서 풀을 뜯고 그 언저리에서 소 몇 마리, 양떼들이 몰려다니고 있었다.

'신기하다. 정말 목가적이구나!'

'초록'이라는 자연색덩어리 때문일까, 말이나 소·양 때문일까, 아니면 끝없는 평원과 느릿느릿 흘러가는 구름 때문일까? 마음이 별안간 축 처지고 숨길이 있는 듯 마는 듯 시간을 거슬러 올라가고 있다.

'기마인들의 호흡은 가빴을까, 아니면 느렸을까?'

그들은 달리는 말 위에 앉아 있었어도, 숨이 가빠 헉헉거렸어도 숨길이 흐트러지지는 않았을 것이다.

대안에 도착하니 12시가 넘었다. 역사를 나서자 인력거꾼과 자전거꾼들이 나와 손님들을 끌고 있다. 그런데 이 곳은 다른 곳과 달리 마차가 유달리 많았다. 말이 끄는 마차, 노새가 끄는 마차, 심지어 인력거에 당나귀를 묶어 끄는 마차까지 있었다.

'역시 아직도 말문화가 남아 있구나!'

우리는 키가 훌쩍 크고 멋있게 생긴 할아버지가 모는 마차에 올라탔다. 이 마차는 누덕누덕 기운 헝겊을 받치고 각목으로 만든 안장을 댄, 키가 조

도로에서는 당나귀나 조랑말들이 마차나 리어카를 끄는 재미난 풍경이 자주 목격된다.

금 큰 조랑말이 끌고 있다. 우리 셋과 마부 할아버지까지 해서 넷이 타니까 벌써 축 처지는 게 아무래도 힘을 제대로 쓸 것 같지가 않았다. 할아버지는 한 발이 넘게 꼰 가는 대나무에다 두 발이 넘는 끈을 묶은 채찍을 손에 들고 있었다. 입으로 이상 야릇하고 쉰 소리를 내뱉으며 휘두를 때마다 공중에서 '따딱' 소리가 난다. 때로는 엉덩이 위에서 '찰싹' 소리가 나는데, 앙증맞은 느낌이 들 정도로 소리가 예쁘다.

아스팔트 위를 수십 대의 마차들이 질주한다. 벤허에서 보듯 준마들이 사생결단을 하며 질주하는 것도 아니고, 조그만 조랑말들이 리어카를 끌고 도로 위를 달리니, 얼마나 우습고 재미있겠는가? 처음엔 우리만 신나고 웃고 있는 줄 알았는데, 가면서 보니 마차를 탄 사람들마다 제각기 나름대로 즐기고들 있었다.

대안 시내는 생각보다 아주 작았다. 대로를 사이에 두고 관공서와 빈관

賓館 호텔보다 수준이 낮은 건물이 있고, 중간중간에 간선도로가 있다. 하지만 무슨 노선 버스가 있는 것도 아니어서 인력거만이 시내와 주변을 연결시켜 주고 있었다.

빈관에 들어갔다. 외국이지만 그냥 내국인 행세를 했다. 복무원들은 금방 우리가 외국인이란 걸 알지만 못 본 체한다. 중국에서도 아주 변방인 데다 시골읍 정도의 마을이니 외국인을 본다는 게 여간 어려운 게 아니다. 그래서인지 조선족이 있는데도 우린 외국인 대접을 톡톡히 받았다.

점심은 조선족 식당에서 먹었다. 거리의 한 모퉁이가 모두 조선족 식당이었다. 한국에는 중국집이 있는데, 여기 오니 조선족 식당들이 있었고, 중국인들은 별미로 자장면 대신 조선 음식을 먹고 있었다. 이 구석까지 조선족들이 진출해서 식당을 차리고 있으니 반갑기 이를 데 없지만 서럽기도 하고, 또 한편으론 옛날 우리 땅이니 당연한 게 아닌가 싶기도 하다.

동이의 젖줄인 눈강

주인은 30대 초반의 젊은 사람인데 식당은 부인이 운영하고, 본인은 소방대원인 현역 중위라고 했다. 조선족으로 군대에 가고 장교까지 하고 있으니 공산당원임에 틀림없다. 하지만 그는 그냥 사람이었고, 더구나 나와 피를 나눈 동족이었다. 원 고향이 경상도 영덕이라고 하니, 뭐 무슨 차이가 있겠는가!

저녁 먹고 느지막이 돌아왔다. 시장 앞에만 사람들이 모여 꼬치구이를 먹고 있고, 도로는 텅 비었다. 별들이 쏟아져 내리는 틈으로 달이 둥실 떠 있다. 곧 보름이 될 거다.

'부여 땅에서의 하루가 이렇게 끝이 나는구나. 자자. 별이 되자. 눈강嫩江의 별이 되자.'

눈강
부여인의 혼처럼 빛나는 별빛

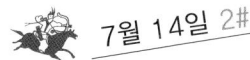 7월 14일 2#

아침부터 서둘렀다. 차량을 구한 다음, 말 구입에 관해 알아볼 겸, 또 눈강을 볼 겸 해서 강가로 나가 봤다. 시내에서 4km를 달려가 '유람선 선착장'이란 간판을 보면서 언덕을 내려가니 강이 눈에 들어온다.

"아니!"

저절로 침이 삼켜진다. 너른 강물이 바람에 잔물결을 일렁이고, 자연 그대로인 물과 흙이 만나는 물가에는 초원이 펼쳐져 녹색물에 스며들고 있다.

선착장 가에 서니 강 건너편이 멀리서 아스라하다. 흑룡강성黑龍江省이란다. 대안이 물돌이 지역에 있어서 그런지, 여기서 보기엔 강 건너가 제대로 식별되지 않고 마냥 너른 물판같이만 보인다.

"이렇게 감동적일 수가……."

알렉산드리아의 나일은 사막의 바람결에 파피루스가 흔들리고 있었는데, 난 그 건조하고 쌈박한 아름다움에 감동을 받았었다. 콜로라도의 거친

눈강과 송화강이 만나는 대안을 흐르는 강

강물은 그랜드캐년의 협곡을 부딪히는 물보라와 소리에 받쳐 가슴이 벅찼고, 유럽의 강들은 아기자기하고 꼭 화단 속의 물줄기 같아 귀엽기만 했었다. 한강이야 예전엔 아름다웠지만, 지금은 그저 삭막하기만 해 매일 봐도 도시의 한 부속품이라는 생각만 인다. 정선의 용탄이나 가수리쯤엔 강변의 기암절벽이 꿈결 같았는데, 아름다움 때문이다.

그런데 눈강은 눈으로 다 담기 힘들 만큼 크고 너른, 물 벌판이다. 그 흐름이 유장하다 못해 비장미마저 일으킨다. 중간중간에 있는 섬들은 바람에 흔들리는지 초록 연기들이 뭉실뭉실 흩어지고 있다. 행주대교에서 보는 한강 하류보다 더 넓어 보인다. 더구나 물과 초원의 경계가 분명하지 않고 서로 스며들고 있으니 더 넓게 보인다. 눈강은 스며들고 배어나는, 그저 연기

같은 아름다움으로 가슴에서 흘러 나오는 것 같다.

강가는 물론 강 한복판에도 그물을 쳐놓은 듯 대나무 끝이 휘적휘적거린다. 자본주의 사회 같은 대규모의 어업 개념은 아니지만 정부에 돈을 주고 쳐놓은 것이라고 한다. 고기잡이배들도 떠다니는 게 심심치 않게 눈에 띈다.

눈강과 송화강이 만나는 이 곳 언저리는 옛날 아주 먼 옛날부터 사람들이 살고 있었다. 세석기細石器 문화와 청동기 문화가 일찍부터 발달했다. 동류東流 송화강松花江 변인 조원肇源의 백금보白金寶 문화와 눈강嫩江 변의 한서漢書 문화는 기원전 13C부터 기원전 2C에 걸쳐서 발달되었으며, 예맥족濊貊族의 문화와 깊은 관련이 있다. 그러니까 이 지역은 옛날 우리 선주족인 예맥족들이 살며 고기잡이를 하던 곳이었다. 당연히 그저 개천이나 아니면 기껏해야 샛강 정도의 수준인 줄 알았다. 글자에만 급급하고, 조그만 땅덩어리에서만 살았던 인식의 한계 탓으로 무심코 지나쳐 버린 탓이다.

우리는 배를 빌려 타고 강 한복판으로 나갔다. 초원의 풀이파리들을 스치고 온 바람이 물결을 살랑살랑 흔든다. 손을 집어넣고 물을 만져 봤다. 동몽골 초원의 풀뿌리에서 배어 나온 물들이 내를 이루다가 멀리 흥안령에서 흘러 내려온 물길에 안겨 다시 모이고 모이면서 눈강으로 흐르고 있다.

왜 '눈'이라는 낭만적이고 원시적인 분위기의 이름을 붙였을까? 하늘을 그리는, 초원으로 시집간 옛 여인을 그리는 눈길 때문일까, 아니면 대흥안령大興安嶺의 천산 꼭지마루에서 녹은 눈이 강물을 이루었기 때문일까?

흑해로 흘러드는 돈강이 떠오른다. 돈강 가에 살았던 사람들이나 눈강 가를 달렸던 사람들이나 한때는 같은 핏줄, 같은 말을 쓴 적이 있었는데……. 그들은 초원을 달리면서 세계의 잔등이를 하나로 이었다. 흑해 연안의 코샤크나 터키의 검은 여인들이 흥안령과 눈강 가, 그리고 부여의 옛 땅에 살던 남정네들과 살을 섞을 수가 있었던 것이다. 그래서 그 자손들은 멀리서 똑같이 하늘을 숭배하고 산을 그리며 초원에 말발굽 자국을 내곤 했는데…….

그런데 눈강이 이렇게 큰 강이라면 우리는 뭔가 다시 생각해야 될 거란 생각이 든다. 어업이 단순한 천렵이 아니라 생존 자체였고, 나아가 더 멀리 초원의 사람들과 뭔가를 바꾸어 먹던 교역용 어업이었다면 이 지역에 살았던 사람들과 문화에 대해 의미를 두어야 할 것 같다. 더구나 이런 크기의 강이라면 내륙 수운에 절대적인 역할을 했을 것이다. 흥안령에서 1000여 리를 내려왔으니, 얼마나 많은 사람들과 말·소 들이 이 물을 마시고 이 물에 실려 오고 갔겠는가? 지금도 통항通航 거리가 700여 km에 달한다고 한다.

4C경 흥안령 언저리엔 '선비鮮卑'라고 불리는 사람들이 살고 있었고, 골짜기에는 수달들이 헤엄치며 살고 있었다. 그 물기 번드르르한 까만 털은 햇살에 튀면서 여인들을 홀리곤 했다. 사람들은 수달을 잡아 가죽을 벗겨 냇물에 잘 씻은 다음, 바람이 스미게 하면서 잘 말렸다. 그리고 말 안장 뒤에 두름두름 달고 초원을 달리기도 하고, 눈강의 물길에 가죽배나 백양나무를 말려 다듬은 통나무배를 띄우고 흘러 내려오기도 했다. 그리고 기다리고 있던 부여인들이나 고구려인들에게 팔았다.

벽화 속 고구려 여인들은 동그란 점들이 콕콕 박힌 짐승 가죽 무늬 옷들을 즐겨 입었다. 저고리, 바지의 까맣고 윤나는 섶들은 수달피였는지도 모른다. 여인들을 장식시키고 나머지는 싸들고 산 건너고 바다 건너서 멀리 양자강 남쪽에까지 내다 팔았다. 수만 장의 수달피들이 선비에서 고구려인의 손에 건네진 곳이 바로 이 곳 눈강 가일 것이다.

제일 짧은 곳의 폭이 1.5km가 넘는다는데, 이 강을 사이에 두고 얼마나 많은 종족들이 대치하고 싸우고 했겠는가! 여름이면 마을 사람들 모두 모여 달빛에 물고기도 잡겠지만, 배들이 오르락내리락 왔다 갔다 건너다니며 물건도 팔고, 때로는 적을 공격하기도 했을 것이다. 그리고 겨울에는 얼음이 얼면 빛나는 얼음 위를 건너다니며 별일들을 다 했을 것이다. 얼마나 두껍게 어는지, 말은 물론 지금도 짐 실은 트럭들이 건너 흑룡강성으로 들어간다고 한다.

선착장에는 바지선이 정박해 있고, 그 위에는 석탄가루가 가득 실려 있다. 흑룡강성에서 가져오는 석탄이라고 한다. 러시아 선박들도 있는데, 이 강을 통해서 러시아와 물건을 교역한다고 한다. 옛날 수군의 모습이다. 중국인들의 기록처럼 눈강 가에서 우리 선주민들이 살았다면 그 사람들과 그들이 세운 나라는 결코 작은 나라가 아니었을 것이다.

광개토 대왕 비문에 이런 기록이 있다.

昔有始祖鄒牟王之創基也出自北夫餘天帝之子母河伯
女郎剖卵降世　―夫餘奄利大水―

이 '주몽신화'와 거의 유사한 부여의 '동명신화'가 《논형論衡》, 《후한서後漢書》, 《양서梁書》, 《수서隋書》 등 중국 사료와 《삼국사기》, 《삼국유사》

등에 기록되어 있다.

'부여'라는 국호의 의미는 '사슴'을 뜻하는 'PUHU'에서 유래했다는 설(白鳥古古)이 있고, '밝음'을 뜻하는 '붉'에서 '평야'를 의미하는 '벌伐·弗·火·夫里'로 변화했다는 설(崔南善)이 있다. 그러나 부여인의 습속, 천손 강림 신화 등은 해나 초원과 깊은 관련이 있다. 부여의 천제가 해모수解慕漱 해부루解夫婁였듯이 고구려의 해명解明:琉璃王의 왕자, 대해주유왕大解朱留王: 大武神王, 해색주解色朱:閔中王, 해우解憂:慕本王 등 초기 왕들은 태양을 의미하는 '해解씨'였다.

고구려인들은 이렇게 원향이 부여임을 선언하고 있다. 그러면 고구려 문화의 원 바탕은 어떤 것일까? 부여는 어디서 어떤 종족으로 시작된 것일까?

부여는 예맥족이 세운 국가인데 사기는 조선과 더불어 기록하고 있으니 최소한 기원전 3C에는 국가를 이룬 셈이다. 북한 학계에서는 기원전 5C까지 올려보기도 한다. 예濊와 맥貊은 다른 종족이란 견해도 있지만, 동일한 종족이 사는 지역에 따라 구분된 것이다. 다시 말하면 예는 북쪽의 눈강 유역, 맥은 남쪽의 혼강渾江과 압록강 유역에 살고 있었다. 고구려는 여기서 뿌리를 두고 있다.

동명은 고리국藁離國·索離國·槀離國 등으로부터 도망하여 엄체수俺遞水능비문에는 奄利大水를 건너 부여국을 세웠다. 부여인들은 자신들이 망인의 후손이라고 말하였다國之耆老 自說古之亡人. 그러면 그들은 어디를 출발해서 왔을까? 동명이 도망 나온 탁리국은 북부여로 표현되기도 하는데, 어디에 있었을까?

부여의 첫 수도에 대해서는 장춘설과 농안설 등이 있다. 그러나 일본인 이케우찌池內宏 등은 동부여는 하얼빈 아래 납림하拉林河 유역의 아성阿城에서 출발했고, 북부여 혹은 탁리국은 치치하얼齊齊哈爾 지역이라고 한다. 그는 북부여를 비문의 기록처럼 실재했던 나라로 보고 있다. 중국 학자들도 그런 견해를 갖고 있다.

모두루牟頭婁 묘지墓誌에는 대형 염모가 북부여의 수사였으므로 분명히 북부여 지방이 있었음을 알려 주고 있다. 단순한 방위 관념으로 해석하는 견해도 있지만 한 나라의 역사를 기록하고 국가를 지칭하는 데 편의상 동, 북 등 방향을 붙일 수는 없다. 더구나 관직을 표시하는 데 부여의 북부라는 의미로 해석한다면 문제가 있다. 해모수가 실재했으면 북부여도 실재했고, 주몽이 북부여에서 나왔다면 염모가 수사로 있던 북부여는 단순한 부여 북부가 아니라 해모수의 북부여인 것이다.

눈강은 치치하얼과 연결되는 강이다. 이 강을 경계로 동몽골과 흑룡강이 갈라지고, 길림과 흑룡강성이 구분된다. 그러니 전략적으로 대단히 중요했음이 틀림없다. 더구나 흥안령에서 남으로 내려오는 유일한 길이고, 송눈松嫩, 현재의 부여와 대안 지역의 초원 지역을 관통하는 큰 강이니, 대규모의 기마군사를 이동하는 군도의 역할을 했을 것이다.

부여가 이 지역을 장악하고 있었다면, 그리고 원향이 그 북쪽의 치치하얼 지역이라면 해모수는 이 강을 따라서 남하했을 것이고, 동부여가 하얼빈 지역이라면 고주몽은 송화강이나 이 강을 건넜을지도 모른다. 엄체수가 바로 이 강일 가능성도 적지 않은 것이다. 유장한 강물에 너무나 감동받아 두서없이 흐르는 물길에 이 생각 저 생각 실려 띄어보는데……

어쨌든 초기의 부여는 이 지역을 장악하고 있었던 것은 틀림없고, 그렇다면 부여의 크기와 국가의 세력과 문화의 성격은 좀 더 생각해 봐야겠다. 어쩌면 눈강은 예족들의 터전이고, 부여의 한강인지도 모른다.

'그래, 아직 단정하지 말자. 있을 수 있는 가능성을 다 상정해 보자. 앞으로 상당 기간 동안 부여 지역에 있을 예정이니, 계속 관찰하면 더 나은 생각에 이를지도 모른다. 우린 아직 초원에 발도 디디지 않았다.'

첫날 첫 광경부터 감동이라니…, 워낙 감동을 잘하는 터라 은근히 걱정되기도 한다. 여름 한낮의 햇빛에서도 물기 밴 녹색 연기를 흘리는 눈강은 나를 고대 부여 나라의 백성으로 만들었다.

강가에서 차를 돌려 북으로 시내를 벗어난 다음에 왼쪽 동네로 들어갔다. 말을 사려고 동네 여기저기를 기웃거렸지만 거래가 잘 되지 않는다. 운전사의 소개로 한 집에 들어갔는데, 짐 끄는 말인 데다 값 또한 터무니 없다. 막연히 몇 집을 더 다니다 정처없이 막바로 들판으로 나갔다. 해가 지려는지 들판이 촉촉한 게 옥수수잎이 더 진해진다.

들일을 끝내고 돌아오는 말을 붙잡았다. 동네 청년에게 부탁해 말 위에 올라탔다. 안장 없는 맨잔등 위라 그런지 말 체온이 내 엉덩이를 뜨겁게 한다. 기분이 묘하다. 기마란 살아 있는 생물과 몸을 부딪는 것이라는 게 실감난다.

의외로 말이 말을 잘 듣는다. 사람들이 쭉 둘러서서 보고 있다. 겁먹거나 서툰 기색을 보이면 완전히 엉망이 되는데, 다행히 말도 얌전히 걷고 나도 별 어려움 없이 탔다.

'그럴 수밖에 없겠지. 난 말띠에다 고구려인의 후손이니 당연히 익숙할

수밖에 없지.'

　석양녘에 말 그림자가 길게 땅 위로 스며든다. 멀리 밭 한가운데서 채 돌아오지 못한 말들이 주인을 기다리고 있다.

　기차가 달린다. 조금 전에 초원의 달빛을 보며 하루를 넘겼다. 몽골을 향해 달밤의 초원 위를 말 대신 기차가 달린다. 달빛이 초원에서 가루로 날린다. 이슬방울처럼 풀이파리 하나하나에 매달려 노랗게 빛을 낸다.

　아프리카의 달밤, 수에즈 운하를 통과할 때, 수없이 많은 사막의 모래알들이 달알갱이가 되는 걸 보았다.

　지중해의 달밤, 에게해 아래쪽을 지나 옛날 로마의 바다로 들어갈 때, 잔물결에 부서지고 그 물결 끝에 달들이 얹혀 온 바다가 달밭이 되는 걸 보았다. 그때 몰래 달을 훔쳐보느라 밤이 되면 함교 위에 올라가 다리를 틀고 앉아 하늘과 바다를 바라보고 또 바라보면서 밤을 보냈다.

　이 세상에서 나만큼 달을 많이 보고 가슴에 안은 사람이 있을까? 벅차하면서도 또 언제 이런 경험을 하나 하며 짧은 인연을 서러워했는데, 이제 초원의 풀이파리가 된 달들을 또 보게 되다니…….

　별만큼 많은 달잎들이 초록으로 젖어 바람결에 흔들리며 소리 내고 있다.

　눈강 위엔 별들이 어떤 모습으로 떠다닐까? 어쩌면 떠내려온 풀잎들에 걸려 빙빙 물자국 내며 도는 것도 있을지 모르겠다.

우린 밤 11시 50분에 울란호특행 기차를 탔다. 대안에서 말 구하는 게 쉬울 것 같지 않아 동몽골로 출발한 것이다. 아무래도 몽골 가까이 가면 말이 많이 있을 거란 동네 사람들의 말과 우리들의 판단만 갖고 말이다. 다행히 침대칸 표를 끊어서 달빛과 초원을 누워서 바라볼 수 있었다.

'또 이렇게 하루가 끝나는구나. 기차가 멈추면 우린 몽골인들 틈에서 깨어나겠지.'

울란호특 내를 흐르는 송화강

울란호특
장수왕의 기백이 서려 있는 초평선

 7월 15일 3#

울란호특역에 서둘러 내리니 5시 반이 좀 넘었다. 화장실 다녀오고, 길 안내를 맡은 문은 말 사러 갈 곳을 사람들에게 물어 보러 나갔다. 문은 지난 번 집안에 올 때 만난 청년인데, 성실하고 무엇보다도 순수성이 남아 있다.

우리는 말에 대한 정보도, 아는 사람도 없는 그저 막막한 상태에서 왔다. 이 곳이 말 산지이고, 지금도 말시장이 선다는 말만 듣고 온 것이다. 과거 몽골인들이 살고 있었고, 지금도 몽골인 자치주이기 때문에 우린 밤기차를 타고 밤새 달려왔다. 고구려가 진출한 이후 1500년 만에 다시 말을 얻기 위해 이 곳에 온 것이다. 그러니 역사의 인연이란 얼마나 끈질기고 스러지지 않는 것인가?

울란호특역은 대안역보다는 크지만, 황량하다는 느낌은 더욱 강하다. 역문 앞에서 쭉 뻗은 대로는 번잡한 듯하면서도 실은 한산한, 사람만 오고 갔지 건물들은 그저 그런, 변화가 멈춘 지 오래된 듯한 도시같이 보인다.

역 앞만 부산하고 식당들이 줄지어 있는데, 첫눈에도 우리가 이방인, 특히 외국인이라는 인상을 줬는지 식당으로 열심히 잡아끈다. 우리는 몽골인들이 경영하는 식당을 일부러 찾아 들어갔다. 이왕이면 몽골의 맛을 봐야 하니까 말이다. 사실 기대했지만 식사는 놀라울 정도로 입에 맞았다. 중국 음식과 거의 차이가 없었다. 이 특성 없는 음식처럼 몽골인의 야성도 어딘가 중국인 속으로 스며 버린 건 아닐까?

식당 주인은 인품이 있어 보인다. 머리는 벗어졌지만 얼굴이 동그랗고 붉은 기운이 돈다. 수염은 약간 있고, 코는 작은 편인데 부드러운 느낌이 들고 입은 역시 작다. 실눈을 하고 있는데, 초원에서 먼 곳을 봐야 하기 때문에 작아진 실눈의 유전 때문이다. 이목구비는 다 작은데 전체적으론 큰 느낌을 주는 몽골인 특유의 얼굴이다.

그와 말 구입 문제를 상의해 봤다. 과장되지 않은 말투와 나지막한 음성, 그는 중국인이 아님이 분명했다. 칭기즈칸을 떠올리지 않아도 몽골인들의

울란호특의 큰 목장에서 말을 사기 위해 잠시 목동들과 이야기를 나누고 있는 필자와 대원들

자존심을 몸으로 느낄 수 있다. 식당 주인은 지금 이 곳에선 말시장이 서지 않는다고 한다. 봄·가을에 한 번씩 서는데, 그것도 여기서 서는 게 아니란다. 어쩌면 혹시 말 시장이 설지도 모른다며 차로 6시간 걸리는 지역을 알려 주었다. 말을 사려고 북쪽으로 와서 다시 또 기차를 타고 밤새 왔는데, 또 지프를 빌려서 6시간을 가라니! 원 세상에, 서울에서 부산 가는 꼴이다. 피곤한 탓인지 신경질이 난다.

어슬렁어슬렁대며 시간을 끌다가 아침 9시가 조금 넘어 시인민정부의 관광국으로 갔다. 문은 관광과로 들어가고, 이준과 나는 수위실 방에 앉아 졸다가 그만 누워 잠을 자버렸다. 중국인들과 일하거나 말을 하면 시간이 한정이 없으므로 아예 맘 놓고 자기로 한 것이다. 역시 예상대로 문은 40분 만에 나왔다.

관광국에선 이 지역이 미개방 지구이니 촬영도 안 되고 시내 밖을 빠져 나가면 위법이라고 했단다. 참 우습다. 무슨 국경 지대도 아니고 내부에 소란이 있는 것도 아닌데 무슨 금지란 말인가! 할 말이 없어 기가 탁탁 막힌다.

차가 시내를 벗어나는 듯하더니 언덕 위를 지난다. 그리고 길가의 나무들 너머로 풀들이, 초록으로 덮인 구릉들이 나타났다.

"아, 이게 초원이구나!"

달리는 차 안에서 사진을 찍어 댔다. 조금 더 나가자 구릉마저 사라지고 오로지 초원만이 시야를 채운다. 얼룩 하나 없는 연초록의 평원에 환한 흙색의 말들과 먼지 묻은 눈덩이 같은 양 떼들이 군데군데 움직이고 있다. 졸졸 시냇물이 흘러가는데, 산등성이 근처나 구릉을 휘감고 도는 개울이 아

한가로이 양 떼를 몰고 다니는 유목민

니고 초원 안의 시냇물이라니…, 강우량이 1년 해 봐야 300~400 mm 정도라는데, 신기하기만 하다.

'저 물들은 어디에서 배어 나온 걸까?'

흐르는 물이니 빗물이 고인 것 같지는 않다. 깊이도 한 뼘 남짓할 정도로 얕아 햇빛이 투명하게 일렁거리며 그림자를 만든다. 한쪽으로 야트막한 벼랑이 서서 초록의 수평선에 검은색 수직선을 긋고 있다.

차를 세우고 풀밭으로 들어가 신발을 벗었다. 풀 속에서 갖은 들꽃들이 남색, 노란색, 발그란색 등 꽃을 피우고 있다. 진하거나 빨간 빛이 눈에 안 띄고, 결코 크다는 느낌을 주지 않는다. 원래 꽃들이 산이나 들에 자리잡고 있었을 때에는 바로 이런 모습이었으리라. 유목민들은 잔인하다고 그러는데, 이런 서정적인 자연 속에서 그런 잔인성은 생길 것 같지가 않다.

길을 따라 가다가 말이 묶여 있는 것을 보고 들어가 말을 타 보았다. 두 마리를 타 보았는데, 몽골의 풀밭 위라 그런지 그럴 듯했다. 달리진 못해도 이렇게 해서 점차 말에 익숙해지는 것을 느낀다. 너른 풀밭 가운데 집이 있고 마당에는 농기구들이 여기저기 널려 있다. 우리 눈에야 함부로 내동댕이친 것으로 보일지 몰라도 그들은 필요에 따라 정확하게 배치해 놓았으리라. 집 밖에 우물이 있고 그 한켠엔 맷돌이 있는데, 연자방아처럼 크다. 말이 끄는 맷돌 같다.

길가에서 울란호특으로 가는 몽골인들을 만나 차를 세우고 말을 타 보았다. 그들은 3일간 걸어왔다고 하는데, 피곤한 기색은 전혀 없이 건강하게 웃으면서 말을 한다. 얼굴은 황색으로 그을렸고 모자는 허름한 벙거지 스타일인데, 한 사람은 중절모 비슷한 모자를 썼다. 옷은 검은색조라 인민복 분위기이지만 여러 개를 겹쳐 입어 고유의 몽골 스타일을 가미했다. 카메라를 들이대고 촬영을 하니 금방 사람들이 몰려든다. 말을 팔면 안 되냐고 물어봤더니 웃으면서 고개를 절레절레 흔든다. 그리곤 결코 진짜로 사용하는 법이 좀체로 없는 말채찍을 높이높이 휘두르며 울란호특 쪽으로 달려갔다.

두 시간여를 헤매던 우리는 다시 시내로 돌아왔다. 점심을 먹고 차를 바꿔서 또 출발했다. 이번에는 택시기사의 안내를 받기로 했다. 다시 지프를 대절해서 초원으로 달려 나갔다. 초원은 길이 따로 없는 것 같았다. 운전사가 필요하다고 생각하면 가는 곳이 바로 길이었다. 마을에 가서 수의사를 찾았다. 키가 크고 약간 마른 듯한 30대 후반의 사내이다. 헐렁한 흰 와이셔츠에 거무레한 바지를 대충 입고 있는데도 지적인 풍모를 가지고 있다.

말에게 편자를 박는 과정. 우리나라에서는 보기 드문 광경이다.

얼굴이 불그레하고 눈에선 빛이 난다. 나지막한 목소리에 웃음기 띤 얼굴로 말하는데 신선한 기운이 풍긴다.

의사와 함께 차를 몰아 호회呼和 목장으로 갔다. 초원 한가운데에 건물이 하나 서 있고, 돌담과 나무막대기로 대충 막아 놓은 우리가 있었다. 60~70마리의 말들이 두 군데로 나뉘어져 몰려다니고 있었다. 말들의 잔등에 흉터가 있거나 딱지가 덜 아문 곳이 있는데, 혈청을 채취하기 때문이란다. 그러니까 이 곳은 왁진의 원료를 생산하는 목장인 것이다.

역시 말을 산다는 것은 무리인 것 같다는 예감이 들었다. 조금 있으니 말 주인 겸 목동이 왔다. 바짝 선 머리칼에 이마에는 사선으로 흉터가 불거져 나왔다.

'말 때문에 생긴 상처겠지?'

거칠고 까만 이빨, 듬성듬성 뻗친 수염, 풀어헤친 옷 사이로 드러난 가슴. 잃어버린 몽골의 야성이 이 초원 목동에게서 다시 살아나고 있었다.

말을 타 보니 대안과는 달리 거친 느낌이 들어 서둘러 고삐를 잡아챘다. 웃으면서 쳐다보던 목동은 내게서 말고삐를 잡아챈 후 말 배를 차면서 초원으로 달려간다. 초록 속으로 점차 스며들더니 이윽고 땅빛 말이 되어 같이 풀밭으로 흩어진다.

결국 말 구입에는 실패하고 몽골족 자치마을을 떠났다. 또 달린다. 초록이다. 풀밭이 끝없이 펼쳐져 있고, 구릉이 있는 듯 마는 듯 선을 그으며 초평선으로 사라지고 있다. 실개천이 흘렀던 흔적은 가는 선으로 남고, 초원과 구릉 사이 기다란 분지에는 때때로 백양나무숲이 보인다. 차는 숲 사이 길을 달렸다. 이 숲은 유목민들에게는 생명과 신비의 근원이었을 것이다. 자신들을 숨길 수 있는 유일한 곳이었을 테니 말이다.

여름날의 펄펄 끓는 해도 초원의 초록 사이에서는 차분해 보인다.

'초원의 유목과 사막의 유목이 이렇게 다른 느낌을 줄 수가…….'

유목민의 잔인함과 절박함은 사막의 유목이지 초원의 것은 아니다. 초원은 초록 때문인지 너무나 서정적이고 신비롭게 보인다. 텅 비어 보이지만 가득찬 듯한 느낌을 준다. 유무의 경계가 하나가 되어 버린 모습이다. 무위이화無爲以化, 공空의 현실적인 모습이 아닐까? 거대한 삼각뿔의 피라미드가 없는 이유는 이렇게 뭔가가 꽉 차 있기 때문이 아닐까 싶다.

'초원에 말 발자국이 남을까?'

사막에서는 발자국이 인연처럼 열지어 남지만 곧 바람에 쓸려 버린다. 그러나 초원에선 풀이파리 하나하나에 스며 버려 자국이 전혀 안 나니 쓸려

갈 우려가 없다. 자국은 곧 풀의 인연이지 말이나 사람의 인연은 아니다.

환한 흙빛의 말 떼들, 먼지 덮인 눈덩이 같은 양 떼들의 환상적인 얼룩이 초원의 푸르름을 더 빛내 준다.

'말 갈기는 초록에 잘 어울리는구나!'

부여는 명마의 산지다《삼국지》'부여전 -其國善養牲出名馬云云. 고구려나 예濊의 과하마果下馬는 산악 지형에 적합하고 우수했다. 그러나 일단 초원이나 평원에 나오면, 또 북방족이나 한족과 대결할 때는 더 크고 빨리 달리는 말이 필요하다. 고주몽이 타고 달려온 말인 부여의 명마는 바로 초원의 말들이다. 고구려인들도 '부여마 대무신왕 때 잃어버렸던 신마가 부여마 100필을 몰고 왔다'라고 따로 구분했을 정도이다. 이 지역까지 부여의 땅이었는지는 알 수 없다. 이 지역은 고구려 때 지두우地豆于의 땅이다. 장수왕은 479년에 몽골 지역에 있었던 유연柔然과 이 근처로 추정되는 지두우를 분할하려는 시도를 한다. 북위를 압박하는 정치적 목적 외에도 말의 수급이라는 군사·경제적인 목적 때문이다. 팽창하고 있었던 고구려는 북방 초원의 최고의 명마를 얻기 위해 끊임없이 이 곳에 진출해야 할 땅이었다.

《한서》'조선전'에는 위만조선의 태자가 원봉 2년인 기원전 109년에 말 5000필을 한 무제에게 준 기록이 나온다. 고구려는 235년에 손권孫權에게 80필을, 그리고 장수왕 때인 439년에는 800필의 말을 남쪽의 송나라에 수출했다, 그것도 배에 실어서. 그러니 말의 공급이 얼마나 잘 되었겠는가!

고구려는 말의 수급에 대해 상당한 비중을 둔 것 같다. 6C 경에는 눈강 유역의 치치하얼 부근을 중심으로 흥안령산맥의 이동과 이륵호伊勒呼산맥의 이남 지역에는 남南·북실위北室韋가 있었다. 고구려는 이들과 '마철교역', 즉 요동 지방 등에서 산출된 철과 실위에서 생산된 말을 교환하는 무역을 한 것이다.

기마문화란 무엇인가? 올라 탈 때 안장 없는 말 잔등에서 뜨거운 핏기가 전해졌다. 말 타는 공간을 잃어버린 채 오랫동안 기마 습속을 잊어버린 우리 역사. 농경문화의 사고로써 유목문화를, 정주적stability인 문화가 이동성mobility 문화를 제대로 이해할 수는 없다. 농경과 유목, 그리고 교역을 동시에 하는 경제 형태, 말과 기마 습속을 숭배하는 신앙과 문화, 벽화에 기마도를 그려야만 하는 그들의 생활 풍습을 현재의 사고로써 이해할 수는 없다. 특히 기마군단의 이동 속도와 전력을 농경민의 보병 관념으로 이해하여 고구려의 대외 관계를 해석하면 문제가 생길 수 있다.

연燕의 모용희慕容熙는 415년에 3000여 리1711km를 행군해 와서 고구려의 목저성木底城을 공격했다. 그 시기에는 광개토 대왕의 기마군단 역시 장거리를 신속하게 이동해서 원정할 수 있었던 것이다. 고구려가 초기 년간인 서기 49년 모본왕慕本王 때에 북평北平, 어양漁陽, 상곡上谷, 태원太原 등을 습격한 것은 기마군단이었기 때문에 가능한 일이다. 장거리 이동을 해서 기습하고 퇴각하는 것이 기마민의 전술이다. 농경민은 전력과 전략을 중시한다. 그러나 유목민은 이동 능력과 전술을 중시한다. 그들은 솥단지를 지고 행군하는 게 아니라 살아 있는 식량과 함께 달린다. 덕흥리 고분에서 발견된 벽화의 내용처럼 주인공인 진鎭이 유주자사幽州刺史이고, 그 휘하의 태수들이 5호 16국 시대의 혼란한 틈을 타서 현재의 북경 근처까지 진출했다는 설은 기마문화의 특성을 고려할 때 가능성이 적지 않은 것이다.

말 못 산 것도 안타까운데, 밤도 지내지 못하고 간다니 억울하기 짝이 없다.

거의 보름에 가까운 달인 것 같은데, 끝없는 초원의 구릉 위로 솟아오르는 달은 대체 어떤 모습일까? 초원의 빛깔은 진짜 초록일까? 아니면 노란빛일까? 달을 깨무는 늑대의 전설이 나오는 이유를 인제야 알 것 같다. 칭기즈칸이 푸른 이리의 자손이라는 것은 바로 보름달을 머금은 이리의 새끼란 의미인 것이다. 그는 바로 이 곳에서 말 타고 달리며 사냥을 했는데, 아마 보름달에도 이리처럼 푸른 빛을 띠고 초원과 구릉을 달렸을 것이다.

'언젠가 또 오리라. 그리고 초원에서 보름달을 껴안고 누워 밤을 지새리라. 푸른 이리의 서슬피 우는 소리를 듣고, 달빛에 날리는 털을 보리라.'

대안으로 돌아오니 또 하루가 저문다. 정신없이 자다가 급히 내리다보니 울란호특에서 산 말 안장을 두고 내렸다. 당황스럽지만 대책이 없다. 대체 이런 실수를 하다니, 초원 탓이다. 잃어버린 역사에 대한 진한 향수 탓이다.

눈강 유역
예족과 부여인의 선주지

7월 16일 4#

아침에 일어나 눈강으로 나갔다. 지난번에는 철교를 구경갔다가 힘이 없어서 그냥 돌아왔다. 그래서 오늘은 꼭 보겠다는 마음이 앞서 실력자를 대동하고 갔다. 생각대로 무사통과다. 군인들이 머무는 경비대 막사에도 들어가 봤다. 역시 우리랑 별 차이는 없다. 안내를 맡은 장교가 이 철교는 길림성과 흑룡강성을 연결하는 중요한 다리이고, 눈강을 건너다니는 유일한 철교라며 지도에도 안 나타난다고 말한다. 하지만 이미 일제 강점기 때에 건설되었다. 철교에서 하구 쪽으로 200m 내려가면 당시 일본군이 건설한 철도 흔적이 남아 있다. 그렇다고 다리의 잔해가 남아 있는 것은 아니다.

철로 위를 한참 걸어가도 끝이 보이지 않는다. 거의 1.5km에 달한다. 다리 위에서 강물을 보니까 한층 목가적이고 그물을 쳐놓은 모습들이 바로 밑으로 보인다.

눈강에서 어민들과 간단한 식사

흑룡강성으로 넘어갔다. 눈강에서 넘친 강물이 흑룡강성 쪽 둑 너머에서 호수와 초록의 수초밭을 만들고 있다. 평원이 끝이 없다. 흙은 보기에도 까만 게 대안과는 달리 기름져 보인다. 병사들의 막사를 구경하고 사진을 찍으면서 시간을 보내다가 돌아왔다. 중국군 장교와 철로 위를 걸어서 왔다. 갑자기 그가 일본군 장교로 느껴졌다.

'이 다리는 혹시 독립군들이 폭파를 기도한 적은 없었을까?'

철교를 내려와 눈강 가로 가서 점심을 먹었다. 여기서는 처음 먹는 갈비인데, 맛이 정말 좋다. 음식점 주인과 인사를 나누었는데, 무슨 대단한 일 같이 품을 잡는다. 결국은 내가 돈을 내지만 자기가 주는 것처럼 선심을 쓴다. 중국인들은 자부심이 크지만 정말 과장이 심한 것 같다.

배를 다시 빌려 타고 강 한복판으로 나갔다. 이 얘기 저 얘기를 나누면서 눈강 위를 떠다녔다. 어부들이 고기를 잡는다. 아침에 아주 작은 규모지만

초원 간간이 메마른 곳에서는 물 웅덩이도 보인다.

임강 수산시장에 가면 이들이 잡은 물고기들이 나와 있다. 중간에 있는 섬에 올라갔다가 내쳐 흑룡강성 너머로 가서 배를 댔다.

'누워서 자고 싶다. 수초들이 바람을 일으킨다. 아! 저 물길따라 북으로 북으로 올라가면 흥안령산맥이 나오고, 그 산에는 또 다른 짐승들이 뛰어다니며 울부짖고 있겠지?'

또 의문이 생긴다. 북부여가 중국인들 말대로 치치하얼 부근이라면 북부여에서 동부여를 거쳐 '졸본부여'로 내려오기까지 거리가 너무 멀다. 아무리 기마군단이 이동한다고 해도 빠른 시간 안에 이동하면서 터를 잡고 뿌리를 내리기엔 문제가 있다. 그렇다면 기원 전후에 이 지역에 있었던 고대 국가들은 활동 범위가 넓고, 의외로 강력한 정치 체제를 이루었을 가능성이 높다.

아침에 서울에 전화해서 상황을 살펴봤다. 그리고 시내에서 왔다 갔다

하면서 시간을 보냈다. 느긋하게 게으름을 피웠다. 12시 30분에 점심을 먹자마자 대안과 울란호특 사이의 몽골족 자치향인 신애리新艾里를 향해 출발했다. 어제 선표가 말을 보고 왔는데 살 수 있을 것 같다고 해서 전대원이 같이 가서 최종 판단을 하기로 했다.

초원으로 차가 달리는데, 어제와는 달리 땅이 메말랐다. 풀밭이 풍성하지 않고 얕은 느낌을 주는 데다 군데군데 흙이 드러나 보이고, 또 호수도 보인다.

신황포新荒泡는 도올하逃兀河로 흘러가는 물을 막은 것이다. 하지만 초원 가운데에 군데군데 있는 것들은 자연적으로 형성된 것이다.

과륵모자戈勒毛子를 지나자 진흙집이 드물고 밭도 거의 없어지기 시작한다. 때때로 마을을 지나가는데, 아주 메말라서 먼지가 풀풀 일고 집들은 꼭 비어 있는 것만 같다. 집집마다 진흙 담벼락에 버드나무 같은 나무뿌리를 캐서 몇 뿌리씩 기대 놓았는데, 연료로 사용할 것이라고 한다. 이 곳에선 아직도 짐승 똥을 말린 것이나 나무뿌리가 주연료란다.

특이한 것은 '도리이' 형태가 거의 모든 집에 있는 것이다. 이것은 대안이나 울란호특에서도 많이 봤다. 도리이는 '조거鳥居'라고 쓰는데, 일본 신사 정문 위에 장식한 것으로, 홍살문과 거의 유사하다. 도리이의 기원에 대해서는 운남雲南설에서부터 인도의 산치대탑 등 여러 설들이 있다. 나는 네팔과 티벳에서 보았다. 그런데 한자의 의미로는 '새가 있는 집'이므로 한국 학자들은 새가 앉아 있었던 기둥인 솟대에서 유래한 것으로 추정하기도 한다. 실제로 대전에서 발견된 청동 농경문에서 솟대가 나타나 있고, 우리 민속에도 아직 간간이 남아 있다. 난 만주 지방을 다니면서 도리이를 많이

신애리의 유목민 집들. 진흙을 사용했다.

발견하고 적잖이 당황했다. 특히 집안 지역에서도 발견되어 어떻게 해석할까 하고 고민했었다. 그런데 여기 북쪽에선 도리이 형태가 본격적으로 발견된다. 마을 사람들한테 물어보니 특별한 의미는 없고 그저 편하고 보기 좋아서 이렇게 만들었다고 한다.

난 울란호특에 갔을 때 이게 혹시 유목문화의 소산이 아닐까 생각했다. 농경문화권에선 집에 들어갈 때 사람 외에 소만 들어가면 된다. 그러니까 사립문 정도만 되도 별 문제가 없다. 오히려 운치도 있을 뿐더러 만드는 재료도 구하기가 쉽다. 그런데 유목문화권에선 사립문이어선 안 된다. 거친 말이 들어오기 때문에 문이 튼튼해야 한다. 말이 부딪치거나 몸뚱이로 밀면 문이 그대로 부서지기 때문이다. 또 말을 묶어 놓으려면 튼튼한 기둥이 있어야 한다. 목장에 가서 도리이를 보면서 적어도 기능적인 면에서는 이런 해석도 가능하겠다는 생각이 들었다.

일본은 기마문화의 영향을 받았다. 당시 기마민들은 결국 천황가와 사제를 비롯한 지배 계급이 되었으므로 기마문화의 형식과 전통을 보존할 필요가 있었다. 이러한 탄생적 배경 외에 일본 특유의 형식미와 장식성이 결합되어 신사 건물의 문으로 보존되고, 그 형태도 다양하게 변화된 것이 아닌가 추측해 보았다.

신애리로 접어들었다. 길 같지도 않은 길을 지겹게 달리다가 4시간 만에 도착했다. 약간 구릉인 듯한 지형을 통과하더니 밭을 지나고, 다시 말라붙은 길을 통과하면서 마을로 접어들었다. 우리가 찾아갈 집은 마을 한가운데에 있었다.

끝없이 펼쳐진 몽골의 대초원. 가슴이 탁 트이는 시원함에 말을 잃게 된다.

온통 뿌연 진흙집들이다. 햇빛에 물기를 다 빼앗긴 진흙으로 만든 동네다. 목이 답답해진다. 전형적인 유목민의 생활을 보존하고 있었다.

차를 타고 오면서 보니 군데군데 물이 고여 있었다. 이 곳은 염분이 많아 어떤 곳은 하얗게 보일 지경이다. 워낙 연중 강수량이 적고, 비가 가장 많이 내리는 7월에는 150mm~200mm 정도의 비가 내리지만 다 흡수가 되지 않는다. 그러니까 초원에는 월량포月亮泡 같은 큰 인공 저수지나 자연 연못이 형성되어 군데군데에 원을 그리고 있다. 하지만 깊진 않고 그저 물이 고여 있구나 할 정도다.

풀은 어디에나 있지만, 이 물가에는 말 떼·소 떼·양 떼 들이 모여 한데 어우러져 물을 마시면서 풀을 뜯는다. 자연스레 유목 내지 농목생활이 된다. 부여의 명마는 이렇게 해서 살찌워지는지 모르겠다. 모든 게 이렇게 연결되면서 서로 도움을 주고 있다. 기가 막힌 자연의 이치가 아닌가!

이 곳 마을 역시 큰 호수를 가운데 두고 집들이 수십 호 혹은 수백 호 이상 빙 돌아가며 있다. 못 주변에 있는 진흙을 퍼다가 옥수수대나 마른 풀을 섞어 지붕이나 담, 마굿간 등을 만들었다. 멀리서 무심코 보면 마을이 커다란 진흙동산으로 보일 정도다. 그래서 《삼국사기》 대무신왕 5년 기원후 22년에는 "왕이 부여국의 남으로 진군하니 그 땅은 진흙이 많았다. 이에 왕은 평평한 곳을 택하여 영으로 삼았다王進軍於夫餘國南 其地多泥塗王使擇平地爲營."라는 기록이 있는 모양이다.

진흙집은 여름에 햇빛을 막아 주어 시원해서 좋다. 반대로 겨울이면 두꺼운 벽과 지붕으로 찬 기운을 막아 주어 난방에도 아주 적합하다. 진흙집은 이 지역에 가장 적합한 주거 형태다. 하지만 얼핏 보면 목마른 느낌이

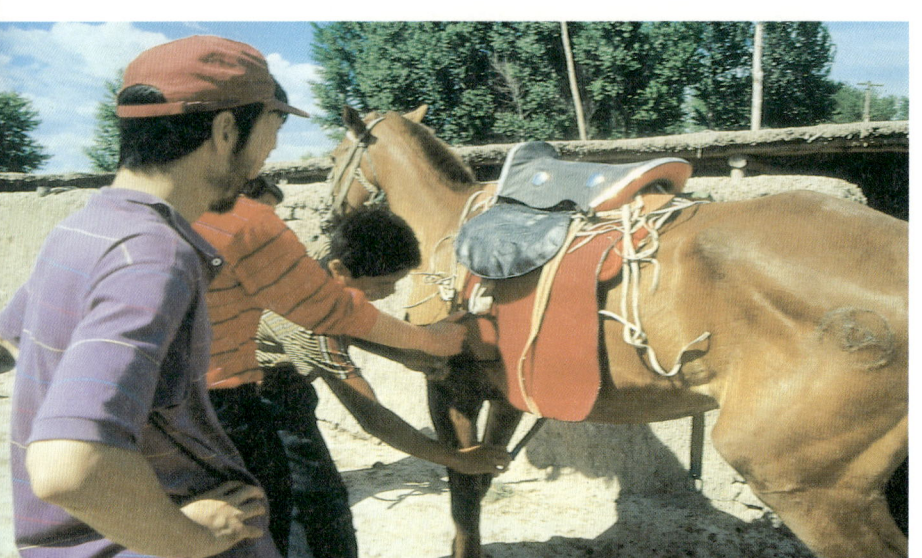

엉덩이에 A자가 찍혀 있는 늘씬하고 엉덩이가 올라붙은 데다 근육이 잘 발달된 말을 샀다. 군마여서인지 제법 말답다는 생각이 들었다.

들 정도로 황량하고 땅색도 회색이다. 풀이 없다. 집 뒷편으로는 밭도 있고 둔덕도 있지만 왠지 집 앞 들, 즉 호수와 집 사이엔 마른 먼지만 풀풀 날리고 바닥은 딱딱하다. 떨어지면 뼈가 부러질까 봐 말 타기가 겁날 정도다.

동네 가운데서 말들이 왔다 갔다 하고, 닭·돼지·개 같은 가축들은 물가를 어슬렁거린다. 동네 주위를 제법 키가 큰 백양나무나 버드나무 들이 감싸고 있다. 방풍림 겸 일종의 방어벽 구실을 겸한 것이다. 그 바깥으로는 옥수수밭과 초원, 그리고 띄엄띄엄 집들이 있다.

이 동네를 보면서 유목민들의 생활 거주지를 묘사한 영營의 현재적 모습이 아닌가 생각했다. 영은 군사 단위지만 삶의 단위이기도 하다. 100호에서 수백 호까지 모여 하나의 집단을 이루고, 이 집단은 한 지도자에 의해 다스려진다. 이들은 유목민이기 때문에 유사시엔 신속하게 말을 타는 기마 군사집단으로 변신한다. 부여의 모습이고 말갈·거란 등 유목민들의 모습이다. 광개토 대왕릉 비문에 의하면 왕은 5년(395년)에 비려卑麗를 공격해 3군 500영을 격파하고 소·말·양 떼를 획득했다. 그때 격파한 유목민의 영은 바로 이런 형태였을 것으로 생각된다. 부여는 왕 아래 통치 조직으로서 마가馬加, 우가牛加, 저가猪加, 구가狗加 등 가축 이름으로 족명을 삼았다. 그러니까 부여의 '가加'는 바로 영의 모습과 일치하는 부분이 많았을 것이다. 이 족명들은 그러니까 단순한 상징 외에 현실 그대로였던 것이다.

창의 할아버지에게 물으니 이 마을은 현재 150호 정도라고 한다. 예전에는 300호 정도가 살고 있었는데, 나머지는 내몽골로 이주했다고 한다. 우리가 말을 사러 온 창의 집도 몽골족에게 산 것이었다.

우물을 사용하지 않고 펌프질을 해서 물을 마시는데 물맛이 찝찔했다. 창의 집에서 밥을 해 내왔다. 반찬이야 대안이랑 거의 똑같고, 다만 음식 종류가 적고 거칠다는 정도의 차이가 있을 뿐이다. 그런데 이상하게도 여기 사람들은 모두가 이빨이 삭았고 까맣다. 심지어는 젊은 여자나 애들도 다 마찬가지였다. 여인의 매력이 전혀 없다 할 만큼 이빨의 관리가 엉망인데, 이 지역이 유달리 심한 것은 무슨 특별한 이유가 있는지 모르겠다.

마굿간에 가서 우리가 탈 말을 보았다. 한 마리는 군마였던 듯 엉덩이에 'A' 자가 찍혀 있다. 늘씬하고 엉덩이가 올라붙은 데다 근육이 잘 발달된 놈이다. 올라타 보니 약간 켕기는 기분도 들었지만 말다운 말을 탄 느낌이 든다. 안장 없이 올라타고 호수 옆으로 해서 마을 건너까지 몇 번 왔다 갔다 했다. 나중에는 달리기까지 했는데, 이제 어느 정도 익숙해지는 걸 느졌다.

동네 젊은이들이 나와 구경하면서 괜히 말을 걸었다. 사람이 그리운 것이다. 낯선 사람, 외국 사람을 보는 것이 신기한 것이다. 괜히 웃는 눈길에 따라서 나도 싱긋 웃어본다.

돌아올 때는 다른 길로 방향을 잡았다. 마을 뒤로 해서 빠져 나오는데, 보이는 것은 모두 초록이다. 초원도 초원이지만, 얕은 구릉과 평평한 밭엔 옥수수의 초록 이파리가 바람에 넘실거린다. 석양, 생초록의 물결 위로 스며드는 발그레한 햇빛의 여운, 희미하게 번져나오기 시작하는 어둠, 얼마나 아름다운지……

그 옥수수 벌판에서도 젊은 남녀들의 사랑이 이루어지고 있다. 초록의 실루엣을 연출하면서 몽골족의 젊은 남녀가 몸을 가까이 하며 뭔가 정을 나눈다. 차에서 손을 내밀고 신나게 흔들어 대니 웃으면서 발걸음을 떼놓는다.

밀레의 그림들이 떠올랐다. 바르비종의 들판을 달릴 때도 바로 이 시각이었다. 밀레가 프랑스에서 흙을 발견하고, 흙내음 밴 인간을 발견한 시각도 바로 이 무렵이었다.

'하루 중 이맘 때는 누구에게라도 진실의 시간인가?'

말을 몰러 나온 애들이 들판을 채운다. 긴 채찍을 머리 위로 높이 쳐들었다가 내리치니 채찍이 용트림하며 내는 '따딱' 소리가 꼭 딱총 소리 같다.

해가 초원 속으로 스며든다. 꼬마 목동들에게서 채찍 다루는 법을 배웠다. 어설픈 우리들의 채찍 휘두르는 소리가 저녁 노을 속으로 배어든다. 우리가 떠난 내일 한낮, 이 초원에다 우리의 흔적을 토해 내길 기대해 본다.

농안
부여의 수도, 발해의 부여부가 있던 곳

🐎 **7월 17일** 5#

　길 같지 않은 초원 길을 달려간다. 의미 있는 일주일이었다. 전혀 알지도 못한 채 왔는데, 의외로 많은 것을 보고 배우고 간다. 특히 부여를 새로 발견한 것은 대단한 수확이다. 기마민족, 또는 부여가 농목사회라고는 알았지만 이제 비로소 구체적으로 이해하기 시작했다. 초원의 의미도, 명마의 의미도 이제는 알고 간다.

　눈강 유역은 부여족의 원 거주지다. 흥안령과 연결된 크고 긴 강, 주변의 초원 지대, 그리고 옥수수밭이 있는 평원, 이것이 바로 대안 지역이다. 그러니까 몽골 방면에서 오는 유목 초원문화, 흥안령에서 내려오는 초원과 삼림문화, 흑룡강성으로 연결된 초원, 그 아래 평원 같은 초원과 산악, 이런 자연환경이 한데 만나는 지역이 바로 여기 '송눈평원'이다. 눈강을 사이에 두고 서쪽은 몽골, 동쪽은 말갈 등의 퉁구스계, 그리고 남쪽은 부여·고구려 등의 조선계가 피와 살을 섞은 곳이었다. 바로 고대 교통로의 접점이었다.

　이제 대안에서의 생활이 끝나는구나. 눈강도 이제 이별이다. 언제 또 다시 올는지…, 아쉬움이 눈강으로 흐른다.

　예정대로 말도 구했고, 훈련도 어느 정도 했다. 이제 일을 마치고 출발하면 된다. 말 구입이 최대의 어려움이었다. 그런데 예상보다 쉽지도, 어렵지도 않았다. 사실 올 때는 안 될 경우, 몽골까지 가서 사 올 생각까지 했었는데 말이다. 말도 튼튼하고 어느 정도 잘 달리는 것 같다. 거기다가 신애리에서 목동까지 데려왔다. '창'은 말 두 마리를 산 집의 아들인데, 20살쯤 된 야성의 청년이다. 그 나이까지 대안조차 와 보지 못한 진짜 촌놈이다. 자기 집 말이니까 잘 다룰 줄 아는 데다 말 먹이 문제 등 여러 가지 기술적인 문제가 있어 일당을 주기로 하고는 동행하기로 한 것이다. 창은 아침에도 어디론가 나가 풀을 베어 오고, 시장에 나가 재갈과 안장에 받칠 천 등을 사 왔다. 우리를 따라 남쪽까지 내려가니 창으로선 생후 처음 겪는 최대 여행인 것이다. 우리와 똑같이 많은 문화적 충격을 경험할 것이다.

　우리는 대안을 출발하고 있다. 이제 남쪽을 향해 해모수의 남진로, 어쩌면 고주몽의 남진로가 될지도 모르는 길을 따라 출발했다. 서울에서 먼저 출발한 팀이 농안에서 기다리고 있다. 가능한 한 일찍 출발해야 했는데, 말 증명서 문제로 약간 시간이 지체됐다. 그냥 간단히 말을 사고 파는 것이 아니라 자동차처럼 말의 신상이 기록된 증명서가 있고, 그것을 양도받아야 안심하고 다닐 수 있단다. 만약 증명서가 없으면 훔친 것으로 간주되어 처벌을 받게 된다.

　앞에는 우리가 탄 승합차, 뒤에는 말 세 마리를 실은 트럭이 뒤를 따랐다. 한국에서 올 때는 처음부터 말을 타고 남진하려고 했는데, 역시 무리였다. 그래서 통화까지는 말을 싣고 가되 필요한 경우에는 중간에서 훈련하고, 유적 답사시에 말을 타기로 하였다. 트럭 중간에 막대기를 걸쳐 반으

홍산문화의 상징인 옥저룡이 농안대교 앞 '여신고도' 탑 위에 있다. 이 곳도 우리 고조선의 한 영토였음이 틀림없다는 사실을 증명해 주고 있다.

로 나누고, 말들은 앞으로 몰아 차대에다 묶었다. 그리고 뒷부분에는 말 안장, 재갈, 사료 며칠 분과 우리 짐들을 실었다. 차 선생이 손을 흔든다. 이먼 곳에서 만난 조선족인데, 여러 가지 도움만 받고 떠난다.

농안에 도착했다. 시내가 한산한 느낌을 준다. 거의 일주일 만에 나머지 일행과 만났다. 우리도 입국하기가 힘들었지만, 이들 또한 비행기표를 구하기가 매우 힘들었다고 한다. 한국인들이 왜 이리 중국에 들어오는지 모르겠다. 중국은 주변의 작은 나라들을 침략하고 억압해서 큰 나라가 되고, 작은 나라들로부터 많은 물자들을 빼앗아 와 부유해지고, 그것을 바탕으로 이른바 문화란 것을 발전시키고 많은 사치품들을 만들어 놓았다. 그런데 이젠 그런 것들로 다시 관광 수입을 올리는 것이다. 우리 나라 사람들은 돈 주고 와서 보고 찬탄하는 중국과 중국의 문물이 어떤 의미가 있고, 우리와 어떤 관련이 있는지 알려고 애쓰지 않는다. 경멸당하고 부당한 대우를 받으면서까지 기를 쓰고 와서 턱없이 중국문화를 찬탄하는 것을 보면 무지하다고 해야 할지, 한심하다고 해야 할지 모를 지경이다.

곳곳에 우리 피가 어려 있는데, 오히려 그렇게 만든 중국인들의 왜곡된 설명을 듣고 고개를 끄덕거리는가 하면 찬탄하기도 한다. 역사를 모르는 민족, 예전에 중국의 식민지가 일본의 식민지가 됐듯, 언제 또 그렇게 되는지. 영원히 남의 노예가 돼야 될 그럴 사람들인지도 모른다는 생각이 든다.

농안
고조선의 땅, 부여의 땅, 고구려의 땅

 7월 18일 6#

농안에서 부여의 흔적을 가능한 한 많이 보아야 한다. 부여 이후에는 고구려가 이 곳에 부여성을 두었다는 설이 있다. 심지어는 천리장성이 이 곳에서 시작되었다고 보기도 한다. 그 후 발해가 이 곳에 부여부를 두었다. 다시 10C에는 요나라의 야율아보기가 '황룡부黃龍府'라고 바꾸었고, 여진이 세운 금대에는 '륭안隆安'이라고 불렀다. 동북 송요평원과 송눈평원의 교차점에 있으므로 교통상의 요지이기 때문이다.

먼저 자료를 훑어보고 요탑을 찾아 나섰다. 시내 한가운데의 시장 근처에 있었다. 관광지라 입장료를 받고 있는데, 평일인데도 구경 온 사람들이 많다.

요탑은 팔각형으로 쌓은 13층의 전탑이다. 모양이 특이하다. 탑좌塔座가 있고, 그 위에 탑신塔身, 또 위에는 탑찰塔刹의 세 부분으로 구성되어 있

농안 요탑. 거란족이 세운 이 요탑은 발해의 양식을 이어 받아 발해의 땅에 세워진 13층짜리 전탑이다.

다. 가까이 다가가서 올려다보니 위가 잘 안 보일 정도다. 높이가 44m라고 한다. 거란족이 세운 것이지만 발해 땅에서 발해 양식을 이은 것이라 한다. 원래는 많이 훼손되었는데, 1983년에 다시 보수한 것이다. 왠지 시내 한가운데에, 그것도 탑 하나가 덩그러니 있으니 종교의 성소 같은 분위기는 전혀 없다. 궁궐이나 절 자리가 있는 것도 아니고…, 근래에 지은 상점과 사무실 겸 박물관 건물뿐이다. 건조한 공기 탓인지 모르지만 탑도 메마르게 느껴진다.

상점에 가니 발해와 요의 유물이라고 하여 동전, 부채, 그림, 그릇 등을 팔고 있었다. 발해인들이 사용한 당의 화폐인 '개원통보'가 있고 놀랍게도 한나라에서부터 수나라 때까지 사용된 오수전五銖錢과 화천貨泉 등이 있었다. 여기서 발견된 것인가 하니 그렇다고 답변을 한다. 믿고 싶지만 믿을 수 없었다.

고구려인들도 그렇지만 북한에서는 '일화전'을 고조선의 화폐라고 주장한다. 발해인들은 왜 자기들의 돈을 만들지 않았을까? 상업이 발달하지 못한 탓일까? 국내 교역은 물물교환이었다 해도 대외 교역에서는 어느 정도 돈이 필요했을 텐데 말이다. 일본은 '화동개칭和銅開稱'이라 하여 708년부터 돈을 만들어 사용했다. 그때 돈을 주조하는 데 쓰인 동을 발견한 사람은 신라계인 김효원이다. 그렇다면 돈은 대부분의 지역에서 다 사용하고 있었을 가능성이 크다. 그런데 고구려는 고사하고 왜 신라나 발해가 돈을 사용한 흔적이 나타나지 않을까?

박물관은 6~7평 정도의 크기인데 유물은 거의 없다. 단지 눈길을 끄는 것은 부여의 유적지를 약 30군데 표시한 지도뿐이다. 이 지역은 부여의 유적지로 알려져 있는지 부여란 단어에 대해선 익숙해서 보통 사람들도 '부여' 하면 '아' 하고 고개를 끄덕거릴 정도다.

부여의 선주족은 예맥, 그 중에서도 예족이다. 우리 동이족 가운데서는 가장 먼저 중국에 알려진 나라로 보인다. 이미 《상서대전商書大傳》에 나타나고, 《사기史記》, 《화식전貨殖傳》에도 조선·진번 등과 함께 같이 나타난다. 위만조선 당시에 예군인 남여가 20만 호를 거느리고 중국에 속했다.

부여의 위치는 정확히 모르고 있다. 다만 《삼국지》 '위지 부여전'에는 당시 부여의 영토를 '夫餘, 在長城之北, 去玄菟千里, 南與高句麗, 東與挹婁, 西與鮮卑接, 北有弱水, 方可二千里'라 하였으니 대단히 큰 나라였음을 알 수 있다. 더구나 그때는 고구려의 성장으로 인하여 국세가 위축되어 있을 때이다. 부여는 한창때는 북으로 흑룡강 유역, 동으로는 현재의 연해주 지역까지도 영향권 하에 두었다.

부여는 농업과 함께 기마군단을 활용하는 이동성 문화를 가진 집단이다. 따라서 정주적 성격을 가진 농경문화권의 영토개념으로만 이해를 하면 안 된다.

부여의 중심지 혹은 수도에 대해서는 여러 설이 있다. 나라가 여러 번 부침을 거듭했기 때문에 수도의 이동도 여러 번 있었던 것으로 보인다. 그래서 제1수도, 제2수도 등의 설이 제기되고 있다. 그러나 지역적으로는 농안·장춘·길림이 공통적이다. 농안은 길림과 함께 부여의 첫 수도였을 가능성이 높다고 한다. 그래서 많은 학자들이 이 곳을 주목하고 있다.

부여의 '동명신화'에 의하면 동명은 색고리국에서 엄체수를 건너 부여로 도망왔다. 또한 '위지 동이전'에는 부여인들이 자신들을 망인의 후예임을 말하고 있다. 만약 그럴 경우 부여의 원주지, 즉 동명왕이 떠나온 곳은 어디였을까? 어쩌면 부여의 거주지는 훨씬 더 북쪽에 있을지도 모른다.

예족들은 남에서 농안을 거쳐 눈강 유역으로 올라갔을까, 아니면 북에서 농안 지역으로 내려왔을까?

위서에는 부여가 산릉이 많고 넓은 연못이 많다고 했다. 곡식은 오곡이 아주 잘 자라지만 과일은 나지 않는다고 했다. 여기에 합당한 지역은 역시 북의 초원 지역은 아니다. 농안 지역에는 산이 없다. 길림을 부여의 수도로 보는 견해도 있다. 하지만 그 곳에는 산과 밭뿐이지 호수는 없다. 농안 아

농원 시내에서 태극권에 열중인 중국인. 남녀노소 구분 없이 중국인들은 태극권을 즐기며 몸과 마음을 건강하게 한다. 고구려의 택견이 국민건강을 위해 이어지지 못한 것이 못내 아쉽다.

래로 내려가면 물이 고여 있는 못이 없다. 이것은 우리가 대안 몽골 지역에서 계속 봐 왔지만 초원에서만 가능한 조건이다.

현 안에만 24개의 고성이 있다고 한다. 농안성을 찾아 나섰다. 역시 쉬운 일은 아니었다. 왜냐하면 흔적이 거의 남아 있지 않기 때문이다.

농안성은 현성으로 알려져 있다. 부여 후기의 성이라고도 하고, 고구려가 쌓은 천리장성의 기점으로 보아 고구려의 부여성이라고도 한다. 자연적 조건으로 판단하면 농안은 이 주변에서 활동한 세력들이 반드시 성을 쌓을 수밖에 없고, 도시가 형성될 수 밖에 없는 지역이다.

농안은 유목 혹은 농목인들이 세운 도시의 전형적인 형태를 갖추고 있다. 옆으로 이통하伊通河가 흐르고, 시내는 주변의 초원보다 약간 높은 듯한 느낌을 줄 정도다. 완전한 평지나 초지보다는 둔덕이라도 되어야 방어하기도 좋고 다른 지역과 구분이 된다. 시 밖으로 나가면 허허벌판이라 옥수수밭과 초원만이 시야에 잡힐 뿐이다. 석유를 채굴하는 기계들이 듬성듬성 박혀 있어 수평선에 짧은 수직선을 긋고 있다.

그러니 정주적 성격을 띤 집단으로선 북쪽의 초원으로 진출하기 전에 구축한 마지막 방어 진지가 되고, 반대로 남으로 내려온 유목민들에게 농안은 자신들의 본거지와 가장 가까운 전진 거점이 되는 곳이다. 그래서 이 지역은 동아의 모든 유목민족들이 한 번씩 거쳐 갔던 곳이다. 그만큼 정치·군사적으로 중요한 요충지였다.

시내 내부에도 농안성의 흔적이 있다는데, 문물 관리소 사람도 모르고, 우리끼리 찾을 수도 없었다. 계속해서 외곽을 돌면서 수소문한 끝에 동쪽 끝에서 겨우 흔적을 찾아냈다. 동네 쓰레기장이 되어 접근하기가 아주 불편했다. 빨간 벽돌로 채곡채곡 쌓은 원통형의 구조물이 몇 개 있는데, 다리를 세우려고 교각을 설치하다 만 것 같다. 성터라는 곳을 사이에 두고 동네와 동네가 불규칙하게 연결되어 있다.

어디서나 그렇듯 '노인'은 동네의 살아 있는 역사이다. 한 할아버지가 한 곳을 가리키며 예전에는 토성이었다고 말하는데, 성터라고 분명히 말하기는 힘들 정도였다. 동문터는 분명히 남아 있었다. 그 옆으로 개울물이 풀숲 사이에서 간간이 비치고 있는데, 예전에는 해자 같은 시설이 있었다고 한다. 그런데 놀라운 사실은 성 안이 전체적으로 성 바깥쪽보다는 높았다는 것이다. 우리가 현재 보기에는 오히려 반대 같은데, 노인들은 아니라고 주장한다. 그러니까 토성이 높게 있었고, 지금은 그 자리를 파내어 오히려 낮아졌다는 것이다. 그러니까 성을 쌓을 때 벽을 높이 구축했을 뿐 아니라 도시 전체를 인공적으로 높였을 가능성도 있다는 것이다. 늦게 나타난 다른 노인도 그 곳이 역시 언덕처럼 높았다고 말한다. 이분들 기억에는 최근까지도 여기뿐만이 아니라 둘레둘레에 흙벽 흔적이 남아 있었다고 한다. 하지만 농안은 아무리 봐도 침입자를 방어하기엔 부적합한 지역이다. 주변으로 24개의 성이 있었다고 하지만, 역시 큰 나라의 수도로 삼기에는 전략적으로 매우 불리한 위치다.

부여가 역사에 흔적을 남기지 않은 것은 바로 이런 자연 환경 때문이다. 유목민들은 흔적을 남기지 않는다. 설사 남겼다 해도 생활과 관련된 자질구레한 것이니 초원의 풀밭이나 모래사장 속에 묻혀버리기가 십상이다. 사막의 유목민 가운데는 유적을 남긴 곳이 몇 군데 있다. 메소포타미아, 실크로드의 몇 나라들. 그런데 그들은 돌을 사용하거나 진흙벽돌을 사용했다.

이 지역은 대안이나 동몽골 지역처럼 흙이나 진흙으로 집들을 지었다. 하지만 사막처럼 태양 때문에 온도가 높거나 습기가 없는 건조한 지역이 아니라서 진흙 벽돌을 만들 수는 없었다. 설사 만들었다 해도 강도가 약해 금새 부서져 버렸을 것이다. 지금은 여기저기에 벽돌공장들이 눈에 띈다.

나는 이 사람들에게 제안을 했다. 자기 말들을 가지고 승마 시합을 벌이자는 것이다. 물론 상금도 걸었다. 여기까지 와서 토박이들의 말경주를 못 본다는 것도 이상하고 억울하지만, 무엇보다도 촬영을 위한 이벤트를 연출해야만 했다. 그런데 이 사람들 역시 말 타고 경주할 만한 실력은 안 되는지 적극적이지 않다. 결국 창과 20대 초반의 청년 둘이서만 경주에 참가하였다. 과천 경마장에서 볼 때는 박진감도, 재미도 없었는데, 여기서는 정말 다르다. 멀리 달리는 것을 보니 사람과 말 몸뚱이만 보인다. 말발굽에서는 연기가 나는 듯하고, 풀밭인데도 쿵쿵 소리가 났다. 정말 실감났다. 경주 마치고 돌아온 말과 사람을 가까이 보니 사람의 얼굴 표정도 그렇지만, 말들의 근육이 떨리는 게 보인다.

경기는 창의 승리로 끝이 나서, 적지 않은 상금은 창의 차지가 됐다. 말 타고 자란 몽골인들을 이미 말문화를 잊어버린 농안 출신인 창이 승리하다니, 조금 의아했다. 몽골인들의 초원문화가 세월이 흐르면서 농경문화에 흡수된 것 같아 다소 씁쓸했다. 아무튼 창은 한 번 경주로 하루 일당의 다섯 배를 받았으니 횡재를 한 셈이다. 창은 기분이 좋아 얼굴에 화색이 돈다.

말 타는 훈련을 했는데 풀밭이라 그런지 심리적 안정감이 생기고, 균형도 잘 잡히는 것 같다. 난 가장 크고 잘생긴 '마리'를 탔다. 처음부터 마리를 타고 싶었는데, 실력을 생각해서 내색을 못했다. 그래서 약간 신경을 썼는데 자연스럽게 내 말이 됐다. 아마 대장이라고 체면을 생각해 줘서 선표가 양보한 것 같다.

'타자! 어차피 탈 말, 기마민족의 후예인 내가 두려움을 가져서야……'

우리는 이미 물러설 수도 없다. 말을 타다 떨어져 죽을지언정 두려워서 물러날 수는 없다. 들판을 몇 번 달리고 나니 자신감이 붙는다. 사실 본격적으로 타고 달린 건 처음이다. 의외로 적응을 잘해 창이나 동네 사람들이 엄지손가락을 펴들며 뭐라고 말한다.

훈련이 끝나서 말을 쉬게 하려고 끌고 가다가 선표가 말에 채였다. 주의하느라고 옆에서 끌었는데도, 이놈이 순간적으로 돌면서 찬 것이 그만 어깨를 스친 것이다. 금방 살이 뻘겋게 부어오르고 피가 맺혔다. 약을 발라주고 맛사지를 했는데도 피가 배어나온다. 옆에서 스쳐도 이 정도니 뒷발로 맞으면 즉사할 수도 있겠구나 싶다. 정말 불행중 다행이다. 하늘이 도왔다.

장춘 외곽의 초대소에 숙소를 정했다. 번잡하기만 한 시내를 벗어나서 널직한 터에서 자리를 잡으니 기분이 좋다. 어제는 시내의 좁은 빈관이라 아주 답답했다. 광활한 평원에서 지내다 내려와서 더 그런 기분이 들었는지도 모르겠다. 이렇게 지내다가 한국에 돌아가면 어떻게 견딜까? 말 타고 싶어도 산에 부딪히고, 바다에 풍덩할까 겁나 머뭇거리게 하는 땅.

한국사회가 그렇게 땅에 대한 광기를 보이고, 부동산 열풍이 부는 것은 이런 역사적·문화적 배경이 어느 정도 작용한 때문이 아닐까? 넓은 땅을 빼앗긴 수치스러움과 죄의식 같은 것들 말이다. 우리나라 사람들이 넓이에 대한 콤플렉스, 크기에 대한 열등감을 가지고 있는 것은 확실하다. 중국에 와서 깜빡 죽는 가장 큰 이유는 바로 그 크기 때문이다. 오죽하면 실 학자들까지 자신을 '소중화'라 부르고 중국을 '대국'이라고 흠모했을까?

굴복당한 자의 꼬리침, 빼앗긴 수치를 합리화시키기 위한 적에 대한 과장된 평가, 이런 것들이 한데 엉켜 오래 전부터 중국 콤플렉스를 형성하고 있는 것이다. 고구려의 지배를 받았던 말갈, 거란, 몽골, 하다못해 일본까지 해서 중원을 점령하지 않은 주변 종족은 우리를 빼놓고 하나도 없다. 그런데도 중국의 비호를 받고 소중화이기 때문에 그들보다는 낫다는 기만의식, 지주보다 더 악랄하게 소작인을 착취하는 마름의 심리 상태가 바로 이런 것이 아닐까?

농원 시내 외곽 초원에서 말 타는 연습을 하는 필자. '마리'라 이름 붙인 애마와 함께 만주에 남아 있는 고구려의 혼을 찾아 나선 대장정이 시작되었다. 마리는 첫눈에 생김새가 착해보여 마음에 들어 선택하게 되었다. 마리 등에 올라 탄 그 순간부터 왠지 모를 고구려의 기운이 느껴지고 마치 개마무사가 된 듯한 강렬한 느낌을 받았다.

제 2장

고구려의 혼이 살아 숨쉬는 길림

:: 길림 | 용담산성 | 동단산성 | 매하구 | 라통산성 | 통화

길림
항전의 땅, 독립군의 땅

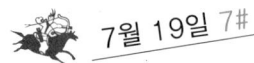 7월 19일 7#

길림을 향해 출발했다. 아침에 말먹이를 베느라고 출발 시간이 30분이나 지연됐다. 어제까지만 해도 초원이 간간이 보였는데, 오늘은 전혀 볼 수가 없고 오로지 밭뿐이다. 옥수수도 많이 있지만 본격적인 농사 지역으로 들어온 듯, 논과 밭이 교대로 나타난다. 특히 길림에 가까워지니 논도 사라지고 오로지 구릉에 만든 밭들만이 줄을 이루고 있다.

놀랍게도 산이 나타나기 시작한다. 비록 낮지만 그래도 일주일 만에 보는 산이다. 멀리서는 검은 능선들이 굵게 보이는데, 제법 높아 보인다. 200~300m급의 산들이 정면을 가로막는다. 집 모양도 달라 보인다. 북쪽에선 붉은 흙을 많이 사용했고, 지붕도 낮은 반원형이었다. 그런데 짚을 사용했고, 이 곳은 가옥형으로 바뀌었다. 길가에 보이는 식물도 많이 달라졌다. 이제 부여의 땅에서 고구려의 땅으로 접어드는 것을 느낀다.

고개를 몇 번 오르락내리락 넘다 보니 멀리서 도시가 나타난다. 차가 바위산을 뚫어서 만든 길을 통과했다. 입구 부근만 보더라도 길림은 북에서

말 타고 산골 마을을 통과하는 탐사대

쳐들어오는 적군을 막기에는 좋은 지형이라는 생각을 누구나 할 정도다. '마안산馬鞍山'이란 곳은 이름 자체가 벌써 말 안장산이라 하여 전형적인 산성 형태를 갖추고 있다. 사전 조사가 안 되어 있어 확실히 모르지만 고구려 산성이 있을 것 같은 느낌이다.

고갯길을 넘어가는데 길가에서 꿀을 팔고 있어서 쉴 겸 해서 차를 세웠다. 산이 나타나니까 꽃이 있고 그러니까 벌이 있고, 꿀이 있다. 왠지 벌써부터 우리 산천에 들어온 듯한 느낌이 든다. 좌판 옆으로 보니까 아예 벌통들을 수십 개 놓고 꿀을 치고 있다. 대원들의 사기를 진작시킬 겸 영양식을 보급할 목적으로 꿀을 몇 병 샀다. 힘든 일을 할 때는 무조건 잘 먹어야 한다. 특히 남의 나라에서는 음식도 입에 안 맞는 데다 정신적으로 피로하고 육체적으로 혹사당하기 쉽다. 그러니 먹을 만한 것은 무조건 구입하고 잘 먹여야 한다.

우리는 가능한 한 잘 먹도록 했다. 다행히 중국 물가가 상대적으로 싸서 큰 돈을 안 들이고도 좋은 음식들을 먹을 수 있었다. 한국식으로 하면 거의 요리에 가까운 음식들로 일상식을 대신한 셈이다. 중국 음식은 기름기가 많고 고기류가 풍부해서 우리 탐사대가 건강을 유지하는 데는 아주 좋았다. 대체로 다들 잘 먹는 편이었고, 특히 나는 이 곳 북부 음식이 입에 너무 잘 맞아 한국 음식보다 더 잘 먹었다. 촬영을 맡은 이준만이 고생을 했다.

길림시 외곽에 도착하자마자 조선족 식당에서 냉면을 먹었다. 울산이 원향이라는 아줌마는 "한국은 왜 그리 잘살아요?"라고 수줍고 계면쩍게 말한다. 조선족 동포들이 한결같이 말하는 것이지만. 글쎄, 내 나라가 정말 잘살고 있는 건지······.

승합차가 시내로 빨려든다. 왠지 역사 냄새가 솔솔 나고, 고도 분위기가 물씬 날 거라고 생각했는데, 막상 들어오면서 보니 굴뚝들이 많이 보이고, 외곽인데도 공기가 아주 탁하다는 느낌을 받을 정도다. 길림시는 아주 큰 도시가 아닌데도 시내의 교통 상황은 복잡하기 이를 데 없다. 길을 이해하기 위해서 우선 강변으로 차를 몰았다. 송화강 물길을 왼편으로 보면서 숙소를 찾아다녔다.

부여시松原에서 배를 타고 놀던 송화강은 야성적이고 자연의 냄새가 배어 있었다. 여기저기 모랫더미들도 있었고, 석유 채취선들도 불규칙하게 늘어서서 석유를 빨아올리고, 강변길은 한산한 데다가 사람들도 느릿느릿 걸어다니고 있었다. 그런데 이 곳은 잘 다듬어진 도회지 강이다. 모양을 낸 아치형의 다리가 있고, 조각품들을 군데군데 장식해 놓기도 했다. 강변도로에는 가로수가 바람에 휘날리며 시원스레 그늘을 만들고 있다. 사람들은 많지만 손잡고 한가롭게 거닐기도 하고, 자전거를 타고 천천히 지나가기도 한다. 역시 중국인들은 저런 느긋하고 한가로운 모습이 너무나 잘 어울린다. 바쁘고 서두르는 것은 아마 택시운전사들뿐인 것 같다.

강가에선 사람들이 수영을 한다. 거리의 이발사들은 나무 의자 하나를 밑천으로 하얀 가운을 날리면서 중국 인민들의 머리를 깎아 주고 있다. 잘라낸 머리카락이야 바람이 알아서 처리할 테니 일하기가 한결 수월하겠다는 생각이 든다. 조금 전에는 시내 한가운데 시장터에서 장사들이 아우성치며 물건 파는 것을 보았다. 조금은 낭만적이라는 생각이 든다. 아무리 가난하고 구차한 현실도 자연과 조화를 이루고 있으면 아름답게 느껴지나 보다.

용담산성은 길림시 동쪽 외곽 용담산에 있다. 중심부에서 7km 정도 떨어져 있는데, 다리를 건너면서 바로 오른쪽에 있다. 해발 최고 384m인데 멀리서 봐도 산세가 아주 빼어나고 수풀이 우거져 있다. 유원지라서 찾기도 쉽고, 몰려든 사람들도 꽤 많다.

저녁이라 차가 통과할 수 없다고 해서 아이스크림을 먹으며 서서히 걸어 올라갔다. 동네 사람들이 자리를 깔고 모여 놀기도 하고, 한쪽 숲에선 노인네들이 태극권을 하고 있었다. 1500년을 거슬러 올라가면 저 자리에는 바로 고구려의 병사들이 둘러앉아 담소를 하며 저녁밥 짓는 연기를 바라보고 있었겠지?

도로를 따라 10여 분 걸어 올라가니 앞이 막히면서 가운데로 길이 빨려 사라진다. 양옆은 흙으로 쌓은 토성 흔적이 남아 있다. 문은 남아 있지 않지만, '고구려 산성'이란 굵직한 글씨와 함께 안내문을 적은 철판이 녹슨

용담산성 안의 용담정에서 한가로이 풀을 뜯는 말 무리

채 서 있다. 돌과 흙이 섞여 있는 것을 보니 문을 세운 곳은 토성이라도 돌을 섞었음을 알 수 있다. 드디어 부여를 떠나 고구려로 왔다는 느낌이 실감난다.

먼저 문 부근의 토성을 따라 올라갔다. 성은 산세를 따라 등성이에 축조되어 있었다. 길은 없지만 능선 위가 둔덕으로 되어 산성 자리임이 분명히 나타나고 걷기에도 편하다. 계속 올라가니 옛날 각루였던 자리가 나타난다. 이 각루는 동서남북 네 곳에 있었는데, 평균 길이가 20~25m, 폭 6~9m 정도의 크기였다고 한다.

제법 큰 공터가 있는데, 풀이 없이 붉은 흙만 드러나 있다. 전에는 창고 터였거나 막사 자리였을 텐데, 지금은 보나마나 사람들이 모여 노는 자리로 사용될 것이다.

각루 자리에 서니 길림시와 송화강이 한눈에 보인다. 석양 무렵이라 그런지 송화강의 구불구불한 물줄기가 한없이 깊어 보인다. 길림은 완전한 사행천처럼 굽어진 송화강 한가운데에 강보처럼 폭 싸여 발달한 도시이다.

용담산성 안내판

    한강처럼 부드러우면서도 큰 각도로 휘어져 사람들의 터를 감싸고 돈다. 북쪽 방향으로 얕은 산들이 보이고 성이 있는 남 방향으로 큰 산들이 능선을 이루고 있다. 여기서부터 도시 형태가 드러난다. 한강이나 공주, 부여가 다 이런 지형에 수도를 정했다.

    송화강의 뱃노래가 생각난다. 옛날에는 독립군들이 많이 불렀을 텐데……. 그들은 독립전쟁이 자신들 시대만이 아니라 그 이전에도 있었고, 이 땅은 원래 우리 땅이었다는 사실을 알았다. 고구려가 멸망했고, 그 땅을 회복하기 위해 이 강 유역에 있었던 40여 개의 성이 당나라에 끝까지 항전했다는 사실도 알았다. 단재 신채호, 백암 박은식, 그리고 단군을 떠받드는 대종교의 백포 서일 선생 등은 우리 역사를 찾으셨고, 또 그것을 가르치셨다. 싸우면서 역사를 공부한 독립군들은 자신들의 싸움이 일제에 대한 독립전쟁만이 아니라, 어쩌면 이 땅에 대한 광복전쟁을 하고 있다는 생각을 했는지도 모른다.

    친일파들은 친일파대로, 우파들은 우파대로, 그리고 좌파들 역시 오로지 외국 것만을 칭송하고 따랐다. 본질적으로 그들은 사대주의자고 식민주의자들이다. 독립전쟁만 하더라도 그렇다. 그때 독립전쟁의 주역들이 우리 역사와 우리 사상으로 무장했고, 실제로 무장투쟁을 하면서 피를 흘리면서 승리를 이끌어 냈던 사실은 감추거나 무시하고 있다. 너무 어두워져 산 지형을 대충 살펴본 다음에 내려왔다.

길림의 밤은 번화하다. 낮에도 사람이 많은 듯했는데, 저녁이 되고 밤이 되니까 사람들이 더 꾄다. 시내 곳곳에서 무리를 지어 뭔가를 한다. 노인네들은 느긋하고 자신 있는 태도로 양거춤을 추고 있다. 그렇게 특별한 춤도 아닌데 사람들이 몰려 들어 교통까지 방해한다. 길가에 죽 늘어선 꼬치구이 집에서 피어오르는 숯불 연기와 살 타는 냄새가 길림의 여름밤을 더 끈적거리게 한다.

대안에서 데리고 온 승합차를 돌려보냈다. 운전사는 저팔계 같이 생긴 전형적인 중국인이었다. 어리숙하고 미욱하게 생겼는데, 의외로 자기 것은 칼같이 잘 챙기고 돈 계산에 밝았다. 그는 돈을 더 달라고 했지만 미운 느낌은 들지 않았다. 또 고생도 같이 했으니 동료의식 같은 것도 생겼다. 그래서 돈을 충분히 주었다. 다른 한국 관광객에게도 잘 대해 주길 당부하면서 말이다.

용담산 정상으로 뱀 꼬리처럼 길게 이어진 산성

용담산성
송화강 변의 고구려성

 **7월 20일** 8#

    다음 날, 대원들과 촬영팀 모두 차를 타고 용담산성 안의 용봉사 앞까지 올라갔다. 이 성에 대해서는 비교적 학술조사 보고서가 나와 있어서 전모를 알기가 쉽다. 절 안으로 들어가 건물을 보고, 뒤에 있는 고개를 넘어 아래로 내려갔다. 용담은 멀리서 봐도 크다. 관광지라 그런지 사람들이 많이 몰려 있다. 용담 앞문에는 이 곳이 고구려 산성이라는 사실, 용담의 크기나 특징 등을 써 놓은 간판이 있다.

    용담은 평면이 말각장방형이고, 동서 52.8m, 남북 25.75m, 깊이 9.08m의 꽤 큰 연못이다. 후대에 더욱 확장했는지는 모르지만 고구려 당시 성 안에서 사용했던 음마지나 수원지로 보기에는 꽤 크다는 생각이 든다. 신앙의 장소가 아니면 말 그대로 용이 사는 연못이 아닌가 생각이 들 정도다. 용담 안에는 화강암을 길고 반듯하게 깎아 연못 내부를 돌아가며 쌓았다. 북동쪽 모서리에 구멍이 있는데, 성 밖으로 나가는 배수구이다. 그런데 이상하게도 못 바닥에서 샘 구멍이 발견되지 않는다고 한다.

연못 위의 북벽으로 올라갔다. 토성이지만 형태는 분명하다. 양 능선으로 뻗쳐 올라가면서 계곡에서 올라오는 길을 광범위하게 막아 주고 있는데, 높이는 10m 정도가 되어 보인다. 북문 자리 바로 옆으로는 화강암으로 사방 1m 정도로 정교하게 쌓은 수구문이 남아 있다. 완전한 형태여서 오히려 후대에 쌓은 것이 아닐까 생각이 들 정도다. 용담의 배수구와 통한다고 해서 들어가 보니 2m 정도에서 꽉 막혀 버렸다.

음마지를 옆으로 보면서 넓은 공터를 지나 위로 발길을 옮겼다. 꼭 남한산성에 와 있다는 생각이 들 정도로 분위기가 비슷했다. 한뢰旱牢가 나타났다. 한뢰를 직접 보기는 처음이다. '한뢰'는 말 그대로 하면 '마른 감옥'이란 뜻이다. 직경이 10.6m, 깊이가 3m 정도의 원형인데, 내부를 화강암으로 정교하게 쌓았다. 어떻게 보면 옛날 영화에서 보던 검투사들의 격투 장소 같기도 하고, 범죄자들을 가두어두는 감옥 같다는 느낌도 든다. 그리고 한편으로는 성 내의 중요한 군수물자나 식량들을 보관해 둔 창고가 아니었을까 하는 생각도 든다. 현재로선 어느 것도 확실한 것은 아니다. 이런 시설물은 백제나 신라, 조선은 물론, 심지어는 고구려의 영향을 받은 백제인들이 축성한 일본 내의 조선식 산성에도 없는 것들이다. 안에 들어가 살펴보았지만 역시 이해하기가 힘들었다.

점장대는 인공을 가한 흔적이 거의 없이 자연스럽게 보인다. 우리가 산에 올라가 정상 부근, 특히 아래 벼랑을 끼고 멀리 조망할 수 있는 산 정상을 연상하면 된다. 남한산성 같은 경우는 점장대가 비교적 산릉선에서 떨어져 있지만 여긴 바로 송화강 강변과 맞닿은 벼랑 위에 있다.

전망대에는 사람들이 모여 산바람 강바람을 한몸에 받으면서 더위를 식히고 있다. 바람이 얼마나 좋은지 대학생 둘이서 패러글라이딩을 하고 있었다. 중국인들은 이 곳이 고구려 산성이라는 것을 별로 의식하지 않는다. 하긴 조선족들도 마찬가지이다. 용담에서 만난 조선족, 노인들도 고구려 산성에 대해서 크게 의식하지 않았고, 아예 모르는 사람들도 있어서 인터뷰하는 데 약간 당황했을 정도였다. 조금 전에 만난 노부부는 길림시에 살면서 약초를 캐러 가끔 이 산에 온다고 하는데, 고구려 산성에 대해서는 역시 잘 모르고 있었다. 분명히 '고구려 산성'이란 팻말이 몇 군데나 붙어 있었는데도 말이다.

이 곳에서 바라보는 길림시는 매우 광활하고 전략적으로 매우 유리한 위치에 있다. 산들이 동서 방향으로 연결되어 북쪽에서 오는 적들을 방어하기 좋다. 또한 용담산의 양옆으로도 산들이 계속 연결되기 때문에 뒤에서 오는 적들을 방어하기에 매우 유리하다. 게다가 송화강은 시내 한가운데를 두고 서쪽에서 동쪽으로 내려오다가 다시 남북 방향으로 흐른 다음에 또 한 번 틀어 서쪽으로 올라가고 있다. 이른바 안장형이다. 강폭이 길림시 쪽으로는 광활한 반면 용담산 쪽은 좁다. 하지만 여기도 상당히 넓은 농토가 있다. 이렇게 볼 때 송화강은 길림시 내부를 비껴서 관통하는 한강 개념을 적용시킬 수가 있다. 이 정도의 지리적 위치라면 역시 한 나라의 수도가 될 수 있다는 판단이 선다.

학자들이 부여의 수도를 길림 지역으로 보고 있는 강력한 이유 중의 하나는 길림에 들어서 비로소 산이 나타난다는 자연 특성 때문이다. 《삼국지》 '부여전'에 "夫餘…多山陵廣澤, 於東夷之域最平敞, 土地宜五穀, 不生五果……."라는 기록이 있기 때문이다. 하지만 일단 농안 지역을 벗어나 장춘이나 길림으로 오면 넓은 못들을 발견하기 힘들다. 더욱이 과일이 풍부하기 때문에 이 기록과 일치하지는 않는다.

그러면 이 용담산성은 부여 때부터 있었을까, 아니면 고구려 때 비로소 축성된 것일까?

고구려의 축성법이 잘 나타나 있는 용담산성

이 산성의 건립 연도, 구조적 특성이나 출토된 유물로 볼 때는 고구려 산성과 매우 유사하다. 그런데 성 바깥과 안쪽에서는 한대의 유적이라든가 유물이 발견되었다. 특히 1957년과 58년의 용담 유적 조사에서는 요와 금나라 시대의 유물들이 발견됐다. 따라서 이를 종합해 볼 때, 중국 학자들의 견해처럼 부여나 한인들이 먼저 이 곳에 들어와 토착 부족들과 함께 살았고, 그 다음에 고구려가 진출한 것으로 보여진다.

광개토 대왕릉비에 의하면 대왕 20년, 즉 경술년에 대왕이 동부여를 공격하였다는 기록이 있다. 물론 용담성 일대 지방을 포함하고 있다. 따라서 이 용담산성은 광개토 대왕이 집권한 이후 장수왕 연간에 본격적으로 축조한 것으로 추측된다.

길림은 농안, 장춘을 거쳐서 즉, 평원을 질주해 온 적들을 막을 수 있는 최초의 산악 지형이 외곽부터 형성되고, 우리가 서 있는 용담산을 선으로 한 외곽에 또 하나의 산줄기가 있기 때문에 방어 진지로서는 매우 훌륭하다. 더구나 송화강이 흐르고 있다.

송화강은 전체적으로 남에서 북으로 흐르고 있고, 이 용담산성은 바로 송화강 가, 정동 방향에 있다. 따라서 북방의 적들, 즉 정서 방향인 장춘 쪽에서 쳐들어오는 적을 막기에 가장 바람직하다. 남에서 올라오는 적군을 방어하기 위해 쌓은 것은 아니었을 것이다. 훌륭한 방어 시설을 적에게 빼앗겼을 경우, 오히려 적이 길림을 정확하게 관측하며 장기적으로 공격할 수 있기 때문이다. 한편 길림이 함락당했을 경우 높은 산성 위의 유리한 위치에서 도하를 효과적으로 저지할 수 있다. 길림에서 강을 건너 성을 공격하기엔 상당한 출혈을 각오하지 않으면 안 된다. 따라서 이 성은 북에서 내려오는 북방 유목민들을 막기 위한 목적으로 축성한 것이다.

용담산성을 나와 서단산西團山으로 갔다. 유명한 서단산 유적지이고 고구려의 서단산성이 있다고 들었기 때문에 쉽게 찾을 것 같았는데, 정말 애를 먹었다. 겨우 높이 100m 남짓한 조그만 동산 정도였다. 성의 흔적은 보이지 않고 팻말만 덩그러니 놓여 이 곳이 그 유명한 서단산 유적지임을 말해 주고 있었다.

이 곳에서는 기원전 2000년 전 ~ 기원전 1000년부터 시작해서 약 700~800년간 계속된 시대의 유물이 발견됐다. 사람들은 반지하식의 수혈식 주거지에 살고 있었으며, 죽은 다음에는 석관묘에 묻혔다. 항아리·관·솥(鼎) 등의 삼족 토기 외에 돌도끼·석포정 등도 발견됐다. 그 외에 청동도끼, 청도자銅刀子, 요녕식 동검 등의 무기도 일부 발견됐다.

그런데 이 유적지에서 돼지 두개골과 이빨이 부장된 채 발견되었다. 이것은 숙신肅愼의 풍습과 일치하므로 한때는 이 곳이 숙신족의 거주지였다는 설이 있었다. 그러나 이건재 등이 제기한 예맥족의 근거지라는 설이 유력하다.

3000년 전의 유물들이 발견된 장소치고는 너무 허술하고 분위기도 썰렁하다. 유적지가 물가에 위치해 있을 줄 알았다. 정상에 올라가 보니 발굴의 흔적으로 땅이 푹 꺼진 것만 몇 군데 보이고, 중국군이 쌓은 듯한 벙커 잔해가 무성한 잡초 사이로 희끗거린다. 정상에서 100° 방향으로 용담산성이 보인다. 아무래도 이 성은 용담산성 쪽보다는 배후에서 오는 적을 방어할 목적으로 평야 가운데 쌓은 성으로 판단된다.

반대편 동네로 내려가는 길이 도랑처럼 깊게 파여 있어 혹시나 하고 따라 내려가 보았지만 역시 아무것도 발견할 수가 없었다. 동네 사람들은 아예 이 유적지에 관해 전혀 관심이 없어 보인다. 조선족 아줌마를 만나 동네 집에 들어가 물어보았지만 역시 마찬가지였다.

이렇게 해서 또 하루가 지났다. 길림은 진짜 짜증이 난다. 도시도 그렇고 사람도 그렇고, 우리 팀도 상당히 짜증을 내는 것 같다. 왜 이리 차량 문제가 해결되지 않는지 모른다. 중국에서는 자동차를 구하기가 너무 힘이 든다. 통화에서 오기로 한 차가 오늘도 오지 않았다. 이 곳 차들은 성능도, 시설도 형편없지만 값이 너무 터무니 없이 비싸다. 흥정을 하려면 약간 과장해서 몇 시간 걸려야 할 정도다. 한 시간 안에 흥정을 끝낸 적은 없다. 중국을 떠날 때까지도 그것은 틀림없이 계속될 것이다. 결국 차 때문에 길림에서 하루 더 묵기로 했다.

이 차 저 차를 붙들고 흥정하고, 같은 차라도 똑같은 운전사에게 몇 번이나 흥정을 하고, 했던 말을 수십 번 되풀이해야 한다. 나중엔 머리가 돌아 버릴 것 같았다. 햇볕이 더 뜨거웠다면 살의를 느꼈을지도 모른다.

몇 시간 만에 간신히 흥정을 끝냈다. 오늘은 일단 숙소까지 데려다 주고 내일 매하구梅河口까지 가기로 했다.

오늘 밤은 값 싼 초대소에 짐을 풀었다. 우리나라의 아주 열악한 여인숙 같은 곳이다. 지저분해서인지 잠이 잘 오지 않는다. 내일 일정에 차질이 생기지 않도록 억지로 잠을 청했다.

동단산성
난공불락의 요새

 **7월 21일** 9#

다음 날 아침, 길림을 출발하면서 동단산성東團山城을 찾아갔다. 역시 어렵게 찾아갔지만, 용담산성에서 바라보면서 성이 있을 것이라고 예측해 본 그 위치이다.

송화강 남쪽가에 볼록 솟은 200여 m 높이의 자그만 산등성이가 성이었다. 찻길을 벗어나 옥수수밭 사이를 지나 들어가면 집 한 채만이 덩그러니 붙어 있는 곳이다. 무성한 풀숲 때문에 성은 고사하고 산 모양조차 알기가 힘들 정도다.

산길을 조심스럽게 올라가는데 둔덕이 앞을 가로막는다. 턱쟁이를 넘겨다보니 움푹 파인 공간이 보이는데, 음마지 같은 곳이 눈에 띈다. 들어가서 한번 돌아봤다. 나무숲이 삼켜 버렸지만 제법 큰 공간인 것 같다. 둔덕은 흙과 돌을 섞어서 쌓았다. 앞으로 전진하다 보니 다시 큰 둔덕이 나타나 길을 막는다. 약간 의아한 생각이 들었다. 덤불을 헤치고 올라가기도 어렵고 해서 다시 돌아나와 길을 따라 올라갔다. 위로 방향을 트는 곳 산모퉁이에 약간 넓은 공간이 있다. 내려가 훑어보니 각루 자리임이 틀림없다.

　강변 쪽의 급한 경사 쪽으로 조금 내려갔다. 몰래 도강해온 적이 올라올 수 있는 벼랑인데, 지금은 풀밭이라 고도감이나 불안감은 느껴지지 않는다. 서쪽 8부 능선쯤에서 풀숲을 버릇처럼 손으로 헤치는데, 손톱 2~3개 정도 합친 정도의 붉은 기와 조각이 발견되었다. 너무 작아 문양도 없고, 딱히 고구려의 것이라 단정할 수는 없지만, 분명히 그 동안 수없이 본 고구려 기와 조각이었다.

　정상에 올라가 보니 바로 코앞에 강물이 흐르고, 강물과 맞닿은 면은 군데군데 벼랑들이 있었다. 산성 옆으로는 송화강 철교가 통과하고 있다. 산 정상부는 고구마형으로 되어 있고, 중심부에는 깃발을 꽂은 듯한 철골조

동단산성은 산 전체에 3중으로 토벽을 쌓아 만든 성으로, 첫 번째 성이 무너지면 두 번째 성에서 방어하고, 두 번째 성이 무너지면 세 번째 성에서 방어하다가 전사하도록 한 독특한 구조로 되어 있다.

삼각 구조물이 있다. 가운데 서니 길림성시 전체, 용담산성, 바깥쪽 구릉과 많은 농토들, 그리고 송화강이 남에서 북으로 흐르는 모든 과정이 한눈에 보인다.

현재 우리가 있는 위치에서 220° 방향에는 200m급 이상의 산이 보이는데 성이 있었을 것 같다. 정남 방향에는 백산으로 추정되는 산이 있다. 백산, 동단산, 그리고 220° 각도에 있는 이 세 개의 산을 장악할 경우에는 송화강을 건너오는 적을 협공해서 물리칠 수 있다. 동단산성은 크기나 위치로 보아 장기 농성전의 성이 아니라 전술적으로 강변에 여러 개 만들어 놓은 방어용 성 가운데 하나로 판단된다.

내려올 때는 길을 버리고 막바로 질러 내려왔다. 역시 조금 전에 본 둔덕들은 토루였다. 그러니까 이 성은 토벽을 3중으로 두른 구조다. 맨 아래쪽의 성벽이 적에게 무너지면 두 번째 성벽에서 방어하고, 다시 그게 무너지면 마지막 성벽에서 방어하다가 전사하도록 한 그런 성 구조다. 고구려인들은 정말 무서운 사람들이었다. 정신이 번쩍 든다. 나는 이런 성 구조를 본 적이 없다.

그리스의 미케네에 있는 성에 간 적이 있었다. 트로이를 멸망시킨 그리스 연합사령관이었던 아가멤논왕의 도시다. 올리브나무만이 자랄 수 있는 척박한 땅, 건조하고 횟빛의 바위로 이루어진 산에 돌들로 차곡차곡 쌓은 산성이었다. 그때 나는 난공불락의 요새라며 감탄했었다. 그런데 이 동단산성은 일단 공격을 받으면 죽을 때까지 싸울 수밖에 없는 아주 독특한 구조다. 그리고 끝까지 항전한다는 의지의 표방이었다.

'이게, 바로 고구려구나!'

이런 구조물이나 기록에 배어 있는, 하지만 표현 못한 특이한 정신성은 직접 생생한 체험을 하지 않으면 잘 모를 수밖에 없다. 고구려를 단순한 군사국가로만 알고 있는 사람들이 얼마나 많은가?

산을 내려와 성 관리인을 만나 안내를 받으면서 바로 옆에 있는 남성자성으로 갔다.

강변에는 어디나처럼 그냥 평범한 중국의 옥수수밭이 펼쳐져 있다. 다른 곳과 차이가 있다면 그 옥수수밭은 강 쪽으로 둔덕이 좀 더 분명하다는 점이다.

남성자성은 평지성인데 원책유구圓柵遺構가 발견되고, 부여 전기 문화의 특성을 가진 유물들이 발굴되었다. 그래서 중국 학자들은 부여의 왕성인 예성濊城으로 본다. 뿐만 아니라 방금 우리가 보고 온 동단산 자치통감資治通鑑에서 부여의 거주지로 기록한 녹산鹿山이라고 주장한다. 하지만 이 평지성은 부여가 세운 방어성인지는 모르겠으나 왕성으로는 부적합하다. 강 건너에 길림이란 좋은 터가 있는데, 이 곳에 왕성을 지을 리는 없다. 더구나 주적인 고구려군이 쳐들어오면 이 곳은 치명적인 취약 지구이다.

고구려가 용담산·서단산·동단산으로 이어지는 길림 방어 체제를 구축했다면 동단산성은 3중으로 축성된 옥쇄형 산성이고, 이 남성자성은 평지성으로서 동단산성과 짝으로 사용됐을 것이다. 평상시에는 여기에 거주하고 있다가 위험할 때, 즉 전투시에는 바로 동단산 위로 올라가서 방어했던 것으로 판단된다. 여기서 동단산까지는 120° 방향으로 약 2Km이다.

토성의 서벽 한쪽 전신주가 서 있는 구석에 기와·벽돌·토기 조각들이 쓰레기처럼 모아져 있다. 밭을 일구면서 주워 낸 것들을 한켠에 모아 둔 것이다. 발해 · 요 · 금의 유물들이 출토됐는데, 대부분 고구려 계통임이 한눈에 드러난다. 그 중의 몇 개는 처음 보는 형식이라 일단 집어 넣었다.

강 쪽으로 성벽이 남아 있는데, 원래는 10m 높이었다고 하지만, 지금은 3m 정도뿐이다. 한 변의 끝까지 걸어가 봤다. 1500m라는데 꽤 길게 느껴진다. 남문 문벽의 높이가 약 5m, 바닥 폭이 9m, 남문의 폭 전체가 22m이다. 콤파스를 대보니 정확하게 동서 방향으로 벽이 이루어지고 있다. 성 안은 거의다 옥수수밭이고 파를 심은 밭이 군데군데 있을 뿐이다.

남벽 밑에 있는 경사진 밭들은 예전에는 전부 다 성벽에 있던 흙들인데, 무너져 내려와서 이루어진 것이라고 한다. 밭이 끝나는 부분에는 깊이 4~5m 정도의 계곡이 송화강으로 흘러 들어가고 있다. 강에 홍수가 나면 이 곳까지 넘치지나 않을까 걱정될 정도로 강이 바로 옆에 있다.

옥수수가 이렇게 잘 자라지만 않았어도 차라리 덜 서글프다는 생각이 들었다. 유달리 키도 큰 데다가 이파리도 진초록으로 싱싱하게 잘도 컸다. 인간의 역사, 그리고 부여와 고구려의 격동적이었던 역사가 하잘 것 없이 느껴진다.

큰 소리를 내며, 부산을 떨고 콤파스를 들이대고, 줄자로 크기를 재며 사람 냄새, 고구려의 흔적을 떨구어 놓지만 여름날의 뜨거운 햇살 속으로 맥없이 자지러든다. 너무 긴 세월이 흘러 우리는 이제야 이 곳에 나타났다. 이마저도 일본인들의 꽁무니만 쫓아다니고 있다는 생각에 답답하고 씁쓸하다.

길림을 떠난다. 뜨겁다. 왜 이리 햇빛이 뜨거운지 모르겠다. 차의 자리가 부족해 뒤칸 의자를 들어내고 5명이 철바닥에 기대기도 하고 드러눕기도 했다. 그것도 자리가 좁으니까 몸을 포개고 누울 수밖에 없다.

두어 시간 계속 실려가다 결국 나는 문제를 일으키고 말았다. 체했는지 통증이 심하고 어지러웠다. 차를 논 옆에 세우고 내려서 토했다. 조금 나아진 것 같지만 여전히 힘들다. 여지껏 잘 버텨 왔는데, 체기 때문에 스타일 구겨 버렸다. 논바람, 들바람을 쐬며 침을 맞고 피를 뽑고 하니 조금씩 나아지는 것 같다.

중간에 두세 번씩 쉬었지만 오후 내내 달려갔다. 초원에서 산으로 들어왔지만 아직은 그래도 산의 선이 부드럽다. 초원의 푸르름 대신 벼들의 푸르름이 들판을 채운다.

반석磐石을 20분 앞둔 거리에 있다. 촬영을 위해서 앞 차량과 몇 번 교대를 하면서 시간을 지체했다. 상당히 넓은 초원이 있는데, 중간중간에 강물이 흐르고 있다. 아마 앞으로 이 정도의 초원은 보기 힘들지 않을까 생각이 든다. 물가에는 사람들이 모여서 낚시도 하고 목욕도 한다.

반석으로 들어서니 어쩌면 이렇게도 우리 산천과 똑같은지 모르겠다. 길림이야말로 그 이북과 이남, 그리고 기타 다른 지역과의 자연 경계선을 이루는 것 같다.

반석은 화강암 지대가 많은 듯 산 곳곳이 파헤쳐지고 잘라졌다. 지금 우리가 지나가는 곳 가운데에 거대한 채석장이 있고, 트럭들은 돌을 운반하고 있다. 이 정도라면 이 근처에는 산성이 있고, 그 산성은 돌로 쌓았을 가능성이 많다.

매하구梅河口로 가는 원래 길이 공사중이라 해서 돌아갔다. 덕분에 이 지역의 시골집들을 충분히 볼 수가 있었다. 진흙집에서 초가로 변한 건 물론

이고, 지붕의 선도 달라졌다. 길림에 들어오면서부터 한두 개씩 눈에 띄던 부경도 이쯤 오니까 집집마다 하나씩 둘씩 있다.

부경은 원두막 형식으로 된 일종의 창고이다. 《삼국지》 '위지 동이전 고구려조'에 "…無大倉庫 家家自有小倉, 名之爲桴京."이라는 기록이 있다. 고구려에 특이한 창고 건물이 있었고, 그 곳에 곡식 등 많은 물건들을 쌓아 두었다고 하면서 경제력이 뛰어났음을 간접적으로 표현한 글이다. 그 창고는 집안에 있는 마선구麻線溝 고분벽화에 그림으로 남아 있다. 신영훈 선생님은 일본의 나라 동대사 안의 정창원 건물, 동대사 뒷편의 몇 채 그리고 법륭사 안의 봉강전도 부경 형식을 지니고 있다고 한다. 고구려 외에 백제나 신라가 부경을 가지고 있었는지는 모른다. 그러나 현재에는 오로지 고구려 지역, 특히 이 남만주 일대에만 남아 있다.

해질 무렵에 목가적인 저수지가 있는 곽대원郭大原이라는 마을의 한 농가에 들어갔다. 잠자다 일어난 듯한 젊은 청년이 떨떠름한 표정을 짓고 있다. 왔다 갔다 하다 보니 조선족들도 살고 있는 마을이었다.

어떤 집은 부경이 두 개씩 있기도 했다. 반듯하지 않고 휘어지거나 비스듬한 것이 많지만, 보통은 네 다리를 받치고 그 위에 집을 얹은 형태이다. 본래는 사료의 기록처럼 뗏목 같은 집을 얹은 것인데, 판자를 엉성하게 댄 탓에 안이 훤히 드러나 보인다. 어떤 집에서는 나락가마를 쌓아 놓기도 했고, 괭이·삽 등 농기구들을 넣거나 걸어 두기도 했다. 아래는 텅 빈 공간이라 잡동사니 물건을 쌓아 두기도 했다.

왜 이런 구조가 생겼는지 여러 설이 있다. 또 그 기원이 어디냐에 대해서도 설이 분분하다.

부경. 만주 일대에 폭넓게 분포하고 있는 부경은 곡식과 농기구 및 각종 곡물을 보관하는 특이한 건축물이다. 일부 학자들은 부경을 남방문화에서 나타나는 고상식 주거의 영향을 받은 것이라고 주장하지만, 고구려의 옛 땅에만 분포하고 있는 만큼 고구려의 독자적인 산물이 오늘날까지 전해져 내려온 것으로 보여진다.

비가 많거나 습기가 많이 차는 지방에서 곡식들을 보호하기 위해서 만들었다는 설이 있다. 그런가 하면 농촌에서 쥐나 삵괭이 등 짐승들로부터 곡식을 보호하기 위해서 다락처럼 높게 지었다는 설도 있다. 가장 설득력이 있는 설이다. 그런가 하면 겨울에 눈이 많이 쌓이면 곡식이 눈에 젖어 습기 차기 때문이라는 설도 있다. 부경이 결국은 귀틀집의 변형이라는 설도 제시되고 있다. 실제로 울릉도에 남아 있는 투막집은 밑이 원두막처럼 되어 있지는 않지만 뗏목처럼 나무를 엇갈리면서 나무벽을 짜놓았다.

용도와 기능의 문제는 그렇다 해도, 그 기원이 어디냐는 문제는 매우 예민하다. 문화의 전파 루트나 영향과 관련되기 때문이다. 특히 일본은 고대

보물을 대대로 보관해 왔던 정창원 건물이 부경으로 되어 있기 때문이다. 고상식 주거는 기본 형태가 부경과 비슷한데, 전형적인 남방 문화의 소산이다. 인도네시아나 베트남 등에서 보이는 수상 가옥이 바로 그 원형이다. 실제로 일본의 고대문화, 즉 야요이 시대에는 고상식 주거가 있었음이 동경이나 칼자루 등에 있는 문양 등에 의해 증명되고 있다. 부경과 고상식 주거는 유사한 형태이므로 이를 근거로 일본은 고대문화가 대륙이나 우리가 아닌 양자강 유역 등 남방 문화의 영향을 받아 형성됐다고 주장한다. 부경이 고구려 지역의 독자적인 산물인지 아직은 모른다. 하지만 이 지역에만 남아 있는 만큼 그럴 가능성은 높다.

한편 나는 고구려와 양자강 유역과의 교섭을 중요시하는 입장이다. 따라서 부경은 남방문화의 산물이지만 그 필요성 때문에 고구려에서 광범위하게 사용되고 토착화됐을 가능성도 염두에 두고 있다. 그러나 아직은 결론을 유보하고 있다. 1991년도에 남방문화와의 관련성을 광범위한 지역에 걸쳐서 답사했고, 그때 고상식 주거를 보았다. 그리고 후에 마선구 벽화를 보았다. 그때 잠정적으로 내린 결론이 있어 지금은 여러 가지로 신중하게 대하고 있다. 만약 내가 이 곳을 먼저 보았다면 다른 생각을 했을지 모른다. 사람의 경험과 첫 인식이란 일과 사고에 적지 않은 영향을 끼치는구나 하는 것을 느낀다.

날은 어둑어둑해지고, 우린 다시 지쳐서 몸이 구겨지고 포개진 상태로 졸고, 운전사는 핸들을 쥔 채 열심히 달렸다. 예정보다 더 시간이 걸려서 그도 초조한 모양이다.

결국 우리는 10시 가까이 돼서야 매하구시 외곽의 초대소에 들어갈 수 있었다. 늦은 저녁을 부탁해 먹고 잠자리에 들었다. 모두들 잠자리가 불편한 모양이다. 하지만 이 밤중에 다른 곳을 찾아 나설 수도 없는 노릇이 아닌가!

시내 쪽으로 나가 구경도 하고 바람을 쐬고 싶었지만, 사람도 없는 데다 역시 무리인 것 같아 잠시 어슬렁대다 들어와 잠을 잤다. 고구려 산성의 새로운 모습을 보았지만 그래도 역시 힘든 하루였다.

매하구
잃어버린 고향이 숨어 있는 곳

 7월 22일 10#

이젠 정말 우리 땅이다. 고구려의 땅이었지만, 지금은 중국 땅. 그렇지만 누가 뭐래도 여기부터는 우리 땅이다. 우리 산, 우리 들판, 우리 꽃과 풀들이다. 그리고 조선족들이 본격적으로 살기 시작하는 곳이다. 어릴 때 늘상 보던 초가 지붕과 흙벽, 그리고 집 앞을 흐르게 잔잔하게 파놓은 개천들.

한두 달만 더 있으면 노란 호박들이 지붕 위를 꽉 채울 텐데…, 사람들은 잃어버린 고향을 여기 와서 보는구나!

자기 땅을 빼앗기고 멀리 도망왔던 이들은 고향을 지키고, 거기 남아 있던 사람들은 다 잃어버리고 잊어버렸다. 이들은 결국 조국과 자신을 지키고자 떠났기 때문에 여기 와서도 용케 어렵게 스스로를 버텨 왔다.

매하구 시내는 조선족 자치향이라 그런지 조선족 중학교도 있고, 군데군데 조선족 식당도 많다. 들어오자마자 외국인처럼 행세하고 물건을 사고 했었는데 열적은 느낌이 든다.

산성진山城嶺에 있는 고려산성을 찾아갔다. 들판길을 한 20여 분 가니 들 가운데 잘생긴 산이 부드럽게 곡선을 그리고 있다. 멀리서 봐도 능선이 삼태기처럼 들을 향해서 벌리고 있고, 안은 널찍해 보인다. 산성 못미처서 마을이 하나 있는데, 산성과 능선으로 이어지는 산자락에 냇물을 끼고 있다.

날씨가 무더운지 모두 지쳐 있는 것 같다. 산성을 답사하는 동안 말을 풀어서 풀을 뜯게 하려다 금방 내려올 것 같아 그냥 놔두었다.

너무나 조용하다. 산이 험하고 나무들이라도 있으면 움직이는 감이라도 느낄 텐데, 부드러운 능선에다 나무가 거의 없는 잔디밭 같은 성이니 얼마나 중요하겠는가! 마을에서 개 짖는 소리 하나 안 들린다.

고려산성은 토성으로 알려져 있는데, 남남서 방향으로 옹성 형태의 정문이 있다. 통과하니 넓은 개활지가 펼쳐져 있고 왼쪽, 즉 서쪽 능선은 경사가 낮기 때문에 토성을 높이 구축했다. 서쪽 벽에 올라가서 보니까 밑의 도로까지 평균 높이가 40m ~ 50m 정도로 아주 급격한 경사이다. 성벽 위는 폭이 꼭 3m가 된다.

서벽 위에서 바라보니까 정면에는 시야에 다 잡히지 않을 정도로 광활한 평원이 좌우로 펼쳐져 있고, 멀리 마을이 보인다. 더 멀리에는 능선이 쭉 펼쳐져 있고, 더 멀리 그 뒤에는 남쪽 방향으로 커다란 산맥이 보인다. 아마도 신보新濱에서 들어오는 길일 것이다.

서쪽 정상 가까이 오니까 안쪽 내벽으로 움푹하게 패인, 평균 폭이 약 4 ~ 5m 정도의 웅덩이가 10여 개 보인다. 그 중에서 서너 개 정도는 깊은데, 나머지 것들은 평평해 건물지의 흔적으로 보여진다. 일부 평평한 건물지에는 화강암석들이 널려져 있어 그런 추정을 더욱 신빙성 있게 한다. 특히 이 지역에는 성 내부를 바라볼 수 있게 솟은 언덕들이 있는데, 인공적으로 흙을 돋워 높게 한 흔적이 완연하다. 일종의 장대가 아닌가 생각된다.

서벽을 거쳐 정상을 지나 북벽으로 내려오기 시작하니 경사가 매우 급하다. 북쪽 끝단 서쪽으로 양벽이 만나는 지점에 서쪽 산에서 온 능선이 마주치고 있다. 이 곳 역시 성벽 일부를 돋워 올린 형태이다. 안쪽 내벽으로서는 폭 6m 정도로, 길이라고 할 만큼 평평하고 넓은 대지가 성벽을 따라 이어지고 있는데, 용도를 알기가 힘들다. 마도이기엔 너무 넓고, 군사들이 주둔하고 있기에도 길고 넓다는 느낌이다.

북벽 정상을 150m 정도 남기고 별안간 가파라지는 지점 가운데가 움푹 파인 소롯길이 성 바깥에서 안으로 이어지고 있다. 소문의 흔적을 사이에 두고 급격하게 언덕이 올라오고 바깥쪽으로 동그랗게 돋은 일종의 소규모 옹성 형태이다. 우마차나 사람이 통행했던 길일 것이다. 동쪽으로 내려가니 성문이 나타난다. 정문에 대응하는 성문은 거의 정동에 가까운 정동북 방향에 나 있다. 폭은 20m 정도·높이는 9m정도인데, 직선 거리로 따지면 10m쯤이다.

동벽 정상에 올라오니까 점장대가 나타난다. 정남 방향으로 산성진 마을이 보이고, 정동으로는 거의 이 산과 맞먹는 높이의 홍기산紅旗山이 있다. 예상과는 달리 남벽은 한층 더 바깥쪽으로 전개되는 것 같다. 한바퀴 돌아보니까 이 산성은 동쪽과 북쪽은 급한 경사로 되어 있고, 서쪽 벽은 완만한 경사로 되어 있으며, 남쪽은 푹 패인 전형적인 포곡형 산성이다.

예정 시간이 훨씬 초과되어 남벽으로 가는 일을 포기하고 막바로 성 안으로 내려왔다. 우물터가 나타나고, 계곡물을 받아 모아 놓은 듯한 곳, 석탑터가 세개 연속되어 있다. 한 중앙에는 채석장으로 사용한 흔적이 남아 성 안의 분위기를 폐허로 만들고 있다.

고려산성은 놀라울 정도로 거의 완전하게 보존돼 있어서 토성을 연구하기 위해서는 한번 답사해야 할 성이다. 둘레가 4km 정도 되고, 정문에서 북문까지는 1km가 채 못 되었다. 하지만 내부가 잘 정리되어 활동하기에 편하다. 전략적으로도 요충지인 데다가 주변의 평야 지대를 관장하고 있어서 정치적 성격도 가지고 있었을 것이다. 혹시 이 곳에 고구려의 임시 수도나 왕성이 있었던 것은 아닐까? 아무리 생각해도 환인은 길림에서 너무 멀다. 날씨 탓인가? 망상이 나를 사로잡는다. 그만큼 매력적인 성이다.

다시 매하구 시내로 들어와 조선족 식당에서 점심을 먹었다. 외국에 나오면 가능한 한 우리 음식을 먹지 않으려 한다. 특히 만주 지역은 입맛에 너무 잘 맞아서 굳이 조선족 식당을 찾을 일이 없었다. 더구나 피차 정이 뭉클뭉클 피어오르는 것도 아니고 말이다. 그런데 여기는 조선족 자치향인 데다가 시골이기도 해서 찾아 들어갔다.

한국에 가서 일하고 왔다는 주인은 여러 가지 이야기를 해 주었다. 얘기를 들어보면 역시 조선족은 한국에 대해 우호적인 것만은 아니라는 것이 확인된다. 사실 그 동안 만난 거의 대부분의 조선족이 그렇게 얘기를 했다.

매하구 사람들은 1년에 한 번씩 고려성으로 애들을 데리고 단체로 놀러 간다고 한다. 옛날, 아주 옛날 고구려 시대 때 당군에 포위당한 고구려인들이 전멸한 곳이기 때문에 지금도 중국인들은 근처에도 가지 않는다고 한다. 천여 년의 세월이 지났지만, 이 곳 사람들에겐 고구려 산성으로 기억되고 있는 것이다.

이제 우리는 라통산성으로 가는 중이다. 길림성 유하구柳河縣 대통향大通鄉의 라통산 위에 있는 큰 성이다. 매하구에서 도로 북으로 올라오다 길을 틀어 유하현으로 향하였다. 동북 방향으로 한참을 달린다. 포장도로가 없어지고, 시골길을 달리면서 길을 물어봤다. 아줌마들이 하수가 흐르고 먼지가 풀풀거리는 싸릿문 앞에 모여 앉아 마작들을 한다. 할머니들도 끼어 있고, 애들도 둘러서서 구경들을 한다. 중국 여인들은 춤도, 마작도, 카드도 모두 잘 즐기는 것 같다.

한참을 가다 차도를 버리고 샛길로 차를 몰았다. 옥수수 들판 새를 달리기도 하고, 허름한 시골 동네, 들판 속, 산골 가까이, 그야말로 속속들이 시골 동네들을 통과하면서 찾아간다. 길을 잃어버리면서까지 들판 속을 달리는데, 홀연듯 산군들이 나타난다. 가까워질수록 두텁고, 첨봉들이 보이는 게 예사롭지가 않다.

차는 계속 그 산 쪽으로 달려간다. 참 이상한 일이다. 우리는 분명히 라통산성을 찾아가는데 눈에 보이는 것은 아주 험하고 높은 산뿐이다. 산길로 접어들어 올라가다 차가 섰다. 돌이 튀어나오고 길이 엉망이라 결국 타이어가 펑크 나버렸다. 그냥 올라가자고 운전사를 달래도 소용이 없다. 트럭 운전사는 못 올라간다고 막무가내로 버틴다. 날은 저물어가는데 낭패가 아닐 수 없다.

마침 길에서 만난 사람들이 거의 다왔다고 해서 차를 놓아 둔 채 걸어 올라가기 시작했다. 15분 정도 올라가자 흉악하고 큼직한 중국식 문이 나타난다. 산 전체가 중국집은 아닐 텐데, 입구에 '羅通山 風景區'라고 표시하였다. 아무리 봐도 성은 보이지가 않는다.

문 앞에 버스가 서 있고, 노랫소리·장구 소리가 울린다. 중국인들도 우리처럼 춤을 추면서 저렇게 논다는 생각에, 재미있는 구경거리인지라 얼른 달려가 보니 조선족들이었다. 한 50세쯤 돼 보이는 아저씨·아줌마 들인데, 어쩌면 우리와 그렇게 똑같이 어깻짓을 하고 노는지 모르겠다. 참 희안하다. 이런 춤은 텔레비전을 통해서 배울 성질의 것은 아닌데 말이다.

5시다. 더 이상 지체할 수도 없다. 빨리 서두르면 산성 형체는 볼 수 있을 것 같았다. 그래서 몸이 불편한 민 회장님은 트럭에 계시라 하고 우리만 걸어서 산으로 올라갔다. 산골이라 날도 빨리 어두워지는 것 같다. 40여

라통산성 입구. 중국식으로 세운 문이 낯설게 느껴지고 씁쓸하기만 하다. 라통산성은 용강산맥의 지류에 속하는 해발 1090m의 라통산에 있다. 라통산성은 주변에 다른 산들이 이어지는 산군의 일부에 있어서 전략상 매우 중요한 곳이다.

분 올라가니 기암절벽들이 나타난다. 경관이 수려하다.

라통산은 용강산맥의 한 지류에 속하는 해발 1090m의 산이다. 여러 개의 산봉우리가 겹쳐진 첩첩산중이고, 주변에도 다른 산들이 이어지는 산군의 일부이다. 서쪽으로 백여 리에 걸쳐 산이 이어지면서 해발 1200m의 안구정자산安口頂子山과 마주보고 있다. 휘발하輝發河의 원류인 삼통하三統河와 일통하一統河가 날개처럼 양옆을 빠져 나가고 있다. 우리가 달려온 들판은 아득히 멀리서 희미해지는데 꽤 넓어 보인다. 그러니 라통산성은 집안으로 내려가는 길목을 장악하는 교통의 요지일 뿐 아니라 곡창 지역을 관장하는 성이었음을 알 수 있다.

계곡을 바라보니 천길 아래로 깊고, 어둠이 스며들기 시작하는 수풀만이 무성하다. 대체 산성이 어디 있단 말인가?

그래도 찻길이 나 있는 터라 길 따라 걸음을 재촉했다. 다시 10여 분 올라가니 구부러진 길 윗쪽으로 성벽이 나타난다. 바로 몇 달 전에 쌓은 축대처럼 완벽한 형태로 남아 있다. 앞으로도 천여 년은 끄떡없을 것 같다. 성돌들이 칼날 같이 각이 져 있어 살펴보니 석회암이다. 성문 돌벽 사이로 아름드리 나무가 한 그루 자라 그나마 좁은 산 속의 하늘을 덮고 있다. 성실

고구려 성임을 나타내는 성벽이 곳곳에 고스란히 남아 있는 라통산성의 잔해들

한 역사와 끈질긴 자연의 생명력. 찻길은 남문 사이로 나 있다.

문 앞에는 라통산성에 대해 한나라 때 고구려의 절노부가 쌓은 성으로 1700여 년의 역사를 간직하고 있다고 쓰여 있다. 글쎄 무슨 근거인지 모르지만 고구려는 그 당시 이 지역까지 진출하지 못한 것으로 되어 있는데……. 건축의 규모나 보존 상태가 아주 좋으며 1981년에 문물보호단위로 확정되었다. 성 안 길을 따라 다시 10여 분 걸어들어가니, 언덕이 나타나고 아래로 길이 빠진다. 정상 부근은 분지형으로 되어 성 내부를 자연스럽게 이루고 있다.

우리가 들어가는 곳은 서성이다. 고구려의 산성들은 쌍성 구조를 많이 하고 있는데, 이 곳 또한 서성·동성으로 되어 있다. 산 전체의 능선과 절벽들을 활용해서 성벽을 구축했는데, 성의 형태를 완벽하게 갖춘 곳은 서성이다. 그러니 서성으로 들어갈 수밖에 없다.

분지 안에 들어가니 꽤 넓은 공터가 있고, 주위에는 도관道館인 삼청궁三淸宮 건물, 전시관, 방갈로 건물들이 몇 채, 그리고 음마지인 듯한 꽤 큰 호수가 있다. 사람들도 보인다. 일요일인 탓인지 놀러 왔던 젊은이들이 돌아가려고 웅성거린다. 우린 여기서 하룻밤을 자기로 결정하였다. 일정이 아무리 빡빡하다 한들 이 정도의 여유와 낭만도 없어서야 일이 되겠는가? 더구나 고구려의 산성 안인데 말이다. 일부는 남아 짐정리와 식사 준비를 하게 하고 나는 안 형과 함께 경운기를 타고 산 아래에 가서 트럭을 오게 했다.

산골에 어둠이 스며든다. 들판은 벌써 축축한 느낌이 든다. 경운기의 밭은 소리가 저녁 산의 골짜기를 울린다.

안개가 자욱하다. 텐트 속으로 하얀 연기가 스며든다. 산 소리가, 사람들의 말소리가 촉촉이 젖어 있다. 또 하나의 꿈을 이루고 있다.

만주 땅, 고구려 산성 안에서 텐트를 치고 밤공기에 몸을 드러낸 채 잠을 청한다. 천수백 년 전 고구려인들과 같이 잠을 잔다. 고구려가 멸망할 때 이 성은 어떻게 항전을 했을까, 항복을 했을까? 아니면 끝까지 항전을 하다 죽음으로 끝을 맺었을까? 그때 고구려인들은 오늘의 나를 어떻게 바라보고 있을까?

역사, 과거와 오늘이 한동아리가 되어 서러운 살춤을 추는 것. 용담 위로 깔리는 안개가 더욱 신비감을 자아낸다.

여인이 생각난다. 고구려의 여인이. 그녀는 자신의 흰 몸을 물과 안개와

라통산성 고구려 유적을 답사하는 대원들. 군사들이 사용했을 법한 우물도 남아 있다.

달빛에 어떻게 맡겼을까? 나는 옷을 벗고 연못 속에 알몸을 담궜다. 벌써 두 번째다. 고구려 산성에서 용담을 본 것은? 무슨 의미가 있겠지.

노트북을 꺼내 자판을 두드렸다. 시를 쓰고 싶지만 잘 안 된다. 서두를 필요가 없다. 내 혼, 몸뚱이가 이미 시가 되고 있는데, 굳이 글자에 얹힐 필요는 없다. 자자! 고구려의 역사 속으로 파고들자.

라통산성
800m 고지 위에 쌓은 석회암성

 7월 23일 11#

 라통산성 정남쪽 100m 하단에 있는 포밀동이라는 동굴 앞에 와 있다. 방풍 쟈켓에는 새벽 안개가 묻어 있다. 산 전체가 석회암이라 큰 동굴로 예상했었고, 용담 옆에 있는 마른 연못의 배수구가 혹시 이 동굴과 연결되지 않았을까 하는 기대를 하면서 내려 왔다. 슈트를 입고 랜턴을 차고 들어와 보니 100m도 채 안 되는 짧은 동굴이다. 입구의 규모가 크고, 폭포 등 주변 경관은 뛰어났으나 종유석들은 그다지 발달하지 않았다. 실망하고 돌아 나왔지만, 그런대로 의미는 있다.

 고구려에는 조의선인들이 있었다. 신라의 화랑은 그들을 본받은 것이리라. 선비이면서 무인이고, 그러면서 도를 구하는 젊은이들. 고구려가 고구려였던 것은 그 조의선인들이 있었기 때문이다. 이 골짜기에 서려 있는 기운으로 보아 조의선인들의 수도 장소로 사용되었을 것 같다. 위에서 급하게 내려꽂히는 산 기운을 마시려면 수련이 깊지 않으면 체할 텐데……. 강한 기를 내화 內化시킬 능력이 있었단 얘긴데, 이들은 수행 정도도 대단했

석회암으로 쌓은 라통산성은 집안으로 내려가는 길목을 장악하는 교통의 요지에 자리하고 있는 성으로서 일대의 곡창 지역을 관장하는 성이었다.

던 것 같다.

이 곳은 때로는 군사들의 훈련 장소나 유람 장소로 이용되었을 것이다. 전쟁 시에는 이 굴에 숨어서 많은 전투를 벌였을지도 모르며, 특히 멸망 때 많은 고구려인들이 유격전을 벌이고 이 굴 속에 숨어서 끝까지 항전하다 전멸당했을 수도 있지 않은가?

앉고 싶다. 가부좌를 하고 마음을 가라앉히고 싶다. 물안개 피어오르는 골짜기를 보며 널찍한 바위에 앉는다. 한 올 한 올 숨을 고른다. 내 단전에,

마음에 차오르는 이 기운은 자연의 마음인가, 역사의 한덩이인가? 하긴 역사란 자연과 인간의 기막힌 인연이 지은 업덩이니 구분한다는 게 어리석다.

다시 성 안을 향해 위로 올라갔다. 가파른 계단을 올라가려니 숨이 차다.

동쪽 좁은 문을 지나서 동벽과 북벽 사이의 중간 지점에 와 있다. 정동 방향으로 깊은 계곡이 떨어지는데, 그 가운데에 '수밀동'이라는 동굴이 있다. 70~80°의 급경사를 이루고 있어 적군이 올라온다는 것은 거의 불가능에 가깝다.

건너편이 바로 동성 내부이다. 동성은 내부가 넓고 계곡으로 바로 빠져나갈 수가 있다. 반대로 말하면 적군은 계곡을 탈 경우, 쉽게 침입할 수가 있다는 것이다. 그렇지만 입구 부근만 빼면 동성은 전체가 험준한 산등성이로 둘러싸여 있다. 그러니 굳이 성벽을 쌓을 필요가 없다. 그래서 동성은 낮은 부분에만 부분적으로 성벽을 쌓았다. 문은 세 개가 있는데 남쪽은 방어를 겸해서 성문을 냈다.

동성과 서성의 중간 능선을 타고 올라가다 쉬면서 선표를 기다렸다. 기다려도 하도 안 와 안개 속으로 신호를 울려 보냈지만 대답들이 없다. 말발굽 소리도 들리고 해서 서성의 내부로 질러 내려왔다. 성 안은 넓기도 하지만 가운데를 둘러싸고 마도가 있었다. 지금은 경운기가 다니고 있지만 우리는 이 곳에서 말 달리는 훈련을 했다.

숲이 우거진 옛 고구려 산성 안에서 말을 달린다. 말갈기에 안개가 이슬로 방울방울 매달린다. 땅이 울린다. 기분이 좋다. 배경이 너무 좋아 촬영을 했다. 덕분에 안개 속에서 여러 번 말을 달렸다. 나도 이젠 능숙하다. 역시 타고난 모양이다.

라통산성 북문. 북문은 옹성의 흔적과 나무문을 해 달았던 쩌귀 자국이 그대로 남아 있을 만큼 완전한 상태를 유지하고 있다.

　말을 타고 서성 북문 쪽으로 갔다. 북문이 바라다보이는 곳에 우물이 있다. 폭이 1m, 깊이 1m가 채 못 된다. 돌들을 가지고 차곡차곡 쌓아 차분하고 동그랗게 만들었다. 고구려 산성 안에는 반드시 우물이 있다. 마셔야 되고, 숭배해야 하기 때문이다. 물이 맑아 음료수 병에 담아 마시니 차가운 느낌을 준다. 물 알갱이가 굴러가는 것이 목에서 느껴질 정도다. 우물에서 넘친 물이 앞으로 흘러 조그만 저수지 같은 곳으로 담기는 모양인데, 많이 고이지는 않았다. 세월 탓이다.

　북문은 남문만큼 완전한 상태를 유지하고 있다. 옹성의 흔적이 남아 있고, 모서리의 각들도 예리하다. 나무문을 해 달았던 쩌귀 자국도 그대로 남아 있다. 안쪽으로 건물지 몇 개가 아직도 흔적을 남기고 있다. 북문 바깥쪽은 남문과 달리 경사도가 심하고 협소한 산길로 이어진다. 적들이 침공하기에는 불편한 곳이다. 그럼에도 양옆으로 능선을 따라 폭 1.5m 이상의 성이 견고하게 구축되어 있다. 서성은 서벽 724m, 북벽 910m, 동벽 1288m, 남벽은 815m로서 전체가 총 3737m이다. 거의 4km에 달하는 성이다. 이 정도면 고구려 석성 중에서는 중간급에 속한다.

우리는 북문에서 동쪽으로 올라갔다가 다시 내려와서 서쪽으로 올라갔다. 사람들이 안 다녀서 그런지 성이 많이 무너져 내리고 길도 없다. 안내원을 따라 쫓아가는데, 성벽 돌이 나무뿌리에 걸려 드러나기도 하고, 내부가 들여다보이기도 한다. 역시 성돌 안에는 잡석들을 채워 놓았다.

라통산성은 용담산성과 달리 석회암으로 쌓은 산성이다. 성 안에 동굴이 있는 것도 석회암 지형이기 때문이다. 석회암은 약한 반면 다루기가 편하다. 그러니 여기서 석회암을 떼어 막바로 성을 쌓은 것이다. 성돌은 장방형인데 비교적 커서 보통은 길이가 30~50cm, 두께도 20여cm 정도이다. 큰 것은 길이가 거의 1m가 넘는 것도 있을 정도다.

각루의 무너진 흔적, 치 등을 보며 성벽 위를 걷다가 남문쪽 가까이 오면서 안으로 접어들어 채석장으로 갔다. 직경이 10m 정도로 움푹 패인 세 개의 구덩이가 붙어 있다. 돌을 잘라 낸 흔적, 사용되지 못한 채 뒹굴고 있는 바윗돌 등 마치 아직도 석회암을 캐내는 것처럼 작업의 흔적이 남아 있다. 아마 이 산 다른 곳에도 그 당시 돌을 잘라 내던 채석장이 있었을 것이다. 초원과 평원에 살던 부여족이 이렇게 산악 속에다 산성을 쌓을 수 있었을까? 정말 불가사의한 일이다. 고구려인의 정신 속에는 초원과 평원의 부여 정신과 산악족인 토착민들의 정신이 함께 어우러져 있는 것 같다.

점장대를 보고 전시관에 들어가 유물들을 봤다. 고구려의 솥이며 당시

농사 도구들, 칼들이 유리관 안에 있지만 철창이나 낫 등은 그나마 바닥에 뒹굴고 있는 등 거의 방치되다시피 되어 있다. 내가 차라리 단순한 관광객이었다면 모른 척 들고 와도 상관 없을 정도로 관리가 엉망이다.

점심을 먹고 따로 성 내부를 조사했다. 넓은 공터를 남쪽으로 바라보는 언덕에 흙 사이로 까만 줄들이 죽죽 나 있고, 중간중간에는 꺼멓게 타버린 돌들이 푸실푸실한 흙 속에 박혀 있다. 구들 유적지다. 위로는 허름한 집들이 몇 채 있고, 쓰레기들이 버려져 있지만 거긴 옛날 고구려인들의 구들터였다. 안내원의 말에 따르면 구들터는 전체적으로 1열, 2열, 3열로 되어 있었다. 1열은 병사들이 쉬었고, 2열에는 일반적인 사람들, 3열에는 그보다 신분이 높은 사람들의 집이 있었다고 한다. 이 곳에는 방이 21개가 있었다고 한다.

주거 형태는 2m 정도 깊이로 파들어가서 구들을 놓게 되어 있고, 1m 높이의 지붕이 삼각뿔 형식으로 모였다고 한다. 1층 1열에서는 탄 구들들이 많이 보인다. 그러나 2열, 3열에서는 커다랗게 파인 구멍들만 있을 뿐 그 흔적은 정확히 찾을 수가 없다. 1981년에 조사했을 당시에는 이 구들의 완전한 면모를 알 수 있었다고 한다. 구들 내부가 온전하게 보전되고 있었고, 길이가 3m, 폭은 2m 크기의 구들이 있었다고 한다. 정남향을 향해서 문이 있었고 정북 방향을 등으로 삼았다. 그러니까 집 앞에는 문, 뒤에는 산이 있었던 것이다. 그 구들은 고구려의 것이다. 지금도 중국인들은 구들을 흉내내 반은 구들을 놓고 반은 맨땅으로 생활하고 있다.

라통산성
고구려의 역사와 숨결이 숨어 있는 곳

7월 24일 12#

　출발한다. 산길을 구비구비 내려간다. 골골에서 초록이 연기를 토한다. 급한 커브길을 돌다가 깜짝 놀랐다. 먼저 내려간 트럭이 바로 낭떠러지 끝에 걸린 채 멈춰 서 있었다. 아찔하다. 운전사가 술이 덜 깨서 그만 실수를 한 것이다. 기가 막힌다. 여기서 사고가 났다면 만사가 도로아미타불이고, 우린 우리대로 모두 공안에 끌려갈 것이다. 얼른 내려서 내가 옆에 서서 뒤를 봐주면서 후진을 하게 하는데도, 차가 앞으로 움직이더니 바퀴를 받쳐 넣은 돌을 바퀴가 타고 넘으려 한다. 아찔했지만 식은땀을 흘릴 겨를조차 없었다. 간신히 후진을 하여 방향을 틀었다. 넋이 나갔는지 내려오는데 모두들 말이 없다.
　라통산성 정문에 닿자, 잠시 차를 세우고 기사에게 화를 냈다. 하늘의 도움이다. 내가 트럭 운전사 옆에 앉았다. 나이 든 이 운전사는 주책이 없어 사람은 좋지만 술을 좋아하고 실수를 많이 한다. 어차피 통화에 가면 차를 바꾸려고 했는데, 마지막에 큰일 날 뻔했다. 이번에는 또 소가 승합차 앞으로 뛰어들어 피하려다 논으로 처박힐 뻔했다. 간신히 피해를 모면했지만, 오늘은 왜 이리 일진이 나쁜지 걱정이 앞선다.

라통산성을 다 내려와 들판을 달리고 있다. 산성 위에서 본 들판인데, 역시 생각보다는 훨씬 넓다. 들판은 거의가 옥수수밭이다. 그 사이사이로 길이 있는데 이런 들판길은 이 지역 사람이 아니라면 찾기 힘들 것이다.

들판에서 라통산성을 바라다본다. 왜 저리도 멋있는지 모르겠다. 저 속에 1700년 고구려 역사가 숨겨져 있다니 놀라운 일이다. 누가 저 산을 보고 저 위에 산성이 있다고 생각할까? 언제 또 산성 안에서 말을 타고 달리고, 잠을 자면서 꿈을 꿀 수 있을까?

자연은 역사를 덮어 버리기 일쑤다. 뭐 좋은 게 있다고 그대로 드러내 놓겠는가? 흔적, 흉한 흔적, 아프고 서러운 흔적만이 대부분일 텐데. 세월이 흐르면 흔적은 흩어지게 마련이다. 설사 자연이 손을 안 댔다 해도 제 스스로 진을 다해 마찬가지가 된다. 역사란 본래가 숨겨진 것이고, 몸 사리듯 스스로 숨기는 것이다. 더구나 패배한 민족의 역사야 오죽하겠는가!

그래도 끈질기게 흔적을 남긴 역사도 있다. 수니온의 포세이돈 신전은 어처구니 없을 정도로 몇 개의 열주들만이 에게 해에 푸른 그림자를 일렁이고 있었다. 아가멤논의 황금마스크가 발견된 그 찬란했던 미케네 문명은 바위산 위에 몇 개의 돌무더기와 앙상한 올리브나무들만을 거느리고 있었다. 그런데 폼페이는 자연이 묻은 덕분에 다시 그 흔적을 드러냈다.

라통산성은 흔적이 남아 있었다. 패배자의 역사임에도. 저 웅장하고 험악한 산들이 갈피갈피에 살그머니 숨겨 두어, 동네 사람들의 전설로 남아 지금껏 보존된 것이다. 겹겹이 쌓인 저 산능선들을 한 장 한 장 넘기면 고구려의 역사가 조금씩 조금씩 드러나는데.

산성, 그 속에 담긴 이야기들. 맑게 고인 우물물에 어린 유화의 모습은 천년을 그리워한 내 님의 꿈이었다.

저녁 무렵에 통화에 들어왔다. 비가 내린다. 통화역 앞은 질퍽질퍽하다. 차들이 엉켜 있고, 사람들이 번잡하게 몰려다녀도 왠지 마음은 한결 푸근해지는 것 같다. 버스 터미널 바로 옆의 호텔로 들어갔다.

저녁을 먹으러 혼강 가 음식점으로 갔다. 백두산과 고구려 유적을 답사하기 위하여 온 초등학생들이 단체로 식사를 하고 있었다. 참 반가운 일이다. 이젠 애들도 이렇게 이 곳을 찾을 때가 됐구나. 이 아이들이 학교에서 고구려 유적에 대해서 물어볼 때 선생님들은 어떻게 답변을 할까?

고주몽의 숨결이 전해지는 혼강은 댐으로 인해 산정호수가 생겨 유람선이 떠다닌다.

통화
혼강과 자안산성이 있는 곳

 7월 25일 13#

통화의 아침이다. 어젯밤은 너무 신나게 춤을 춘 것 같다. 고구려의 피를 받고 고구려의 한이 맺힌 탓이다.

우리나라의 모든 도시가 그렇듯 통화시는 혼강을 끼고 구불구불한 삼각주 모양인 곳에 발달하고 있다. 시내 외곽으로는 약간 높은 구릉들이 있고, 그 더 바깥쪽은 높은 산들로 둘러싸여 있다. 저 혼강 물이 흘러흘러 환인시를 통과하면서 고주몽이 말을 씻겼다는 동가강이 된다. 우리의 다음 목적지는 환인인데, 결국 저 강물을 따라가면 되는 것이다.

자안산성에 와 있다. 옥수수밭 앞에 서 있던 안내비가 흙바닥에 굴러 떨어져 있다. 가능할 것 같지가 않았는데 그래도 여럿이서 들어 올려 놓았다. 자안산성은 혼강을 건너 통화시에서 4km 떨어진 강동향江東鄕 자안촌自安村 협신둔夾信屯의 북쪽 산 위에 있는 토성이다. 이 성을 가운데 두고 합밀화哈密河와 혼강渾江이 만나서 흐르고 있다. 혼강과 바로 붙어 있기 때문에 방어하기도 좋고, 유사시에 대피해서 항전하기 적합한 군사 수비성이다.

자안산성 안. 자안산성은 합밀하와 혼강이 교차하는 곳에 위치하고 있어서 방어하기에도 좋고, 유사시에 대피해서 항전하기에도 적합한 군사 수비성이다.

우리는 서쪽 계곡을 타고 올라갔다. 여름이라 그런지 풀숲이 살갗 곳곳에 빗물을 흐르게 한다. 서벽은 경사도가 그리 급하지 않아 토성으로 방어벽을 경사지게 만들고 돌을 쌓기도 하였다. 문이 세 개가 있는데, 우린 가운데 제일 큰 문으로 들어갔다. 기록에는 폭이 11m라고 하는데, 여름인 탓인지 분명하지가 않다.

일단 안에 들어오니 포곡형으로 상당히 넓은 산릉선이 죽 둘러 있어 통화시를 향하고, 성 내부의 계곡은 삼태기의 바깥 끝점으로 모여 혼강으로 빠지고 있다. 따라서 삼태기의 입구 부분만 방어하면 적들을 물리치기에 아주 적합하다. 동북 방향으로 능선이 쭉 펼쳐져 있는데 경사도가 55°로 해서 급격하게 100m ~ 150m 길이로 뻗쳐 올라가고 있다. 능선의 마지막 밑부분이 바로 성벽 안쪽인데 급경사로 내려가고 있다.

성 안 북쪽으로 계속 올라가니까 산릉선이라 그런지, 이공으로 다듬어서 그런지 상당히 넓은 평지가 있다. 많은 군사들이 주둔했을 것이라는 생각이 든다. 허리까지 휘감기는 풀숲으로 성벽 북쪽은 꽉 차 있다. 얼마나 평화롭고 아늑하고 기분 좋은 곳인지 모른다. 머리카락을 헝클어뜨리는 손길을 피해 갈대숲을 헤쳐가고 있다. 정말 대단한 곳이다.

북쪽 벽은 비교적 경사도가 완만해서 인공적으로 토성과 석성을 구축하였다. 그 끝쪽에는 역시 높다란 언덕이 있다. 북쪽 토성에는 문이 하나가 있는데, 그 곳을 넘어서면 안쪽에 평평하고 넓은 대지가 있는 것이 여기서도 보인다. 저 동북쪽 끝의 안쪽에 있는 점장대는 말을 타고도 충분히 올라갈 수 있다. 북쪽 산에서 완만하고 부드럽게 곡선을 그린 선이 반대편에서 내려오는 부드러운 곡선과 만나고 있다. 여기서 볼 때는 경사가 부드러운 유선형 배의 밑바닥 같은 모습이다.

다시 성의 정남 방향에 있다. 서벽의 남단에 해당하는 곳이다. 처음 올라가서 본 계곡이 흘러 내리면서 반대편 계곡과 만난 곳이다. 역시 밑에 와서 보니까 협소하고 통로도 매우 좁다. 양 능선이 흘러 내려오다 마주치는 부분을 상당히 돋워 인공적으로 구축한 토성임이 분명하다. 따라서 이 병목만 막게 되면 혼강을 건너온 적은 들어오기가 결코 쉽지 않으리라.

이 지역을 막기 위해서 고구려인들은 성문을 쌓고, 특이한 방어 체제를 구축하였다. 좌우측에 한 쌍씩의 인공산을 4단계로 구축하였다. 즉 네 개의 방어벽을 구축한 것이다. 혼강을 건너는 적을 강변에서 1차 방어하다가 불리할 경우에는 계곡로를 통해서 안으로 퇴각하면서, 1차 방어선인 양쪽 언덕에서 계곡으로 들어오는 적을 공격한다. 그러나 그것이 실패했거나 아군이 불리할 경우에 돌아 나와서 적의 뒷면을 칠 수 있게 한 구조이다. 2차, 3차, 이런 식으로 해서 하나의 입구를 완벽하게 4중의 방어 체제로서 구축해 놓았다. 적은 설사 이 4중 방어 체제를 뚫고 계곡 안으로 들어갔다고 해도 역시 산 안을 거의 볼 수가 없게 되어 있다. 그 외에도 좌우로 계속해서 능선이 급한 경사로 뻗었기 때문에 적이 들어갈 수가 없다. 입구에서 적어도 100m 이상 올라가야지 비로소 계곡 안쪽이 보이게 되어 있다. 아주 절묘한 구조이다.

계곡의 끝 부분, 즉 3차 방어선이 있는 양 언덕 사이의 계곡 부분은 지금도 커다란 돌을 사용해 4층으로 쌓은 방어벽이 남아 있다. 돌 하나의 평균 크기는 길이 60cm, 높이 25cm~30cm 정도이다. 전에는 그 바닥에 돌을 쌓아 만든 배수로의 흔적이 있었다고 동네 사람들이 말한다. 중국 학자들은 이 곳을 망루 비슷한 만두 모양의 언덕이 두 개 있다고 하는데, 우리는 네 쌍을 발견한 것이다. 동단산성의 3중 구조에 이어 또 한 번 절묘한 산성방어 체제를 목격한 것이다. 고구려는 계속 나를 놀라게 한다.

자안산성에서는 토기편, 도기편, 시루 등 고구려 유물들이 발견됐다. 물론 요와 금의 유물들도 발견되었지만 역시 전형적인 고구려 산성이다.

우리는 다시 혼강에 있는 다리 하나를 건너서 자안산성의 동·남·북을 볼 수 있는 곳으로 갔다. 통화시 안에서, 다시 말해서 강을 건너 시내 쪽에 들어와서 먼 거리에서 보니까 자안산성 내부의 위쪽, 즉 평지 부분이 보여

성 안의 움직임을 관측할 수가 있다. 이 성이 가진 하나의 취약점이다.

성의 남남동 방향에 오니 역시 예측했던 대로 위는 평평하게 넓은 지역으로 되어 있다. 아마도 방어의 취약점을 극복하기 위해 이 곳에도 토성을 쌓지 않을까 하는 생각이 든다. 동벽은 가까이 보니까 평균 70° 정도의 경사로서 계속 올라가고 있어서 적이 공격한다는 것은 거의 불가능하다.

자안산성 북쪽으로 연결된 산의 뒷면인 북쪽과 동쪽에 와 있다. 지금은 밭이 두 산을 연결하고 있지만, 역시 자안산과 한덩어리로 보아야 할 것 같다. 일반적으로 자안산성은 단성으로 보고, 전체 길이가 2773m이다. 동벽이 가장 길어서 1107m이고, 서벽은 957m, 그리고 비교적 짧은 남벽은 347m, 북은 362m로서 장방형에 가깝다고 한다. 그런데 지형을 관측한 결과 뭔가 이상하다는 생각이 들었다.

하나의 가설을 세워 봤다. 즉, 자안산성은 기존의 산성과 중간의 야트막한 타원형의 평원 지대와 맞은편 산을 연결시킨 거대한 산성으로 볼 수도 있다는 생각이다. 이러한 양성 구조가, 또는 양성을 합해 하나의 산성으로 사용하는 것이 고구려 방어 체제의 한 특성이 되지 않을까 하는 생각이 든다. 통화시 혹은 혼강 가에 있었던 많은 사람들이 일단 유사시에는 양성 구조, 또는 이 거대한 성 안으로 대피했다가 전투를 하고, 마지막에는 지안산성으로 들어가서 최후의 항전을 했을지도 모른다. 고구려 수도 방어 체제 가운데 중요한 북도 중 핵심적인 전략적 거점 중의 하나가 바로 이 성이다. 이 성에서 대천 초소를 지나면 관마장 관애가 나타나고 다시 환도산성 뒷편으로 스며든다. 소위 북도길이 시작되는 것이다. 그렇다면 자안산성은 좀 더 복잡하고 완벽한 구조일 가능성이 높다.

제3장
고구려 옛길 기마군도

:: 대천 | 환인 | 미창구 장군총 | 기마군도
| 화전자, 망파령, 쌍차, 소판자, 집안으로의 고구려군도

대천
어둡고 고요한 밤

7월 26일 14#

　12시에 출발 예정이었는데 언제나 그렇듯이 중국인의들의 만만디 때문에 결국은 오후 1시에나 출발할 수가 있었다. 더구나 말을 실은 트럭은 통화시의 외곽에서 반 시간이나 기다린 후에야 만났다. 덕분에 중국 군인들이 길가에 나와 앉아서 채소장사하는 것을 볼 수 있었다.

　중국 군인들은 영내나 바깥에다 경작지를 마련해 놓고 농사를 짓는다. 그것을 자체 소비하기도 하지만 민간인에게 팔아서 수입을 올리기도 한다고 한다. 우리로선 이해가 잘 안 되지만 눈앞에 보는 현실이니 받아들이는 수밖에 없다.

　통화 시내를 빠져 나오자마자 비가 억수같이 쏟아진다.

　대천大泉 마을에 들어서자 마침 대장간이 있어서 말의 편자를 박았다. 다 쓰러져 가는 판잣집이다. 잘해야 두 평 정도인데 이것저것 많이 늘어놓았다. 모루, 풍로, 달군 쇠를 식히는 물통, 흩어져 있는 농기구, 만들어 놓은 칼, 편자 등 옛날 아주 어릴 때 보던 대장간 그대로였다.

쇳가루들이 흙처럼 쌓여 있는 바닥, 무질서하고 채 다듬어지지도 않은 무쇳덩어리들이 쇳빛을 그대로 드러내고 있지만 아름답게 느껴진다. 조명 시설도 제대로 안 돼서 한구석에서 벌겋게 달아오르는 쇳덩어리들이 환하게 타오르는 불꽃 같다. 태양이 가려지고 비가 쏟아져 내리는 어둠과 판잣집 속의 어둠은 빛깔이 다르다. 숨어 버린 태양보다는 활활 타오르는 불꽃이 마음을 더 밝고 따뜻하게 한다.

50대 후반의 아버지와 20대 중반의 젊은 아들이 편자와 망치를 들고 나왔다. 비를 맞으며 말을 끌어다가 편자를 박기 위해 평행봉 같은 곳에 묶으려 하니 말들은 공포감에 살결이 떨리는 게 보일 정도로 몸부림을 친다. 첫 말이 가장 힘들어하는 것 같다. 원래 말들은 편자를 박아야 일을 시키거나 달릴 수가 있는데, 우리가 사 온 말들은 초원에서 하는 일도 없이 풀만 한가로이 뜯다가 고기로 팔려 나가는 운명이기 때문에 편자를 박을 일이 거의 없었던 것이다.

말 다리를 평행봉 쇳대 바깥쪽으로 돌려 비끌어 맨 다음에 편자를 말 발굽에 댄다. 그리고 쇠못을 댄 다음에, 모루 비슷한 길쭉한 망치로 내려친다. 아버지는 강하면서도 순하게 생긴, 비교적 선이 굵으면서도 분명한 얼굴이다. 젊은이는 눈이 작고 길게 째진 데다가 코가 아래로 빠졌다. 나는 오회분 오호 묘에 그려진 대장장이신을 떠올렸다. 그 신은 길게 빠져 나온 날개 깃 같은 옷을 입고, 열심히 성스럽게 망치질을 하고 있었다.

부자는 앞뒤로 말 다리 한 짝씩 붙잡고 구부러진 말굽에 편자를 댄 채 탁탁 내려친다. 망치질을 할 때마다 몸이 흔들리고 얼굴이 따라 흔들리면서

늦은 밤 빗속에서 말 편자를 박는 청년. 편자를 교체해 달라고 부탁하자 말없이 비를 맞으며 수고해 주었다.

머리카락에서, 콧잔등에서 흘러 내린 빗물도 덩달아 튄다. 얼굴에서, 망치에서, 편자 위에서 그리고 말 몸뚱이에서 빗방울들이 팍팍 튄다.

빗속에서도 능숙한 솜씨로 일하는 모습이 아름답다. 뼈근한 감동을 자아낸다. 이미 지나가 버린, 옛날 우리 조상들이 하던 모습을 지금도 이렇게 멋있게 해내고 있다고 생각하니 얼마나 가슴 뼈근한지 모른다.

창은 말을 끌어내고 집어넣고 하면서 편자 박는 일을 도와주고 있다. 이 놈 역시 빗속에서 망설임도 없이, 적당하게 겁주는 소리를 치면서 아주 능숙하게 말을 다루고 있다. 저렇게 무지하고 배운 것 없고, 야만스럽게 생긴 창은 눈에서 불이 번쩍거리는 완전한 야성의 사내아이다. 애가 말 다루는 것을 보니 절로 아름답다는 느낌이 든다. 하찮은 일일지 몰라도 이 세계에선 필요한 일이고 그들 역시 웃으면서 보람차게 살아가는 것 같다.

나를 포함하여 탐사원들이 이들보다 더 아름답거나 인생을 의미있게 살고 있다는 마음은 들지 않는다. 신선하지도 않고, 살아 있다는 느낌도 덜 들고 말이다. 우리는 자연과 직접 마주치는 일을 너무나 멀리 해 왔다. 실체험, 생체험을 하지 못하고 있다. 가상체험과 예단된 감정으로 사물을 대해 왔으니, 진실이 무엇인지 아예 그 기준을 잃어버리고 있다. 컴퓨터 자판을 두드리는 손길과 모루에 망치질을 하는 손길이 같을 수가 없지 않은가! 말에 채일까 봐 주의하면서도, 말을 아끼고 목덜미를 쓸어주는 마음가짐과 화면 위를 달리는 말을 보며 감탄하는 눈길과는 전혀 같을 수가 없다.

이들은 비를 두려워하지 않는 것 같다. 하긴 우리도 예전에는 비를 두려워하지 않았다. 비 맞는 것을 좋아했고, 멋있게 여겼었다. 그런데 이젠 공해다 뭐다 해서 비 맞는 것을 두려워하고 있다. 어쩌다 이 지경이 됐는지, 우리는 어두운 미래 영화의 주인공이 되어가고 있다.

마리도 역시 두려워했지만 금방 체념하고 몸을 맡긴 채 편자를 박는다. 놈은 워낙 영리한 데다가 군마였기 때문에 이런 경험이 몇 번 있었던 탓이리라.

말에게 편자를 박는 작업은 거의 절대적인 의미를 가지고 있다. 쇠의 선택과 제련의 기술, 숙련된 야장의 확보, 편자의 효용성 등은 아주 중요하다는 사실을 느꼈다. 고구려가 쇠를 필요로 하는 이유 중의 하나가 무기 외에 이러한 말의 편자를 만들어야 했기 때문임을 알 수가 있다. 수서 등에 의하면 문자왕 때 실위와 고구려가 말과 철을 교환·교역했다는 기록이 있다. 실위는 철의 공급이 원활하지 못했다. 그들은 무기 외에 수십만 필의 말에게 박을 편자를 위한 철의 수요가 대단했을 것이다. 그뿐인가. 갑옷은 그렇다 쳐도 등자도 역시 철로 만들어야 하는데, 철은 농경민들보다 기마민들에게 더 중요했을 것 같다는 생각이 든다.

한 시간여 빗속에서 온몸을 적셔가며 편자를 박고 난 후 4시에 출발했다. 말 사료를 구입할 겸 숙박 겸 해서 가까운 곳에서 멈추기로 하고 트럭을 먼저 출발시켰는데 예상보다 빨리 멀리 가 버렸다. 자동차로 뒤쫓아가 붙잡은 다음에 문을 야단쳤다. 점점 팀이 흔들리는 것 같은 느낌이 든다. 일이 제대로 진행되지 않는 것 같다.

내일부턴 집안까지 죽어도 말로 갈 예정이다. 천리장성 구간을 포기하는 한이 있어도 집안까지 만큼은 확실히 해야겠다.

'대체 지금 내가 추진하고 있는 일이 예정대로, 처음 목적한 대로 잘 되고 있는 걸까? 대장으로서의 능력은? 사명감이 약해서일까? 다시 생각하자. 처음부터 다시 하자.'

산길을 돌아돌아 내려오니까 마을 하나가 나타나는데, 그 곳이 대천이다. 길거리에만 몇 채의 집이 있을 뿐인데 비가 온 탓인지 길이 엉망이다. 그래도 놀라운 것은 음식점들이 몇 집 있다는 사실이고, 더욱이 그 중에는 조선 음식점이 있었다.

숙박은 여점에서 하기로 했다. 두 평 정도 되는 공간에 앞쪽 반을 나누어서 신발을 신고 활동하게 돼 있고, 뒷쪽으로는 시멘트 방을 만들어 이불을 깔아 놓았다. 어둡고 냄새가 나는 데다 구질구질한 것은 둘째치고, 비가 새서 이불 위로 물이 뚝뚝 떨어진다. 다 젖은 옷들을 말리느라 따뜻한 불기운을 바랬지만 가능한 일이 아니다.

화장실을 찾아 바깥으로 나갔다. 길 가는 뜨내기들과 채소 파는 장사들이 공동으로 사용하는 모양이다. 들어가 보니 여간 강심장이 아닌 나도 도저히 사용하기가 겁날 정도였다. 빗물까지 흘러들어 전체가 벌창이 되니 발을 디딜 틈조차 없다. 그나마 다행이라는 생각이 든다. 그래도 이런 환경 속에서 잠자리를 구했다는 게 얼마나 행운인가! 자칫하면 일은 고사하고 병마저 날 판인데 말이다.

말들은 언덕 길에 있는 동네 마굿간을 찾아가서 맡겼다.

저녁을 먹으러 가서 옷을 말렸다. 벽 전체로 온기가 돌게 하는 구조라 등도 기대고 옷도 말리고 했다. '조선족 식당' 간판 때문에 들어왔는데, 조선인 주인의 허가증을 걸어놓고 장사는 중국인이 하는 것이다. 우리나라 중국집에서 한국 사람이 음식 만들고 경영하는 것과는 정반대의 현상이 벌어지고 있는 것이다.

느긋하게 저녁을 먹고 들어와 방 안이랍시고 들어앉아 노트북을 꺼내놓고 자료를 정리했다. 길게 드리워진 전등불빛이 컴퓨터의 자판에 어른거린다. 난 이부자리를 펴지 않았다. 아무래도 불안했다. 다른 사람들은 몰라도 난 더럽고 지저분한 것을 가릴 처지가 아닌 데다가 또 그런 성격도 아니다. 그런데 아무래도 뭔가에 물린다면 심각한 결과가 발생할 것 같아 그냥 맨몸으로 잠을 청했다.

불이 꺼지니 여기가 세상의 전부인 것 같고, 적막 그 자체였다. 사실 난 은근히 이런 곳에서 머물 것을 바랬었다. 일전에 이 곳을 지나면서 이런 곳에서 하룻밤 묵으면 어떨까 하고 마음먹었었는데, 결국 뜻을 이루게 되었다.

산과 산이 휘었다 펴졌다, 오르락내리락하며 이어진다. 높다란 언덕을 구비구비 돌아가며 오르다 보면 계곡 구석쟁이에 좁은 논과 밭들이 붙어 있고, 그 끄트머리쯤에는 몇 채의 집들이 옹기종기 모여 있다. 시커먼 흙들이 질퍽거리지만 한가운데 길엔 제법 가게나 길쭉한 나무 끝에 빨간 술이 달린 바구니를 매단 식당들이 있다.

'이렇게 고요할 수가!'

강원도 산골의 고요함과 이 곳의 고요함이 결코 같지 않은 느낌을 주는 건 웬일인가? 고요함의 색깔이 다르다. 더 강하고 날카로운 느낌의 검은 색이다. 언덕 너머에 집이나 마을이 있다는 안도감이 없기에 더 원시적인 느낌이 드는 걸까? 그래도 전혀 고립감이 느껴지지 않고, 외롭거나 불편하거나 이상스러운 느낌도 없다. 그저 자연스럽고, 그저 내가 있을 곳에 있다는 마음만 든다. 여기서도 난 인간으로서 인간이 되어 가고 있다.

들릴까? 그 소리가. 그토록 찾아 헤매던 그 소리가? 내 삶을 본능으로 받아들인 소리. 난 예나 제나 똑같이 나로 살고 있다. 소리를 찾아서 소리를 질러도 난 그대로 나일 뿐이다. 소리가 소릴 토하고 토한 소린 뱉은 소릴 삼키고, 난 소릴 뱉고 삼켜가며 소릴 찾다 소리가 되어가고……

환인
고구려 첫 도읍지 흘승골성

 **7월 27일 15#**

    사람들의 환송을 받으며 출발했다. 진흙 속에 빠지는 말발굽 소리가 그리 경쾌하지는 않다. 그래도 거리 끝이 뻔한 산골의 시골 마을을 말 타고 빠져 나오니 서부 영화의 한 장면 같다. 무엇 때문인지 긴장감 속에서도 웃음이 나온다. 승합차는 또 고장이 나서 늦게 출발한단다. 차라리 잘됐다.

    생각보다 말이 잘 달린다. 벌판이 있는가 했더니 곧 산길이다. 이 곳은 지형이 원래 다 산골이다. 언덕길을 달린다는 게 쉬운 일은 아니다. 한 시간여 지나서 고갯마루에 도착했다. 길림성과 요녕성의 경계이다. 조그만 시멘트 비석이 하나 서 있을 뿐이다.

    말도 사람도 지쳐서 쉬기로 했다. 또 으레히 고개에선 말들도 쉰다고 한다. 안장을 내리고 고삐를 풀어 놓아 두었다. 말들은 한가로이 풀을 뜯으며 숲속으로 들어갔다. 창과 함께 언덕에 올라가 나무 그늘에 누웠다. 한 반 시간 정도면 되려니 했는데 말들은 끌어도 꿈쩍 않고, 창도 한 시간 정도는 풀을 뜯겨야 된다고 한다.

길가에 누워 쉬다가 말을 찾을 겸 해서 숲속으로 산책을 나갔다. 문과 산이랑 풀에 대해 이야기했다. 그는 소설가를 지망하는 청년이다. 문학부를 나와 선생을 하다가 여행업에 뛰어들었다고 한다. 그래서인지 그에게선 영악스러움이 안 보인다.

출발 준비를 하면서 말을 끌어냈다. 창의 도움을 받아 해보지만 고삐를 채우고 안장을 얹는 게 보통 일이 아니었다. 족쇄를 채우는 일이니 말들이 흔쾌히 응할 리는 만무하다. 앞으로가 걱정이다. 말에 대해 익숙하지도 못하고 두려운 마음도 있는데, 제대로 할 수 있을지 의문이다.

고개 넘는 모습을 촬영하느라 왔다 갔다 하면서 반 시간여 계속 달렸다. 안동주는 처음 말을 타는데 말이 쉽게 응하지 않는다. 꼭 짐 끄는 말처럼 딴청을 하며 버틴다. 결국 포기할 수밖에 없었다. 일행은 떠나 버리고 선표와 둘이서 세 필의 말을 타고 달렸다.

다시 달렸다. 햇볕이 뜨겁다. 허리가, 엉덩이가 아프다. 허벅지가 쓰리기 시작하니 손길이 절로 간다. 옷을 꺼내 안장에 깔았다. 훨씬 부드럽다. 말들은 길 한가운데로 가지 않고 갓길로 간다. 차들이 지나가다 놀라서 쳐다보거나 손을 흔들기도 한다. 12시가 훨씬 넘었는데 아무것도 먹은 게 없으니 허기가 진다. 좀 쉬었으면, 무얼 좀 먹었으면, 되뇌며 계속 달려가는데 일행이 마중을 나온다. 바로 아래에서 쉬고들 있었단다. 마을에 닿으니 2시 반이다. 점심을 준비해 놓지 않아서 또 한참을 기다렸다. 먹자마자 3시 반에 출발하기로 하고 그대로 차 안에 누워 잠을 잤다.

또 마을을 벗어났다. 앞이 트이고 들판이 계속되었다. 드넓은 분지다. 환인권에 들어섰다. 마을에 들어서니 사람들이 몰려 나온다. 말발굽 소리

환인으로 달리는 필자. 시간이 흐를수록 고구려인 후예답게 말 타는 폼이 제법이다.

에 아이스케키를 든 아이들이 눈을 동그랗게 뜨고 쳐다본다. 놀란 입에서 침이 금방 흘러 내릴 것만 같다.

'아, 이건 어디서나 동일한 광경이구나!'

말에서 내려 가게로 들어갔다. 이럭저럭 의사 표시를 하고 사이다를 사서 병째 대고 마셨다. 논에서 벼들이 파랗게 넘실댄다. 조금 시원해진다.

"쨔! 쨔!"

소릴 지르며 말 배에 강하게 충격을 주었다. 이제 좀 익숙해졌다고 폼을 내는 것이다.

산천이 낯익다. 양쪽 능선이 불쑥 솟아 칼처럼 봉우리를 이루고 가운데로 길이 뚫려 있다.

'벌써 왔을까?'

지도를 보니 포자연泡子沿이다. 그러면 저 너머가 바로 환인이다. 오후 5시니 8시간 동안 말을 탄 것이다. 시내까지 4km 남짓 남았다.

관애였음직한 길을 통과해 분지 안으로 들어간다. 다리 위 양쪽에 참외 파는 아줌마와 아가씨들이 늘어서 있다. 먹고 싶어 말을 멈추려 하는데 선표가 그냥 가자고 한다. 먹는 것 때문에 우길 수도 없어 그냥 지나가지만 아쉽고, 한편으론 미안하기도 하다.

옥수수밭이 있고, 샛강이 흘러 가고, 멀리서 오녀산성 아래의 마장과 동네가 보인다. 가까이 갈수록 오녀산의 모습이 드러난다. 820m의 높이인데 삼면이 절벽으로, 200m 높이로 불쑥 솟아 있다.

주몽이 건넜을 것으로 보이는 동가강. 오늘날 환인댐으로 인해 강물이 불어나 환인 지역이 호반의 도시가 되었다. 멀리 오른쪽으로 환인 시내가 보인다.

말을 타고 환인에 들어가다니…, 이 곳이 첫 도읍지임에 틀림 없다면 고주몽은 나처럼 지금 이 길을 이 모습 그대로 달리고 있었을 것이다.

시내권에 들어서니 여러 가지로 신경이 쓰인다. 우리의 행적이 눈에 띌 것은 자명하다. 공안들이 어떻게 생각할지 걱정이다.

군대 초소 앞을 지나고, 공안 차도 옆을 스쳐 간다. 먼저 도착한 촬영팀은 몇 시간째 보이지 않는다. 뭔가 우리에게 정보를 주어야 할 텐데 걱정이다. 가능한 한 환인 외곽에서 잠자리를 잡으라고 했는데, 걱정이다.

환인 시내로 접어들어가는데도 본대는 보이지 않는다. 흘승골성으로 들어가는 길 앞에서 말을 세우고 풀을 뜯겼다. 더 이상 무작정 시내로 들어가다가는 무슨 변고가 생길지 모른다. 말들은 배가 고픈지 옥수수밭에 들어가 잎을 뜯어 먹는다. 말리는 척하지만 그냥 놔두는 수밖에 없다.

늦게야 촬영팀을 만났는데 시내 한가운데 초대소에 숙소를 잡았다고 한다. 난감한 일이다. 왜 시키는 대로 안 하는지 모르겠다. 말은 외각의 차량을 놓아 두는 공터에 맡겨 놓고 시내로 들어갔다.

동가강을 건너는데 다리 위에 사람들이 하얗게 몰려 있고, 일부는 등을 보인 채 강을 바라보고 있었다. 통화를 거쳐 서남류해서 내려오다가 환인으로 들어오자마자 부이강富爾江과 신개하新開河와 합쳐져서 동가강이 된 것이다. 이 강으로 흘러드는 천이 바로 졸본천이다.

시골 사람들이 물구경을 하나 보다 생각하면서 자세히 바라보니 그게 아니라 고기를 잡는 중이었다. 환인댐을 열어 놓으니까 물고기들이 딸려 내려오고, 올라가던 물고기들도 물살에 부딪혀 밀려오거나 얻어맞아 정신을 잃은 채로 물결에 둥둥 떠내려오고 있었다. 쪽배를 타고 강 안에서 고기를 걷어내는 사람들도 있고, 대부분은 애들 어른 할 것 없이 다리 난간에 기대서 낚시줄을 길게 늘여뜨려 고기를 건져 내고 있다. 얼마나 고기가 많이 잡히는지 다리바닥에 즉석 시장이 설 정도다. 제법 내 팔 길이만한 큰 고기들도 많이 있다. 고구려의 무덤들을 삼켜 버린 댐이 이젠 고기들을 쏟아 내고 있는 것이다.

일반적으로는 여기가 바로 고구려의 첫 도읍지이고, 고주몽이 이 강가에서 나라를 세웠다고 한다. 물론《삼국사기》의 기록대로 기원전 37년에 세우고, 흘승골성이 이 곳 환인인 것을 전제로 한 경우이다.

고구려의 건국 기원과 실체 및 위치에 대해서는 다시 의문이 제기되고 있다. 북한에서는 강인숙, 손영종 등을 중심으로 이른바 '구려' 란 나라를 전신으로 보면서 건국 기원을 약 200년 정도 올려보는 것이다. 《한서지리지》나 《후한서》 '동이전' 등에는 한 무제 때에 '구려' 란 나라가 있었음을 기록하고 있다.

중국에서는 정겸이나 김육불이 주장한 이래 최근 강맹산이 역시 유사한 주장을 하고 있다. 《삼국지》 '고구려전' 이나 《후한서》 '고구려전' 에는 대수가에 건국한 구려국과 소수가에 건국한 소수맥을 구분하고 있다. 그 동안의 발굴 성과로 보면 고구려족은 이미 기원전 3~2C경에 요동 지방 압록강 중류 지역, 한반도 북부 지역에서 철기를 사용하면서 농업 경제가 매우 발전한 국가 단계로 진입했다고 한다. 고구려는 모두 두 개의 국가가 있었으며, 국가의 기원도 200년 정도 올려보는 것이다.

소수는 물론 지금 우리가 있는 혼강 가의 환인 지방이다. 이 곳에는 이미 졸본부여가 있었고, 주몽은 이 곳에서 졸본부여왕의 사위가 되어 고구려를

환인으로 들어오기 전 산 중턱에서 내려다본 환인시

세웠다. 그리고 압록강인 대수에는 이미 구려란 나라가 있었다. 유리왕이 옮긴 국내는 바로 구려국의 영토 내지 도읍지였던 현재의 집안 지역이다. 주몽이 세운 고구려의 사람들은 소국 통합운동을 활발하게 전개하였고, 유리왕은 그 일환으로 구려국을 정복했거나 아니면 흡수한 다음에 수도를 천도했는지도 모른다.

고조선이 멸망하였다고 해도 그 지역에 살고 있었던 주민이나 문화마저 송두리째 사라지지는 않았을 것이다. 그들은 나름대로 종족 의식이나 망국 의식을 가진 채 살아가고 있었을 것이고, 고조선 광복의 꿈을 실천하고자 하였을 것이다. 그 과정 속에서 소국들이 다시 형성되었고, 그들은 힘을 합쳐가면서 한족에 대응하였을 것이다. 한의 사군이 금방 사라지고, 위치가 변동하는 것은 고조선 백성들의 저항운동이 치열한 때문이다. 따라서 첫 도읍지에 대해서도 약간의 이설들이 있다.

사실 난 환인이 고구려의 첫 도읍지가 되기에는 길림 등 부여 지역에서 너무 먼 것이 아닌가 하는 생각이 든다. 그래서 의문을 품고 여기까지 왔다.

《삼국사기》에는 고주몽이 졸본천에 이르러 땅이 기름지고 산과 강이 험해서 도읍을 정하였다고 되어 있다. 광개토 대왕 비문에는 비류곡沸流谷 홀본忽本 서성산상西城山上 위에 건도했다고 되어 있다. 《위서》에는 '흘승골성'이라고 기록하고 있다. '졸본'이나 '홀본', '흘승골'은 다 동일한 의미를 지닌 말로서 동일한 곳을 가리키고 있다. 그래서 일반적으로 이 졸본을 환인으로 보고, 오녀산성을 성으로 보고 있다. 물론 환인 지역이 아니라는 견해도 있고, 흘승골성은 오녀산성이 아니고 그 아래 강변에 있는 하고성자성下古城子城이라는 견해도 있다.

졸본에 정착한 고주몽은 상류에서 떠내려오는 채소들을 보고 거슬러 올라가 송양의 비류국을 점령했다. 그런데 그 땅을 '다물도多勿都'라고 했다. '다물'은 '옛 땅을 회복한다'는 고구려 말이다. 처음 이 곳에 온 주몽이 자기 옛 땅이라고 주장한 것이다. 더구나 송양과 싸우면서 천제의 아들인 고주몽은 정통성을 주장하고 있다. 고구려의 첫 정복전쟁이 다물 과정으로 인식된다면 고구려의 건국 성격도 뭔가 다른 의미가 있을 것이라는 생각이 든다.

동명왕 신화에 나오는 해모수가 싸운 하백신은 바로 이 강줄기와 관련이 있는 신일 것이다. 수달피가 살았던 곳도 이 강일 테고. 동가강은 원래 유장한 강이지만 오늘은 비가 내린 탓에 더욱 크고 의젓해 보인다.

눈 앞에 우뚝 솟은 오녀산이 세상을 꽉 채운다. 하늘에서 떨어져 박혔는지, 평평한 분지에서 솟아오르다 갑자기 칼날에 잘린 것 같다. 200m의 반

신비감이 감도는 오녀산성 전경. 고주몽이 부여에서 탈출하여 첫 도읍지로 삼은 흘승골성으로 추정된다. 졸본, 홀본, 흘승골성 등의 지명은 삼국사기, 위서, 광개토 대왕 비문 등에 언급되고 있다. 위 사진은 늦가을에 다시 왔을 때 찍은 풍광이다.

듯한 절벽들로 방패를 이루고, 위는 거의 수평에 가깝다. 산이라기보다는 신성성이 배어 있어 인간이 감히 범접하기 힘든 신들의 거주지 같다.

산은 하늘과 땅이 만나는 곳이고, 우주의 중심이다. 그 산 속에 신이 내려와 살고 있다. 그 신은 사람들의 사는 모습을 보고 산을 내려오기도 한다. 사람들은 그 산이 두려웠다. 평평한 평지 위에 깎아지른 절벽이 솟아 있어 사방을 병풍처럼 두른 그 속에서 무슨 일이 일어나고 있는가가 항상 궁금했다. 그러던 어느 날, 신이 내려와 인간을 다스리며 나라를 건국했다.

알타이 인들은 산이 하늘의 원형을 가지고 있다고 믿으며 수메르 산을 우주산으로 여겼다. 돌궐도 산을 숭배했고, 청의 누루하치는 백두산록에서 탄생했다. '단군 신화'에 환웅이 내려온 곳도 태백산 머리 신단수 아래이다. 부여는 록산鹿山에 거주했고, 김수로 왕도 구지봉에 내렸으며, 일본

신화에서 니니기노미꼬도 역시 쿠시후루에 내렸다. 태양을 숭배하는 천손 문화집단들은 이렇게 성산을 통해서 인간 세계에 내려오고, 그 산상에다 도시신시를 세웠다.

멀리 북방에서 달려온 주몽 집단은 마치 초원 위에 불쑥 솟은 것 같은 오녀산을 보며 우리처럼 성스러움을 느꼈을 것이다. 그래서 천제의 자손 주몽은 이 곳에 흘승골성을 쌓고 고구려를 건국한 것이다.

광개토 대왕릉 비문에는 "비류곡 홀본 서쪽 성산 위에 도읍을 세웠다於沸流谷忽本西山上而建都."라고 했고, 《삼국사기》에는 "동명왕 4년기원전 34 7월에 성곽을 쌓고 궁성을 지었다."고 되어 있다. 그런데 이규보의 '동명왕편'에는 "검은 구름이 골령을 덮고… 하늘이 나를 위해 그 터에 성을 쌓는 것이다. 그런데 홀연히 구름과 안개가 걷히니 궁궐이 높이 솟았다."라는 신비한 표현을 하고 있다. 현장에 와 보니 그는 직접 답사한 것이 아닌가 할 정도로 사실적이다.

나는 지난번에 탐험하면서 7월 말에 흘승골성에 간 적이 있다. 시내에서 동북으로 7km 떨어져 있는데 우리는 시장을 거쳐 비옷을 사 입고 준비를 하면서 천천히 갔다. 졸본천을 건너 논길을 지나 산길로 접어들었다. 평평한 산등성이가 있고 우리는 그 옆길로 해서 마을을 끼고 산 바로 밑에까지 올라갔다. 너무나 평평하고 잘 다듬어져 있어서 인공적인지 자연적인지 모르지만 마장으로 사용된 것 같았다. 남벽석합달촌南邊石哈達村이라고 한다.

도로를 따라 서쪽으로 갔다. 이 곳에는 광산에서 사용되는 것과 비슷한 궤도차가 있었는데, 꼭대기까지 레일을 깔고 전기로 끌어올리는 것이었

오녀산 천지

정상으로 길게 이어진 오녀산 등벽

다. 방송 중계탑을 관리하는 사람들에게 식량이나 필수품 등을 공급하는 차였다. 굉음과 함께 순식간에 올라가니 바로 산성 안이었다.

고주몽이 건국한 성이 바로 이 곳이라니…, 고주몽은 처음에는 비류수 가에 갈대를 엮어 임시로 집을 짓고 살았다. 그러나 3년 후인 기원전 34년에는 성곽과 궁실을 지었다. 확신할 수는 없지만 고구려 초기의 양식인 데다가 발견된 고구려계의 유물, 고력묘자高力墓子 고분군들을 볼 때 이 오녀산성이 흘승골성임은 거의 틀림없다고 생각한다. 폭우가 쏟아지는 데다 풀숲이 얼마나 우거졌는지 으시시한 느낌마저 들 정도였다.

이 곳 사람들이 흘승골성을 '오녀산성'으로 부르고 있는 것은 당나라 때 천녀인 오녀들이 군대를 주둔시켰다는 전설이 있어서이다. '올랍兀拉', '우라亐羅' 등으로도 불렸는데, 《고려사》와 이 곳에서 발간한 안내서인 《환인지희桓仁之最》라는 책에는 공민왕 19년1370년에 이성계가 동령부東寧府를 공격할 때 이 성을 공격해서 항복을 받은 적이 있다고 기록되어 있다. 그래서인지 '용비어천가' 등에도 등장하고 있다.

안개 탓인지 아래에서 올려다볼 때와는 달리 성 안이 꽤 넓은 것 같다. 성 안을 가로질러 남북이 1000m, 너비가 300m라고 하니, 결코 좁은 면적은 아니다. 거기다가 평평해서 우거진 풀만 베어 낸다고 하면 아주 넓을 것 같다. 이 안에는 옥황녀玉皇女를 기리는 사당 등 건물터도 있고, 고구려 시대의 유물 절구 등도 많이 발견됐다.

조금 더 남쪽으로 가니 우물이 있고, 곧 연못이 나타났다. 나무들이 몇 그루 자라고 있고, 물이 제법 차 있다. 원형을 유지한 장방형으로 이루어졌는데 앞에는 무릎 높이만한 화강암에 '天池'라고 새기고 붉은 칠을 해놓았다. 길이가 10여 m, 폭은 5m 정도가 된다. 그다지 깊어 보이진 않는데, 비 탓인지 1m는 넘어 보였다. 축대를 쌓았는데 예전에 쌓은 돌도 보인다. 백두산 천지와 의미가 같은 것은 아니지만 그래도 반가웠다.

연못에서 앞으로 나서니 바로 천길 낭떠러지이다. 지금은 '관망대'라고 하지만 점장대 역할을 했었으리란 생각이 든다. 물론 이쪽으로 적이 올라올 가능성은 거의 전무하다. 하지만 여기에 서면 환인 분지의 움직임을 한눈에 꿸 수 있으니 얼마나 중요한 자리인가. 사방 100리 정도를 관측할 수 있는 데다가 주변의 다른 성들도 볼 수 있다. 더구나 환인 자체가 요새지인 데다가 오녀산의 사면은 절벽이니 방어하기엔 최적의 요새이다. 거기다가 모양이 특별해서 신성성을 의도적으로 부각시켜야 하는 초기 왕에게는 더없이 훌륭한 곳이 아닌가! 이 성을 차지한 자가 결국 환인권을 장악할 수밖에 없다. 주몽이 여기다 성을 쌓은 것은 당연한 일이고, 이 산은 이미 다른 토착 세력에게서 빼앗은 것이 틀림 없다.

그러나 이 성은 궁궐로 사용하기에는 약간 불편하다. 더구나 백성들과 밀접한 관련을 맺어야 하는 많은 관청을 두기에는 협소하다. 최후의 항전 요새지로 더 적합한 곳이다. 그러니 아마도 도읍지를 옮긴 후에는 단순한 산성의 기능만 했을 것으로 판단된다. 어쩌면 주몽 당시에도 또 하나의 궁궐 내지 성을 건설했는지 모른다. 환인 시내에서 서쪽으로 약 2km 정도 가서 동가강 앞쪽으로 평지에서 성터가 발견되었다. 중국인 위존성이 발견한 이 성은 고성자고성古城子古城이라고 하는데, 동벽은 강물에 의해 파손되었고 서벽은 남은 터가 160m, 북벽은 250여m, 남벽은 200여 m라고 한다.

국동대혈. 고주몽의 어머니 유화 부인 신상을 모셔 놓고 제사를 드렸을 것으로 추정되는 동굴이다.

이 곳에서 고구려 짐승 모양獸面文 와당이 발견되었으니 분명 고구려인들이 살았던 성터임에는 틀림없다. 지금은 마을이 들어차 있고 팻말만이 있을 뿐이다.

밑에는 하얀 물과 안개가 한덩어리가 되어 신비감을 자아낸다. 전에는 700여 기 이상의 고구려 고분들이 몰려 있던 고력묘자 고분군이었는데, 지금은 환인댐으로 인하여 수몰이 된 것이다.

오른쪽으로 철계단이 가파르게 설치되어 있다. 위험해서 내려가지 못하고 옆으로 해서 고개를 빼고 보니까 동굴이 있다. 신석기 시대 유물들도 발견됐다고 한다. 조선의 신충일이 지은 《건주기정도설建州紀程圖說》에는 당시 칼, 창, 갑옷, 투구 등이 산재해 있었다고 한다. 아마 처음에는 무기 창고가 아니라 신성한 장소였을 것이란 생각이 들었다. 유화 부인을 모신 신성스러운 장소가 있었다면 그것은 거의 동굴일 가능성이 많다. 왜냐하면 고구려 건국신화에서 유화 부인은 어둠 속에서 유폐되었다가 임신을 했기 때문이다. 그리고 동명왕이 기린마를 타고 조천굴을 드나들었다는 기록은 동굴이 신성한 장소였음을 분명히 알려 준다.

고주몽의 탄생은 해와 물 그리고 동굴과 깊은 관련이 있다. 유화 부인은 수신水神이다. 해모수와 유화는 웅심연熊心淵에서 만났다. 그러므로 주몽이 하백의 외손이라고 선언하며 옥 채찍으로 물을 치자 고기와 자라가 떠올라 다리를 만들어 위기를 넘긴 것이다. 동부여왕인 금와金蛙도 곤연鯤淵가의 돌 아래에서 나타났다. 태양신과 수신의 결합은 스키타이 인들에게서 나타난다. 초원의 유목민들은 말과 양을 끌고 강가와 못가의 수초를 따라서 이동을 하기 때문이다.

그런데 물과 동굴은 깊은 관련이 있다. 금와에게 구조된 유화는 어둠 속에 유폐되어 있다가 빛에 감응되어 닷되들이 알을 낳는다. 그래서 고주몽은 왕이 되어서도 기린마를 타고 동굴에 드나들었다. '단군신화'에서 곰이 굴에 유폐되었다가 여자가 된 후 태양신인 환웅과 결합하여 단군을 낳는 것과 동일하다.

유화 부인이 동부여에서 돌아가자 금와왕은 신묘神廟를 건립하고, 이에 주몽은 사신을 파견한다. 그 후 태조 대왕은 부여 지역에 있는 태후 묘에 가서 제사를 지낸다. 고구려인들은 고등신인 주몽과 나무로 만든 부인상인 부여신을 신묘에 모신다. 《동국이상국집》의 '동명왕편'에 보이는 신모神母가 바로 유화 부인이다.

그런데 《후한서》와 《삼국지》 '고구려전'에는 "나라 동쪽에 수혈이라는 굴이 있어 10월에는 수신燧神을 나라 동쪽으로 맞이하여 왕이 제사를 지내고 신좌神座에는 나무로 만든 수신을 안치했다."고 기록하고 있다.

나는 지난 탐험 때 집안시 동쪽 외곽 상해방촌 산 속에 있는 '국동대혈'을 답사하였다. 그 대혈에 모신 수신은 바로 유화 부인을 말한다. 따라서 유화 부인을 모신 신성스러운 장소는 대부분 물가나 동굴일 가능성이 많다. 그런데 오녀산성에는 천지가 있고, 바로 옆에는 남쪽을 향한 동굴이 있으니 유화 부인과 관련 있는 성소임에 틀림없다.

한편 대무신왕은 졸본에 동명왕 묘를 세운다. 이후 고구려 왕들은 즉위 다음 해나 그 다음 해에 졸본에 가서 제사를 지내고 왔다. 그렇다면 초기의 성소는 당연히 흘승골성이나 그 주변 지역에 있어야 한다.

그런데 이 산은 '용산'이라고도 불린다. 이 곳 환인 지방의 전설에 의하면 하늘에서 명을 받고 이 곳에 내려온 황·청룡 두 마리가 고구려 개국 황제를 업고 올라갔다고 한다. 그 후 청룡은 돌아왔는데 산에서 다니다가 호랑이한테 물릴 뻔했다. 그때 유리왕이 활을 쏘아 청룡을 구해 주었다고 한다. 광개토 대왕비,《삼국사기》,《동국이상국집》은 주몽이 승하할 때 용과 관련되어 있음을 알려 주고 있다. 주몽은 이 곳에 산성을 쌓아 도읍을 정하고 방어 진지 겸 성소의 역할을 동시에 하게 하였다. 그리고 이 곳은 천도 후에도 제사터였을 가능성이 많다. 아마 고구려인들은 주요한 성마다 주몽 사당을 짓거나 굴에다 신모를 모시면서 숭배했을 것이다. 탐사단은 유화현의 라통산성의 용담과 동굴을 탐사하면서도 그러한 흔적을 찾아보았었다.

우리는 북벽으로 갔다. 경사가 아주 급했다. 중간에 방벽의 흔적을 보고 우물터도 보았다. 다시 남동문 쪽으로 방향을 잡고 내려왔다. 처음에는 성벽을 찾기가 힘이 들었다. 중간에 석단을 찾아 미끄러지면서 내려오다 나중에 성벽을 찾아냈다. 성벽이 완벽했는데 높이가 평균 5m 정도였고, 위는 너비가 2m 남짓했는데, 기단의 너비는 성문 쪽에서 비교해 보니 5m 정도가 돼 보였다. 무너진 틈으로 성벽 내부를 잡석과 판석을 섞어서 정교하게 쌓은 것이 보인다. 동남문은 구부러지고 반원형인 옹성 구조가 완벽하게 남아 있다. 그런데 여장이나 치는 안 보인다.

동남벽을 타고 서쪽으로 가다가 산길로 접어들었다. 처음 출발한 서쪽 지점을 찾기가 힘들어 빗속을 헤매다가 간신히 찾아냈다. 문물 관리소 직원이 그럴 정도니 얼마나 숲이 우거졌는가를 알 수 있다. 폭우 속에서 넘어지면서 옷을 버리고 악전고투했지만 그때의 충격과 감동은 지금까지도 변함이 없다. 보기만 해도 성스러운 산, 하늘에서 신이 내려와 살고 있을 것만 같은 산 모습이라 사람들에게 참 많이 얘기 했었다.

그런데 그때부터 가진 의문 중의 하나는 아직도 풀지 못했다. 유리왕은 왜 천도를 단행했을까?

환인은 생각보다 넓고 분지 안에 둘러싸인 평야이다. 그러니 유리왕이 굳이 옮긴 이유는 《삼국사기》의 기록대로 단순하게 경제적 이익 때문만은 아닌 것 같다. 오히려 집안보다 좁지 않은 넓은 평야가 있고, 외곽을 흐르는 동가강도 작은 강이 아니다. 물고기가 많이 잡혀 경제적으로도 이익이 있는 곳이다.

그러면 이 곳의 토착 세력인 소서노, 비류, 온조의 잔존 세력들이 왕권을 간섭했기 때문일까?

사실 동가강 유역은 사람이 살기 좋은 지역이고, 구석기·신석기·청동기·철기 시대의 유적들이 골고루 발견되니 사람이 일찍부터 살고 있었음에 틀림없다. 더구나 이 곳은 소수맥이라 불린 맥족들이 일찍부터 살고 있었으니 그 토착 세력의 힘은 매우 컸을 것이다. 하지만 다시 집안으로 천도를 단행할 정도라면 대단한 정치 군사력을 보유하고 있었으며, 이미 집안 지역은 물론 압록강 너머 남쪽까지도 행정력을 뻗치고 있어야 한다. 어쩌면 우리가 알고 있는 이상으로 고구려 초기, 즉 고주몽년간에도 어느 정도 국가 형태를 갖춘 것으로 봐야 될지 모르겠다.

그런데 유리왕의 아들인 해명解明 태자는 천도를 반대하다가 결국 왕의 명령에 따라 자살을 한다. 용맹스럽고 기백이 강한 그는 동원에 창을 꽂아 놓고 말을 달려 찔려 죽었다. 그게 고구려였다. 항상 수의를 마련해 두고 사는, 자의식이 강한, 자유를 사랑한 사람들이 고구려의 사내들이었다. 이러한 사실들로 보아 수도를 옮기는 것은 대외적인 요인과 관련이 있고 절박했던 상황 탓으로 판단된다. 당시 고구려는 아직 정치적으로 안정되지 못했다. 부여는 계속 고구려를 침입했다. 《삼국사기》에 의하면 유리왕 14년 기원 전7년에 부여 왕 대소가 불모를 요구했다. 또 유리왕 28년9년에는 사신이 와서 복속할 것을 요구하기도 했다. 유리왕 32년13년에 군사를 일으켜 침입을 한다. 이러한 긴장 관계가 있었던 만치 아무래도 고구려는 줄기찬 부여의 공격을 못 견뎌 집안으로 도망한 것으로 보여질 수도 있다.

그러나 한편 그렇게 절박했는지에 대해서는 의문이 생긴다. 환인은 들어오면서도 느꼈지만 주변이 산으로 둘러싸인 천혜의 요새이다. 더구나 흘승골성이 있었던 오녀산성은 800m의 높이에 사면이 직벽 100m가 넘는 절벽으로 이루어져 있어 도저히 적들이 쉽게 공격하고 점령할 정도가 아니다. 그렇다면 혹시 유리왕은 적극적으로, 능동적으로 정국을 운용하기 위하여 진출한 것이 아닐까? 압록강 중류 유역에 있었던 다른 세력을 정복하

환인댐으로 인해 물에 잠긴 오녀산 주변. 셀 수 없을 정도의 많은 고구려 고분군과 유적들이 물에 잠겼다.

거나 흡수하기 위해서 천도한 것은 아닐까? 분명한 사실은 천도 이후 고구려의 소국 통합운동이 아주 활발해졌다는 것이다. 단순히 피난해 온 나라라면 그렇게 정력적으로 팽창 사업을 벌일 수가 있을까?

시내로 들어가는데 사람들이 아직도 꾸역구역 다리로 오고 있다. 오늘 저녁, 환인 사람들은 거의 대개가 물고기 반찬으로 식사를 때울 것 같다는 생각이 든다.

초대소 안에 들어가 짐을 풀자마자 공안이 왔다. 모두 긴장한 얼굴로 2층 카운터 옆방으로 들어가니 사복한 공안 한 명, 정복 차림의 외사과 직원 한 명, 그리고 민간인 한 명이 앉아 있다. 여권을 보잔다. 왜 왔는지, 어딜 여행라려는지 묻는다. '오녀산성'을 여행한다고 하니 전에도 왔었지 않느냐고 묻는다. 순간 '아차!' 하며 그렇다고 하니, 옆에 있던 민간인이 자기는 문물 관리소 소장이라고 한다.

'이 사람들은 벌써부터 내 신분을 알고 있었을까? 아니면 지금에야 알아

차린 걸까?'

　문물 관리소 소장이 대동한 걸 보면 아무래도 전자 같다. 일행의 여권을 다 회수하더니 내일 모두 공안으로 출두하라면서 가버린다. 끝장인가? 여기서 순간의 실수로 이렇게 되다니, 내 말을 안 듣고 일 처리한 사람들이 야속해진다. 잘못하면 철창 신세가 될 수도 있다. 한번은 어느 TV 방송팀이 이 곳에 들어왔다가 필름과 장비를 다 빼앗기고 쫓겨났다고 들었다. 그 때문에 우리는 가정용 카메라로 위장하고 들어온 것이 아닌가. 그런데도 일이 점점 꼬인다는 생각에 머리가 지끈거린다.

　전원 비상 회의를 소집했다. 모든 자료를 폐기시키기로 했다. 학술 자료, 지도, 책 등을 찢어 보따리에 싸고, 필름은 차 밑, 시트 밑에 붙여 테이프로 감기로 했다. 다행히 필름 일부는 장춘에서 이미 한국으로 공수한 상태였다.

　저녁 먹으러 나가면서 차를 타고 시내를 빙빙 돌다가 찢은 자료들을 쓰레기더미로 휙 던져 버렸다.

　'될 대로 되라. 걸리면 어차피 끝이다.'

　밥을 먹으면서 슬며시 밖으로 나와 공중전화로 베이징에 전화했다. 감금될 경우를 대비해 미리 연락한 것이다.

　'자자, 운명이다. 이 땅은 우리 땅, 고구려의 자손인 우리가 왔는데…, 설마…, 하늘이 돕겠지.'

미창구 장군총
환인에 있는 고구려 고분

 7월 28일 16#

아침, 입맛이 껄끄럽다. 모두 차를 타고 공안으로 출두했다. 웃음기 띤 얼굴로 폼을 잡지만 모두들 불안하기는 매한가지다. 회장은 때 만난 듯 폼을 잡고 선글라스까지 끼고는 스틱까지 짚었다. 절룩거리면서 걸어가는데, 역시 이 양반이 대가 있구나 싶다. 그런데 가만히 보니 겉으로는 다들 불안한 기색들을 보이지 않는다. 나와 민 회장과 선표는 여행사 직원으로, 촬영팀과 안동주는 손님으로 위장했다. 특히 촬영팀은 워낙 어려서 학생이라고 해도 믿을 만했다.

내가 먼저 가서 여러 가지 심문을 받았다. 직업을 바꿔서 여행사를 운영하고, 코스를 개발할 겸 해서 왔다고 했다. 통화에서 마차로 환인을 거쳐 집안으로 가는 코스를 개발하는 중이라 했다. 말은 어디서 났느냐고 묻는다. 대안에서 샀고, 장춘을 거쳐 통화로 해서 왔다고 대답했다. 역시 그들은 우리의 목적을 알고 있었다.

그런데 의외로 우릴 풀어 주기로 했단다. 솔직하게 대답했기 때문이라고 한다. 그리고 빨리 이 곳을 떠나라고 한다. 오녀산성 등 이 곳 유적은 허락이 없으면 방문할 수가 없다고 강경한 어조로 말한다. 하지만 바로 모레에 환인 조선족 중학교와 자매 결연한 한국의 고등학교 선생님들이 이 곳을 방문한다. 그러니 우릴 붙잡아 두고는 친선 행사를 하기 힘들었을 것이다. 감사의 인사와 우호적인 제스처를 취하고 돌아오자마자 환인을 떠나기로 했다.

중국인들은 이런 것이다. 우리가 이 곳을, 아니 고구려 유적을 보고 뭔가 밝혀 내는 것을 싫어하는 것이다. 아무리 세월이 흘렀어도, 중국이 공산주의라 해도 국가와 민족, 그리고 문화는 엄존하는 것이다. 놀라운 사실은 이 곳이 만족 자치현이라는 사실이다. 고구려의 첫 도읍지인데, 심지어는 한족들에게 특혜를 주면서까지 만족으로 탈바꿈시켜 만족들의 자치현으로 삼고 있는 것이다.

선표와 창은 말을 타고 환인을 벗어나게 하고, 우리는 말을 찾는다는 핑계를 대고 되짚어 북으로 나가 오녀산성 북쪽을 보기로 했다. 위험한 일이지만 여기까지 와서 그냥 돌아갈 수야 없지 않은가!

관애 바로 못미처서 왼쪽, 그러니까 동으로 꺾어 북벽 쪽으로 들어가니 마을이 나타난다. 안테나가 바로 앞에서 보이는 듯하다. 이 마을로 들어오는 길도 성벽 등 방어 시설이 있었던 것으로 보인다. 더 깊숙이 들어가 성벽 바로 가까이 붙고 싶지만 위험 부담이 심한 데다가 안전한 게 좋을 것 같다는 대원들의 의견에 따라 철수했다. 긴장된 순간들이었지만 환인 지구의 외곽 방어 체제를 이해하는 데 많은 시사를 받았다.

서둘러 선표 일행을 쫓아가 환인 시내가 멀리 보이는 언덕에서 쉬고 있

미창구 고분군은 경작지 한가운데에 있어서 중국인들은 고구려 고분의 중요성을 알지 못한다.

는 것을 붙잡았다. 동가강은 물이 넘쳐 하얗게 보인다. 시원하다.

미창구 장군총은 시에서 남쪽으로 10여 리 떨어진 미창구촌米倉拘村에 있는데, 지난번에 갔을 때 발굴자로부터 한달 전에 발굴이 끝났다고 들었다. 높이가 10m, 주변이 150m에 달하는 대단히 큰 무덤으로서 내부에 벽화가 있다. 여지껏 알려진 어느 고분 벽화보다 뛰어나고 화려하다고 한다. 사신도는 없고, 대신 수닭봉황인지도 모름, 기린마, 삼족오, 용, 사자머리 모양의 사람 등이 있는데, 특히 놀라운 사실은 아홉 개의 꽃잎이 달린 연꽃이 있고, 거기에 '王' 자가 씌어 있다는 것이다. 거기다가 천장 구석구석마다에 '王' 자가 씌어 있다고 한다.

그렇다면 불교 유입 후가 틀림 없는데, '王' 자가 있으니 왕릉임에 틀림 없고, 거기다가 회칠한 벽에 그림을 그렸으니 무용총과 비슷한 시기로 추정된다. 그런데 집안도 아닌 환인에 왕릉이 있다는 것도 이상하다. 어떤 왕의 무덤일까? 무슨 연유로 이 곳에 묻혔을까? 나는 소수림왕 무덤일 가능성을 진지하게 생각하고 있다.

작년부터 별러서 왔는데, 결국 인연이 안 된 탓인지, 때가 이르기 때문인지 또 못 보고 떠난다. 못내 아쉽다. 다시 오리라.

또 말을 탔다. 안장과 허벅지가 만나는 부분이 스쳐 쓰렸는데 결국 살점이 떨어져 나가고 말았다. 이미 예측했었고, 언제 그렇게 되느냐가 관심이었던 터라 현실로 받아들이기로 했다. 하지만 계속 상처에 마찰이 일어나니 아픈 것은 사실이다.

오늘은 주황색에 붉은 무늬가 찍힌 담요를 잘라 말 잔등에 깔았다. 푹신푹신하니 훨씬 부드럽다. 달리지 않고 그대로 몸을 얹은 채 터벅터벅 걸었다. 엉덩이가 밀리는 듯 마는 듯하면서 허리가 춤을 춘다. 오랜만에 여유가 느껴진다. 말 머리도 올라갔다 내려왔다 하면서 꺼떡거린다. 평평한 들판이라면 더욱 좋으련만 여긴 언덕길이다. 고삐를 잡고 가려니 짧아서 몸이 앞으로 수그러드는 것 같다. 손수건을 꺼내 고삐에 묶어 길게 한 다음에 잡는다. 그냥 몸을 평평히 세우고도 갈 수 있게 된다. 말이 달리지만 않는다면 이렇게 가면 훨씬 수월할 것이다.

고갯마루 바로 못미쳐서 달리기 시작했다. 한참 달리는데 선표가 쫓아

미창구 고분을 알리는 표지석이 없다면 흔히 볼 수 있는 야산 같다.

오더니 담요가 떨어졌다고 하면서 앞서 간다. 달릴 때 엉덩이가 들리면서 빠져 나간 모양이다. 귀찮은 일이지만 말 머리를 돌려 되짚어 내려갔다. 길 가까지 흘러 내려온 나뭇가지를 피하느라 중앙으로 들어가면 차들과 부딪힐까 봐 신경이 쓰인다. 제법 내려갔는데도 담요가 보이지 않았다. 할 수 없이 포기하고 도로 올라갔다. 아마 떨어지자마자 지나가던 차가 날름 집어간 모양이다.

해그림자가 깊숙해진다. 환인에서 벌써 세 번째의 고개를 넘는 것이다. 말을 타고 넘으니 고개는 교통의 문제가 아니라 방어 체제의 문제로 인식된다. 수비군은 저기서 방어를 했겠지? 이 고개를 군마로 넘는 데는 얼마의 시간이 걸릴까? 등등 생각이 꼬리를 문다.

양옆으로 산들이 높다. 초소나 관애가 있었음 직하다. 그래도 산은 산이다. 풀들이 있고, 산꽃들이 바람에 날린다.

'어쩜 이리도 우리 산천과 똑같을까?'

달리다 걷다 하면서 시간을 보냈다. 어둠이 스며들고 우린 산속에 남겨졌다.

달빛이 하늘을 가른다. 너무 밝아 밤하늘이 파랗게 보인다. 따각따각 말발굽 소리가 크게 들린다. 산골 마을을 지나가는데 집들이 불을 켠다. 말발굽 소리에 놀란 탓이다. 일부러 '쨔! 쨔!' 소릴 치면서 달린다. 아스팔트가 운다. 고구려의 산천을 달빛을 받으며 말을 타고 달린다.

7시가 훨씬 넘었다. 지치기 시작한다. 이붕전자二棚甸子는 아직 멀었는가? 길을 물어보고 싶지만 사람들은 이미 모두 집안으로 들어가 버렸다. 밥상을 벌써 물리고 둘러앉아, 아마도 텔레비전을 보고 있는 듯하다.

어떤 마을을 통과하는데 길가에 빨간 불이 두 개 반짝거린다. 담뱃불이 다 싶어 가까이 다가갔다. 물어볼까 말까 하는데, 두 사람이 다가오더니 말고삐를 잡아챈다. 그러더니 뭐라고 말한다.

'이거 골치 아픈 일이군. 어떻게 할까?'

걱정이 된다. 강도라면 싸울 수도 없고, 난감한 일이다. 뭐라고 말을 하는데 아무 말도 안 했다.

선표가 웃음기를 머금고 '팅부동 팅부동' 하면서 멈칫거리니, 다시 뭐라고 주절대며 날 보더니 고삐를 놓아 버린다. 아마 우리를 말 도둑인 줄 알았던 모양이다. 중국말을 모른다고 하는 데다, 수염이 덥수룩한 내 얼굴을 보고 외국인인 줄 알았는지 그냥 놓아 준 것이다. 다행이다. 중국에서는 이렇게 말 도둑이 가끔씩 있나 보다 생각하며 또 밤길을 걸었다.

또 하나의 고개를 올라서니 불빛이 다가온다. 안 형이다. 어디선가 삼륜차를 빌려 타고 온 것이다. 본대는 이붕전자에 도착해서 숙소를 잡았다고 한다. 거의 다 왔다고 말을 들으니 기분이 한결 나아진다. 골짜기 쪽으로 불빛이 환하다. 마을인가 싶었는데 그냥 옆으로 통과한다. 광산이다. 노래를 부르면서 또 한 시간 정도 더 가서야 마을에 닿았다. 입구에서 본대가 수소문해 놓은 농가로 들어가 말을 맡겼다. 말들도 피곤했고, 배가 고팠던 터라 열심히 먹는다.

말들이 물 들이키는 소리가 '쭈욱쭈욱' 난다. 마리의 등을 두들겨 주고, 목덜미를 쓸어 주었다.

"마리야 애썼어, 애썼다고. 실컷 먹어."

주인이 구유에 사료를 쏟아 붓는다. 말들의 갈기 위로 콩겨울이 붙어 달빛에 빛난다. 눈가루가 날리는 겨울이 아닌가 하는 생각이 든다. 밤길을 타박타박 걸어 마을 안 깊숙이 들어갔다. 긴 한숨이 나온다. 또 하루가 지났구나.

어제의 위기감, 오늘 아침 공안에서의 긴박감, 모두 끝났다. 조선인 식당에서 늦은 저녁을 먹었다. 배가 터지도록.

거리가 조용하다. 광산촌이라 멀리 불빛이 반짝거리지만 거리는 바람만이 지나고 있다. 개울물 소리가 들린다. 손바닥만한 유리창이 박인 나무문을 밀고 들어섰다. 이제 정리하고 잠자는 일만이 남았다.

미창구 고분 발굴 현장

기마군도
산길로 남은 고구려의 옛길

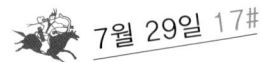 7월 29일 17#

아침에 게으름을 피웠다. 어제 먼저 집안으로 간 팀이 돌아오는 것을 기다리느라 시간을 끌었다. 어쩌면 산촌의 아침, 광산촌의 아침 정경을 즐기느라 내심 바랬는지도 모른다.

공중 화장실에 들어갔는데 역시 말이 아니었다. 한 가지 의문이 생긴다. 중국 여자들은 웬만하면 화장을 한다. 남자들은 체격도 볼품이 없는 데다 옷도 남루하다. 그런데 여자들은 체격도 크고 옷도 맵시있게 입은 데다가 화장을 잘한다. 이 산천의 여자들도 역시 마찬가지이다. 그런데 이 공중 변소의 공포는 어떻게 이해하란 말인가? 공리가 주연한 '귀주이야기'에 나오는 농촌이 바로 이런 곳이다.

우리는 이붕전자를 출발해 사평을 거쳐 화전자로 해서 집안으로 넘어가는 길을 택했다. 이른바 고구려의 남도 가운데 2로이다.

남도는 엄밀히 판단하면 세 갈래 이상이 된다. 제 1로는 환인 못미처 대천에서 산을 넘어 혼강을 건너거나, 혼강과 부이강이 만나는 곳에서 재원財

源 패왕조覇王朝 산성을 통과해 화전자花甸子로 해서 신개하新開河로 진입한다. 그 다음에 망파령, 소판자를 넘어 석조 마선 집안으로 진입하는 길이다. 제2로는 환인을 넘어 이붕전자 못미처서 사평으로 빠져 산길로만 해서 화전자를 통과한 후에는 첫 번째 길과 똑같다. 제3로는 환인 이붕전자를 통과해 괘패령을 넘어 대로를 통과해 량수, 유림, 대평을 거쳐 집안으로 들어간다. 이 길은 비교적 돌아가지만 앞의 두 길에 비해 평탄해서 많은 군마를 이동시킬 수 있다. 때문에 고구려는 사첨자향沙尖子鄕의 하순자촌下甸子村의 성장립자산상城牆砬子山上에도 성이 있다. 그리고 집안 가까이 량수향凉水鄕에는 노변장老邊墻 관애關隘 등을 설치하고 있다. 물론 이 관애는 압록강 하구 방어 체제의 기능도 겸했을 것이다.

우리는 일정과 목적을 고려해서 남도의 제2로를 군마를 타고 넘기로 했다. 적군이 천혜의 요새지이며 전 수도였던 환인을 배후에 두고 제1로를 넘는 것은 전술상 선택하기 힘들다. 더구나 8월에 공격한 관구검군이 물이 불은 혼강을 건너기는 무리다. 한편 모용황은 북도로 고구려의 대군을 유인하고 남도길로 공격하여 허를 찌르는 기습 전술을 택했다. 그런데 제3로는 거리와 시간상 효과가 반감될 뿐만 아니라 배후에서 압록강 수비병들의 공격을 받을 위험성이 크다.

우리는 차가 다니질 않는 산길을 넘어가는 것이다. 일행은 나중에 사평에서 만나기로 하고, 우리는 아직도 남아 있는 생생한 아침 기운을 마시면서 10시 30분에 출발했다.

"따각따각."

말들이 달린다. 마을을 벗어나자 논길, 산길이 나타난다. 축축하게 물기가 남아 있어 길이 푹신푹신한 느낌을 준다. 충분히 쉰 데다가 말도 잘 먹어서인지 힘차게 달린다. 한참 달리니 마치 말의 발이 땅에서 떨어진 채 날고 있다는 느낌이 든다. 엉덩이는 이미 잔등에서 떨어진 채 달리고 있다. 이제야 진짜 말을 타는 기분을 알 것 같다. 붕붕 난다. 선표가 탄 말도 잘 달린다. 두 마리가 경주를 하는 것 같다. 말들도 분명히 그런 것을 의식하고 있는 것 같다.

거의 쉬지 않고 달렸다. 두 갈래 길이다. 사평까지는 버스가 다닌다고 했는데, 어디가 버스 길인지 모르겠다. 종점을 찾아야 그 길을 버리고 산으로 붙을 텐데 말이다.

집 한 채가 나타났다. 달리면서 말 위에서 '씨핑! 씨핑!' 소리쳤다. 노인네가 손을 들어 앞을 가리킨다.

또 달렸다. 사평이란 지명처럼 제법 산속이지만 벼들이 넘실대는 평야가 있었다. 평야가 끝나는 아래쪽엔 큰 강물이나 바다가 있을 것 같다는 느낌이 든다. 물론 그럴 가능성은 전혀 없지만 말이다.

비가 내리기 시작한다.

길가에서 벗어난 논 한가운데에 나무가 한 그루 서 있다. 정자가 있으면 제격인 장소다. 말머리를 돌려 안으로 들어가니 공터도 없고 말먹이가 될 만한 풀들도 없다. 말들은 배가 고픈지 틈만 나면 풀밭으로 들어가 목을 내린다. 더구나 빈 몸으로 따라다니는 놀새가 수시로 풀을 뜯으니 우리 말들도 덩달아 풀을 뜯으려 한다.

계속 달려갔다. 폭우가 쏟아졌다. 옷이 펑하게 젖었다. 동네가 나타났다. 을씨년스럽다. 사람들이 한둘 길을 건너다닌다. 우리는 마을 안을 통과해서 거의 끝에 가서야 말을 멈췄다. 그리고 식당을 나타내는 빨간 바구니 같은 게 달린 말뚝에다 끈을 묶었다. 난 이상한 생각이 들었다. 지치고 힘드니까 분명히 첫 번째 집에서 말을 세우고 내릴 것 같은데, 이번처럼 매번 우리는 마을 끝에 가서야 멈춰 서곤 했다. 특히 선표가 그랬다. 말 타는 이들의 공통된 마음 때문인가? 만약 그런 게 있다면 우리는 잘 모르지만 기마민들의 유별난 습관과 정서란 것도 분명히 있을 것이다. 역사를 이해하는 데도 그것은 중요하리란 생각이 든다.

오후 3시. 비가 장대처럼 퍼붓는다. 말들은 밖에서 묵묵히 비를 맞고 서 있다. 소리라도 질렀으면 좋으련만.

식당은 탁자가 두 개 놓였는데, 장사를 하는지 안 하는지 도저히 음식점이란 느낌이 들지 않는다. 주방까지 들어가 음식을 주문했다. 말이 안 통하니 손짓 발짓을 할 수밖에 없다. 선표는 말을 끌고 산으로 가서 풀을 뜯게 했다.

식당 안에 앉아 있으니 사람들이 몰려왔다. 어디서나처럼 애들이 나타나 탐색전을 한 다음에 어른들이 가까이 다가앉아 말을 건넨다. 나중에는 아예 우리가 밥 먹는 상에 붙어앉아 빤히 쳐다보는 것은 물론 만져 보며 웃기까지 한다. 손짓 발짓으로 어디서 왔느냐고 묻는다. 난 서구적인 마스크를 한 데다가 수염을 정말 텁수룩하게 길렀으니 중국에선 보기 힘든 광경이리라. 나중에는 결국 말레이시아 인이냐는 질문까지 나왔다.

밥을 다 먹도록 본대가 오지 않아 식당집 거실에서 잠깐 눈을 붙였다. 밖이 왁자지껄하다. 조선족이 나타난 것이다. 이 산 너머가 화전자이고, 거기엔 조선인 대대가 있다고 한다. 내가 조선인임이 밝혀지고 그들의 신기함은 훨씬 줄어들었지만 우리들의 대화를 듣느라 또 한 차례 모여들었다. 북한에서 온 사람도 있다고 조선족이 말했다. 4시 반이 다 돼서 승합차가 도착했다. 막바로 출발했다. 산을 넘어가지 못하면 중간에 낭패를 보기 십상이니 서둘러야만 했다. 우리가 초조하게 기다린 것도 다 그 때문이다. 사평에서 하루를 쉴 만큼 우리 일정이 한가롭지 못하기 때문이다.

비가 하늘이 뚫린 것처럼 쏟아졌다. 선표는 중국에서 산 비닐옷을 입었고, 나는 방풍 점퍼를 입었다. 처음에는 비가 안 새는 것 같았는데 결국 소용이 없었다. 사평까지 들어올 때만 해도 비가 이렇게 많이 내리진 않았고, 너무나 지쳐서 오로지 빨리 사평에 도착하는 것 이외엔 생각할 겨를이 없었다. 하지만 밥도 먹고 쉬기도 한 데다가 승합차 일행과 같이 가니 현실적인 문제들이 어렵게 한다.

사평을 출발할 때만 해도 좋았다. 촬영도 하였다. 고구려의 군도에서 우리가 달리는 모습을 촬영한다고 하니 얼마나 기분이 흐뭇한지, 난 내가 말을 탄다는 게 그렇게 신기할 수가 없었다. 특히 오전에는 말이 잘 달렸기 때문에 말 타는 데 대한 자신감을 완전히 갖게 되어 이젠 즐기면서 탔다.

승합차는 우리 앞에서 촬영을 하다가 먼저 가서 기다린다고 산길 모퉁이를 돌아가 버린다. 나는 선표를 불러 숲속으로 들어갔다. 산길은 둘러 돌아가는 길과 질러가는 길이 있다. 난 판단을 했다. 이 길로 접어들면 질러갈 수 있을 거라고. 그냥 평범한 길을 가는 것보다는 지름길로 올라가는 게 훨씬 나을 듯싶었다.

지름길로 들어가니 길이 거의 없어졌다. 우리는 숲속의 풀과 나무 사이로 들어갔다. 나뭇잎과 가지들이 얼굴을 때리고, 길이 없어 말들이 당황하는 기색이 보이지만 우리가 강하고 자신 있게 밀어붙였더니 말들은 그대로 전진을 한다. 왠지 기분이 너무 좋다. 내 몸에 오랫동안 쉬고 있었던 야성, 참생명이 꿈틀거리면서 몸뚱이를 다시 만들고 있는 느낌이 든다.

생명! 이게 바로 생명이구나 하는 게 손바닥으로 만져지고 눈으로 만져지는 것 같다. 이번 일은 뗏목 탐험처럼 생명을 담보로 한 것은 아니지만 오히려 상황이 이상하게 생명을 강하게 느끼게 한다. 신선하고 기분 좋고 의미 있고, 내가 가장 좋아하는 상태가 된 것 같다.

"아하! 아하!"

소리, 소리를 지른다. 내가 살아 있음을 알리는 소리들을. 만주의 벌판에, 고구려의 옛 산길에 내 생명이 굴러다닌다. 빗속에서 김을 확확 뿜어대며 생명덩어리들이 뛰면서 날아다닌다. 고구려의 병사들은 어떤 모습으로 이 길을 통과했을까? 아마 유사시엔 우리처럼 이렇게 비밀스럽게 숲

기마 군도를 넘다가 말을 살피는 대원들

길을 살금살금 지나갔을 것이다. 알프스 산을 넘던 한니발이나 알렉산더처럼.

이 길은 1500년 전 적군인 관구검이 고구려를 칠 때 통과하던 남도이다. 동천왕의 군대가 퇴각하면서 이 길을 지나쳤을 테고, 추적하는 위나라의 군대도 이 산길을 지나갔을 것이다.

산길을 한 반 시간여 올라간 것 같다. 별안간 앞이 훤해지더니 길이 나타났다. 정상이다. 길림성의 땅이 바로 눈앞에 있다. 나뭇잎에 부딪혀 탁탁 콩 볶는 소리를 내던 빗소리가 거침없이 쏙쏙거린다. 앞이 허옇다. 안개가 우리를 감싼다. 빗줄기와 하얀 안개가 한 덩어리가 되어 산봉우리를 감싸고 있다. 사진을 찍을 엄두도 못 내고 감동에 벅차 말 위에 앉은 채로 산을, 역사에게 길을 묻는다. 말도 고생했지만 기분이 매우 좋다. 말 타는 것이 능숙하면 적진에 은밀하게 침입할 수 있다는 것을 체험한 것이다.

한참을 지나도 차가 올라오지 않는다. 소리를 질러도 신호가 오지 않았다. 아마 중간에서 우리를 기다리고 있나 보다. 안 형도 늙었다는 생각이 든다. 조금 기다리다 안 올라오면 으레껏 질러 갔으려니 생각을 하면 될 텐데 말이다. 내 성질을 잊어버린 모양이다. 말을 타고 산모퉁이가 돌아가는 굽이까지 가서 다시 소리를 질러 본다. 한 40여 분을 기다리다 겨우 신호가 연결되었다.

정상에서 일행이 모두 만나니 오후 7시다. 우리가 먼저 가기로 하고 산을 내려갔다. 굽이굽이 산을 끝도 없이 내려가는 것 같다. 걸어간다면 질러질러 갈 텐데 말 때문에 그럴 수도 없고, 말도 지쳤는지 기운이 없다. 정상에서 풀을 뜯게 했는데도 역시 허기를 메우기엔 태부족이었나 보다.

굽이굽이 산길을 돌고 또 돌고 또 돌아간다. 힘들다. 말들은 아예 고개를 처박고 걷는다. 안쓰럽다. 마리의 목덜미와 잔등을 쓰다듬었다. 찬 빗물과 뜨거운 몸뚱이가 뒤엉겨 김이 모락모락 난다. 마리는 안장의 깔개가 시원치 않아서 잔등에 상처가 생겼다. 밤색 살갗 위로 피가 배어 나왔었는데 아프지나 않을지 모르겠다.

"마리, 조금만 참아. 나도 힘들단다."

대꾸가 없다. 될 대로 되라는 뜻인가? 이 곳 산은 어쩌면 이렇게 우리 산과 똑같을까? 흙길과 빗물과 어둠과 지친 몸, 맑은 정신, 이런 게 모두 하나가 되어 산길로 굴러 내려간다.

밭이 보이기 시작했다. 인삼밭은 정상 부근에도 있으니까 그리 반갑다는 마음이 없지만 옥수수밭은 인가 가까이 있는 것이라 반갑기 그지 없다. 이제 다 내려온 모양이다. 산골이 까맣게 물들어간다. 물소리가 제법 크다. 골물이 넘치면 옥수수밭을 덮을 텐데······.

말 잔등에 올라탔다. 박차를 찬다. 마리의 살이 부르르 떨린다. 야트막한 등성이들이 있고, 옥수수의 초록 이파리들이 그 위를 덮고 있다. 길가에는 가녀린 산풀들이 빗물에 푹 배다 못해 토해 내고 있다.

한참을 달리다 보니, 어둠 속에서 우리 승합차가 나타났다. 촬영을 했다. 산길 어둠 속에서 우리가 도착하고, 다시 또 달려가는 장면들을.

난 순간순간 마리에게 풀을 뜯게 했다.

첫 동네를 지나쳤다. 이 곳이 화전자인 줄 알았는데 그게 아니었다. 사평에서 듣기엔 산만 넘으면 화전자이고 조선인 대대가 있다고 했는데, 이건 또 계속 달려만 간다. 사실 힘이 든다. 쉬고 싶다.

계곡 건너편으로 집들이 뛰엄뛰엄 있고, 불이 반짝거리는 모습이 어쩜 저리도 강원도 산골 모습과 같을까? 동굴 탐험하느라, 산에 다니느라 정말 강원도 산골을 구석구석 많이도 다녔다. 밤길에 마을로 내려오기도 숱하게 했다. 그때마다 아련하게 피어오르던 외로움과 그리움 때문에 숨결이 흩어지고 살결이 떨리곤 했었다. 그런데 여기서 또 이런 모습을 계속 보고 있다. 남들이 누리지 못하는 행복일 것이다.

제법 큰 마을을 통과해서 나갔다. 말 세 마리를 다 내가 끌었다. 한 마리에 올라타고 두 마리는 고삐를 길게 해서 한 손에 잡아 끌고 밤길을 달렸다.

개울을 건너다가 봉고가 물에 빠졌다. 다리에 물이 차 위험하지만 얕은 곳이라 판단하고 옆으로 건너다가 그만 빠져 버린 것이다. 가볍게 생각했는데 갈수록 태산이다. 물이 차 안으로 넘어들기 시작한다. 나는 마리를 타고 강물을 넘었다. 마리는 처음에는 약간 겁을 먹는 것 같더니 잘 건넌다. 결국은 촬영을 하느라 몇 번을 더 건너다녔다. 얼마나 마리가 좋은지 모른다.

물이 차에 부딪혀 큰 소리를 내고 비는 쏟아져 내리는데, 빛이라곤 하나도 없다. 이유도 없이 노래가 나온다. 창도 노래를 부른다. 이 진짜 촌놈은 처음으로 동네 밖을 빠져 나와 이 먼 데까지 왔다. 집 생각도 나고 외롭기도 했을 것이다. 그의 외로움과 나의 외로움.

놀새는 그 와중에도 풀을 뜯어 먹느라 어둠 속을 혼자 다녀서 신경 쓰이게 한다. 붙잡으러 쫓아다니다가 넘어져서 덕분에 손바닥이 약간 찢어졌다. 놀새는 정말 한심한 말이다.

물이 차 안으로 막 넘쳐 들어오는 일촉즉발의 상황에서 동네 경운기가,

그것도 두 대가 와서 간신히 끌어 냈다. 40분 만이다.

다시 반 시간 이상 달려서 화전자 마을에 도착했다. 어둠 속에 마을을 찾아들었다. 조선족 마을이 모습을 드러냈다. 이성길의 집이다.

들어가면 따뜻한 방에 누워 실컷 잠을 자고 싶었는데, 막상 가 보니 중국식 온돌에는 불을 넣지도 않았다. 뿐만 아니라 여름 내내 불을 피우지 않아 지금 불을 피워도 소용 없단다. 쌀가마니가 한쪽 구석에 있다. 옷들을 벗고 갈아입었다. 저녁은 조선족 식당에서 했다. 마침 주인이 이성길의 친구인데 방이 따뜻하니 그냥 자라고 권유해서 옷도 말릴 겸, 못이기는 척 누워버렸다.

재미있는, 신나는 하루였다. 사람 살맛이란 이런 게 아닐까?

고구려 기마군포 남보와 북도

고구려 군도
화전자, 망파령, 쌍차, 소판차, 집안으로 연결된

 7월 30일 18#

오전 9시 30분, 화전자를 출발했다. 밤 늦게 도착해서 먹자마자 잠을 자고, 또 아침이면 어김없이 떠난다. 그들에게야 바람 같은 존재지만 우리는 바람일 수 없다. 옛날 우리가 질긴 피의 뿌리를 내린 곳인데, 고향을 찾은 우리가 손님일 수 없으며 하물며 바람일 수야 없지 않은가? 뿐인가! 이미 중국화한 곳이라면 모르지만 조선족들의 마을이 있고, 그들의 자손들이 다니고 있는 학교가 있는데, 바람이 아니다. 설사 바람이라도 있으나 마나 한 미풍이 아니다. 강풍이다. 이 땅에 생채기가 아닌 자극을 북돋워 줄 강풍이다.

생각보다는 큰 마을이다. 150여호가 산다고 했는데, 중국인들도 살고 있다고 한다. 산을 넘어왔기 때문에 굉장한 산골이라고 생각했었는데 통화나 집안과 통하는 버스가 다닐 정도의 마을이다. 자전거를 빌려 타고 골목을 벗어나 큰 길로 나가니 가게, 식당들, 자전거와 자동차를 수리하는 점포들도 있다. 사람들이 다니는 모습들도 보인다. 그래도 여긴 산골이다. 이런 곳에 조선인들이 집단으로 살게 된 까닭은 무엇일까? 정치적인 배경 때문일까, 아니면 아스라히 먼 역사의 인연 때문일까?

혹시 이 마을에 고구려의 유적 같은 것이 없나 하고 수소문해 보았지만 소득이 없었다. 하지만 이 곳은 고구려의 중요한 수도권 방어 체제가 구축됐던 곳이다. 관애나 초소 흔적 같은 것이 분명히 있을 것이다. 우리가 넘어온 길을 역으로 추적해 가면서 상세히 살핀다면 그 지점을 찾을 수 있을 것 같다. 여기 사람들은 알지도 못하고 관심도 없는 것 같다.

인삼을 열댓 뿌리를 사서 대원들에게 나누어 줬다. 먹는 게 남는 거라지만, 가능한 한 먹어야 힘을 쓰니까 어쩔 수 없다. 난 길림을 들어올 때 산 토종꿀에다 인삼을 박아 넣었다. 나중에 먹기 위해서이다.

또 출발했다. 팀을 나눴다. 선표는 창과 석빈과 함께 말로 먼저 쌍차까지 가게 하였다. 나는 승합차를 타고 패왕조산성을 찾아 재원으로 갔다. 비가 온 탓인지 강물이 불어 곳곳이 끊어진 게 보인다. 아무래도 예사롭지 않다.

재원은 조그만 마을이다. 파리강이란 조그만 강이 흐르고 있는데, 비 때문인지 물이 제법 많이 흐르고 있었다.

재원으로 들어가는 입구 다리 앞에서 경찰에게 걸려 면허증을 빼앗겼다. 통화 버스가 왜 이 곳까지 왔느냐는 것이다. 이 한심한 중국의 관리들……. 하도 당하는 일이라 내가 일부러 큰 소리로 경찰에게 한국말로 소리쳤다.

재원을 지나 패왕까지 가는 도중에는 산세가 수려하고 때론 거친 듯한 느낌마저 든다. 마을 앞으로 강이 흐른다. 이 강은 넓게 보면 신개하新開河에 속한다.

붉은 벽돌 건물에 '패왕촌覇王村'이라는 글자가 당당한 글씨체로 쓰여있다. 패왕이란 의미가 예사롭지가 않다.

그 건물 안으로 들어가 관리에게 패왕조산성이 어디냐고 물어보니, 관리는 답변 대신 허가를 받았느냐고 되묻는다. 어처구니 없지만 현실인 걸 어떡하랴. 괜히 벌집을 쑤셔 놓은 꼴이다. 돌아간다고 하고 차를 그대로 돌려 산으로 향했다.

따로 길이 없고, 개울을 따라서 마차나 경운기가 겨우 다닐 만한 길뿐이다. 멀리서 봐도 패왕조산은 우뚝 솟아 있다. 어처구니 없다는 생각이 든다. 고구려 산성을 볼 때마다 매번 든 생각인데 이번도 역시 예외는 아니다. 길 안내 겸 해서 동네 농부를 태우고 좁은 길들을 통과해서 올라갔다. 산 밑에까지 오니 제법 넓은 터가 나타나고 밭들도 있다.

앞에 보이는 높은 산이 패왕조산이라고 한다. 노령산맥의 본줄기에 있는데 해발 862.8m이다. 역시 산세가 험준하고 계곡이 깊다는 것이 한눈에 보인다. 고구려인들은 저 험준한 산봉우리들을 둘러가며 돌을 쌓아 산성을 만들었다. 이 산성은 수도방어 체제에서 아주 중요한 전략적 위치에 있다. 집안에서 97km 떨어져 있다고 하는데, 지금도 행정구역상 집안현에 속한다.

환인의 오녀산성이 이 곳에서 30km 서남쪽에 있다. 혼강이 산성의 서쪽과 북쪽으로부터 흘러오고 다시 앞에서 신개하와 만나 이 마을 앞을 지나고 있다. 강전자江佃子까지 가면 길이 끊기고 강을 건너야 한다. 남도는 흔

망파령 관애. 토성을 절개해서 도로를 만든 흔적

히 망파령으로 해서 쌍차를 거쳐 넘어가는 길이라고 하지만 환인 못미처 대천大泉에서 산을 가로질러 이 강을 건너면 패왕조촌이다. 또 부이강과 혼강이 만나는 곳에서 강을 건너 북둔자를 거쳐 패왕으로 올 수도 있다. 그래서 이 곳을 통과하면 환도산성으로 들어갈 수가 있다. 그러니 이 곳은 전략적으로 요충지일 수밖에 없다.

답사해 보니 역시 남도는 하나가 아니라 여럿이었다. 관구검의 진공로에 집착해서 망파령에서 쌍차·소판차에 이르는 길만을 남도라고 고집할 필요는 없을 것 같다. 일부에서는 패왕조산성이 위나암성이라는 견해가 있기도 하지만 전략적 가치나 지세, 면적 등을 볼 때 별로 타당성이 없다. 이 성은 전술적 가치가 높은 산성이고, 직접 전투를 위해서 만든 성이기 때문이다.

산성은 계곡과 능선을 이용하고 특히 절벽 등을 잘 활용했는데, 전체적으로 높이가 비슷하게 되어 있다. 북쪽은 높고 남쪽은 낮아서 삼태기형을 하고 있다. 성벽은 그다지 길지 않아서 전체가 1260m인데, 동벽은 298m, 서벽은 420m, 남벽은 247m 그리고 북벽은 295m로 사다리꼴 모양이다. 이 산성은 보존 상태가 좋아 여장이 서·북·동벽에 남아 있으며, 사면에는 평대 자리가 남아 있다고 한다. 문은 남문과 북문이 있는데, 남문의 폭은 9m라고 하니 꽤 넓었음을 알 수 있다.

산성 안으로 올라가고 싶지만 먼저 떠난 선표 일행을 쫓아야 하고, 아까 그 관리의 눈초리도 심상치 않고 해서 차를 돌릴 수밖에 없다.

면허증을 찾아야 하기 때문에 재원에서 화전자로 다시 왔다. 중국 관리들의 이 기막힌 부정부패, 한심한 작태에 환멸을 느낀다. 하긴 우리도 별로 다를 것은 없다. 좀 더 합리적인 체하고 세련된 방법을 사용하는 차이라고나 할까?

태상台上을 거쳐 쌍차로 갔다. 이 길은 전에는 없었다고 한다. 왠지 낯이 익다는 생각이 든다. 화전자 다리에서 태상으로 가는 길도 그렇고, 도중에 강가며 강 마을이 낯익어 잘 생각해 보니 전에 집안으로 갈 때 통과했던 길이었다. 그때는 돌아가느라 쌍차를 지나 유림으로 해서 집안으로 들어갔다. 여기서 우리는 사진을 찍고 수박을 먹고 했다. 그땐 햇빛이 쨍쨍 내리쬈는데, 지금은 비가 쏟아져 강물이 겁날 정도로 불어 있다. 유림으로 갈라지는 길에서 우리는 왼쪽 고갯길로 접어들었다.

마을이 초록이다. 동네 앞의 개울도 불어 제법 내川 같은 느낌이 든다. 개울 건너의 집은 이쪽과 끊겨져 있다는 느낌마저 든다. 나무다리라도 걸쳐 놓지 않았더라면 영락없이 고립될 수밖에 없다. 식구끼리 모인 다음에 오순도순 외부와 인연 끊은 채 며칠만 쉬면 얼마나 좋은가? 특히 아낙네들이야 오랜만에 남정네와 푸근한 시간을 보낼 수 있으니 더욱 좋을 것이다.

예전의 한국 남자들도 그랬지만 여기 중국 남자들은 자기들끼리 모여 놀기를 좋아하는 것 같다. 그러니 여인들도 마찬가지일 것이다. 우리는 다니면서 여자들이 여남은씩 둘러앉아 뭔가 재미있게 노는 것을 자주 보았다. 궁금해서 다가가 보면 영락없이 마작이나 트럼프를 하고 있었다. 트럼프는 아마 최근에 유행된 듯하다. 우리로 말하면 강원도 심심산골, 그것도 가게라도 한두 개 모여 있는 그런 곳이라면 또 이해가 갈 법하다. 그런데 순전한 산골 동네인데도 여럿이서 둘러앉아 그렇게 노는 걸 보면 신기하다는 생각이 들었다. 그것도 아줌마나 할머니 할 것 없이 한데 어울리고 있었고, 애들은 옆에서 구경하며 웃고들 있다. 재미있는 일이다.

산골에서 내려오는 물줄기들을 건너 뛰면서 길을 재촉했다. 신개하의 물줄기를 따라 올라가는데, '쿵쿵' 산골이 울리는 큰 소리가 들린다. 물기에 펑하니 젖은 초록의 산골 가운데에 허연 시멘트 담벽이 방어선처럼 횡으로 뻗어 있다. 그 중간중간에서 거대한 물줄기들이 오줌발처럼 기운차고 당돌하게 뻗치고 있다.

망파령望波嶺의 삼가자三家子 발전소다. 배가 터질 것처럼 댐이 불어 있다. 수십 미터를 곤두박질친 하얀 물줄기들은 뭉게뭉게 피어오르며 산골의 비안개를 더 진하게 한다. 골짜기를 흘러가는 물줄기들이 하얀 몸뚱이를 꿈틀거린다. 또 하나의 생명이 탄생하여 산골을 채운다. 하얀 색깔의 생명이 물기를 머금고 있다.

'용솟음과 환희, 자연은 끝없이 생명을 만드는구나!'

골짜기 한결, 산길로 이어지는 곳에 벽돌집이 길게 자리잡고 있고, 그 곁에는 생나무들이 겹겹 쌓여 있다. 숯가마다. 불길을 일으키는 숯을 이렇게 물가에서 굽다니, 이런 관계를 조화라고 해야 할지 아니면 갈등이라고 해야 할지, 결국 마음이 길(道)이구나.

지칠 줄 모르고 내리는 비, 대체 우리에게 무얼 암시하는 걸까? 촬영팀은 그런대로 촬영을 했지만, 우리는 말 타랴, 풀 먹이랴, 제대로 사진 한장 찍은 게 없다. 비만 아니라면 맑은 날씨 속에서 쉽게 운행하고 기록 사진들도 잘 나올 텐데. 하지만 비는 생명감을, 신비감을 선사하고 있다. 비가 아니라면 고구려의 생명을 이렇게 신선하고 절박하게 느끼지는 못했을 것이다. 어느 한 쪽을 택하라면 난 결국 후자를 택하겠다. 가뜩이나 말라 버린 가슴을 흥건히 적셔 주고, 고구려를 생명체로 만나게 해 주니 얼마나 다행이고 고마운 일인가!

댐 위에 올라가서 길모퉁이에 차를 세우고 사진을 찍었다. 도로는 산줄기를 끊어 넓힌 것인데, 중간에 흙동산을 두고 두 길로 되어 있다. 비 탓인지 흙이 흘러내려 중간중간에 돌들이 박혀 있는 게 눈에도 역력히 드러난다. 이게 바로 남도에서 가장 전략적 요충지인 망파령 관애의 일부이다. 망파령에서 내려오는 야트막한 구릉은 신개하를 사이에 두고 용두령(龍頭嶺)과 만난다. 이 낮고 움푹한 지형에 돌로 쭉 쌓아 적의 기병 등을 막게 한 일종의 차단 산성이다. 총 길이가 750m에, 아래 폭은 10m, 현재 남아 있는 높이는 1.5~2m이다. 문도 있었는데, 큰 돌로 쌓았으며 폭이 10m 였다고 한다. 한 쪽에는 주막 비슷한 음식점이 있고, 그 앞에는 글씨가 지워진 하얀 시멘트 석판만이 빗물에 번지르르 서 있다. 그리고 돌비와 능선으로 연결되는 부분의 일부가 도로에 깎인 채 중간에 분리대처럼 남아 있을 뿐이다. 그 밑으로 댐물이 있는데, 관애는 이 물 속에 잠겨 있다. 가을에 물이 빠지면 성이 드러난다고 하는데, 우리로선 물에 잠겨 축 처진 나뭇가지들만 확인할 수 있을 뿐이다. 1976년에 만들어졌다고 하니 우린 또 중국인보다 한발 늦었다. 이러다가 고구려 유적은 모두 물 속에 잠길 것 같다.

고구려의 남북도 중에서 험협險狹이라고 표현된, 즉 험하고 좁아서 군마가 통행하기가 힘든, 국내성의 방어에 중요한 역할을 한 남도의 요충지가 이 곳을 말한다. 곳곳에 이러한 방어 시설을 만들어 놓았는데도 여러 번 수도가 함락되었으니 얼마나 북방 민족들에게 잦은 침략을 당했는가를 알 수 있다. 이런 방어 체제가 없었다면 고구려는 물론이고, 남쪽에 있는 백제, 신라 등은 존속하기가 힘들었을 것이다. 이 방어 시설 등은 고구려가 아니라 사실은 우리 민족을 지켜 준 것이다. 지나치면서 주변 지형을 관찰하니 망파령 방어 체제는 관애뿐만 아니라 다른 성이나 초소 등 세트로서 이루어졌을 가능성이 엿보인다. 왠지 망파령 위로 산성이 있었을 것이란 생각이 든다.

쌍차에 도착하니 선표 일행은 점심을 거의 먹어가고 있었다. 말은 산에서 풀을 뜯고 있다고 한다. 이제 마지막 통과 지점을 앞에 두고 있다. 밥맛이 없었지만 서둘러 밥을 먹고 30분 만에 쌍차를 출발했다.

차는 떠났다. 이 소판차는 차가 다닐 수 없는 길이라 돌아가서 산 넘어 시묘에서 기다리기로 하고 우리만 말을 타고 떠났다. 동네 사람들이 나와서 구경들을 한다. 비 오는 날에 뭐 그리 구경할 게 있다고 그러는지, 비는 이제 오는 게 아니라 통째로 쏟아 붓는다. 걷기에도 불편할 정도다.

마리는 편자가 빠져 아주 불편해한다. 한 쪽 발톱이 갈라졌으니 좀 아프겠는가! 편자 박을 데가 없나 해서 달리면서도 길가 집들을 기웃거리지만 눈에 띄지 않는다.

1시간여 달렸다. 다시 산길이 오르막으로 바뀌었다. 쉴 겸 해서 풀을 뜯게 했다. 말들은 풀 뜯는 것을 제일 좋아한다. 단순히 먹기 때문만은 아니다. 먹는 시간은 곧 쉬는 시간이다. 달려가면서 먹을 수야 없지 않은가! 그뿐인가 먹는 시간은 자유의 시간이다.

먼저 안장을 내려 주었다. 안장의 무게는 5kg ~ 10kg까지 나간다. 더구나 사람이 올라타면 무게가 거의 70kg이 되는데, 자칫하면 말 잔등을 압박해서 심한 경우에는 피가 날 정도까지 된다. 그러니 안장을 풀어 준다고 하는 것은 무게를 줄여 주는 게 된다. 안장은 나무로 되어 있는 줄 알았는데 사실은 쇠로 되어 있고, 앞뒤로 튀어나온 부분만 나무를 끼우게 되어 있다. 그러니 양탄자나 이불 등 쿠션이 좋은 것을 덧깔지 않으면 살을 파고 들 우려가 많다.

또 하나 중요한 마구는 재갈이다. 재갈은 말 그대로 재갈이다. 재갈만 물리면 말은 말 탄 사람의 노예가 될 수밖에 없다. 달리라고 하면 달리고, 왼쪽으로 하면 왼쪽으로, 즉 고삐를 채는 대로 움직여야 한다. 말을 안 들으면 재갈이 이빨과 아구를 아프게 하기 때문이다. 그러니 재갈을 푼다는 것은 일시적일망정 자유를 얻게 됨을 뜻한다. 세 마리 다 그렇지만 특히 마리는 재갈을 풀어 주는 것을 아주 좋아한다. 반대로 다시 재갈을 채우는 걸 몹시 싫어해서 얼마나 애를 먹이는지 모른다.

머리를 꼿꼿이 세운 채 몸을 돌리면 우린 뒷발에 채일까 봐 따라서 돌 수밖에 없다. 그렇게 몇 번 하다 보면 20분은 금방 지나가 버린다. 오죽하면 이런 실랑이가 싫어서, 서툴던 때는 재갈을 채운 채로 풀을 뜯게 한 적도 있었겠는가! 말이 쉽지, 초보자에겐 힘든 정도가 아니라 위험하기까지 한 일이다. 전에 선표가 말을 끌 때 마리가 앞으로 돌면서 뒷발질을 했다. 약간 스치면서 맞는데도 벌겋게 피가 맺히고 통증이 와서 계속 파스를 붙여야 했다. 결국 피가 터져 나왔지만 말이다.

이번에는 개울가에서 먹였는데 이리저리 도망을 다니고, 나중에는 숲을 뚫고 길가로 올라갔다가 다시 개울가로 도망했다 하면서 아주 애를 먹었다. 시간이 충분하면 모를까 우리는 초조한 데다가 화가 날 대로 나서 나중에는 회초리로 때려 가면서 겁을 준 다음에 나무에 묶어 놓고 재갈을 채웠다.

고개를 흔들면서 버티다 안 되니까 나중에는 이빨을 꽉 다물고 움직이질 않는다. 아름답다는 생각이 든다. 누런 때가 끼었지만 가지런하고 꼭 널판지를 박아 놓은 것 같아 물이 샐 틈도 없을 것 같다.

'저건 자유의지이리라.'

재갈로 인한 구속을 거부하는 자유의 몸부림인데…, 마리가 좋다. 맥없이 재갈을 무는 놈보다는 그래도 반항하고 덤비는 놈이 좋다. 나 역시 마리의 반항을 언제나 즐거운 마음으로 봐 주며 같이 실랑이를 벌였다. 그런데 오늘은 그럴 겨를이 없다. 저나 나를 위해서도 빨리 길을 재촉해야 하기 때문이다. 결국 40여 분을 실랑이하다 재갈을 채웠다.

아직 판단하기엔 이르지만 우리가 한국에서 그리고 여기에서 듣던 말 혹은 승마에 대한 이야기들은 다 옳은 게 아니라는 생각이다. 말은 한 시간 정도 달리고 한참 쉬고, 그리고 하루에 그렇게 많이 못 간다고 들었다. 더구나 말 자체를 한 시간 이상 탄다는 것은 무리라고 들었다. 그러나 우리는 어제도 하루 종일 탔고, 특히 오늘은 다섯 시간 이상을 달려온 것이다. 거의 쉬지 않고, 그것도 달려서 말이다.

우리의 말 타는 솜씨도 그렇다. 난 등자의 길이가 안 맞아서 죽을 뻔했다. 오른쪽이 짧은 것이다. 양쪽이 다 짧아도 문제가 되는데, 짝짝이였으니 오죽했겠는가. 말 잔등 위에서 통증을 견디다 못해 걸으려고 잠시 내려오면 푹 다리가 꺾이며 땅을 짚는 것이다. 절뚝거리면서 말 옆에서 걷고, 그러다 보면 다리가 풀어져 괜찮고, 그렇게 하면서 며칠을 달려온 거다. 마음 같아서야 당장 등자의 끈을 조절하고 싶었지만 아직 그런 실력이 안 됐을 뿐더러, 혼자가 아니라 둘이 같이 움직이니 떨어져서도 안 되었기 때문이다. 이붕전자를 출발하기 전에야 스스로 등자끈을 조정해서 타게 되었다. 얼마나 자연스러웠는지 모른다. 정말 날아가는 것 같았다. 모든 게 나를 가르쳐 주려고 그랬는지 모른다.

등자에 따라 기마군단의 전력이 엄청난 차이를 가져올 수가 있다. 등자의 길이와 강도를 필요에 따라 조정하면서 전투에 임하는 것이다. 등자가 있어야 병사는 말 잔등에서 활을 쏘고, 더구나 창을 휘두르면서 말 아래 보병을 찌를 수가 있는 것이다. 등자는 말 위의 사람에게는 단단한 땅 구실을 하는 것이다.

등자의 모양을 박물관이나 책에서 볼 때는 왜 모양이 약간 둥근 것도 있고 각진 것도 있을까 하고 궁금해하면서도 단순한 장식상의 차이이겠지 생각했었는데, 이런 중요한 비밀이 있었던 것이다. 등자의 모양도 중요하고,

비가 많이 내려 말도 지쳐서 달리지 못하고 걷는 수준이었다.

특히 등자를 연결하는 끈은 더 중요한 것 같았다. 순전한 나의 경험이라 틀릴지 모르지만 끈이 빙빙 돌아서 꼬이니까 박차를 차기도 불편하고, 무엇보다도 꼬여진 줄에 종아리가 자꾸 닿아서 아프더니 결국 껍질이 벗겨지고, 급기야는 피가 터지고 말았다. 사실 내 양쪽 종아리는 내내 계속 터지고 아물고 하면서 피가 배어 나오고, 살점의 허연 부분을 달고 다녔다.

  그런데 등자보다 더 중요한 것은 안장이다. 안장에 따라서 전력은 결정적인 영향을 받는다. 우리 안장은 세 개였다. 한 개는 울란호특에서 사 왔다. 얼마나 비싼지 모른다. 가죽을 사용하였고, 틀이 되는 나무도 붉은 칠을 해서 제법 화려하게 꾸몄다. 우리는 이게 좋은 것인 줄 알았다. 그런데 안장의 앞부분과 뒷부분의 올라간 경사도와 높이가 동일했다. 그리고 사람의 엉덩이를 걸치는 부분이 평평하고 넓었다. 처음에 신애리에서 마리를 탈 때는 그 안장을 얹고 탔는데, 그때야 뭘 몰랐지만 그래도 왠지 헐렁헐렁하다는 느낌이 들었다.

　다음날, 말을 구입할 때 그 집의 헌 안장과 동네 사람의 안장을 덤으로 샀다. 꼴을 보니 정말 말씀이 아니었다. 그 사람들도 못 쓰는 걸로 치부하고 쳐박아 두었던 것이니 오죽했겠는가.

　하나는 쇠로다 녹슬었지만 되어 있었고, 겉에는 검붉은 천으로 덮였는데, 거기에 타면 엉덩이가 남아날 것 같지가 않아 보였다. 그리고 안장 폭이 얼마나 좁은지 나같이 마른 사람에게나 알맞을 것 같았다. 또 다른 하나는 쇠를 일부 대고 나무로 모양을 뜬 것이었는데, 좋고 나쁘고를 떠나서 내 마음에 쏙 들었다. 왜냐하면 한눈에도 그건 진짜였기 때문이다.

　노리끼리한 나무 혹시 자작나무 껍질로 싼 것이 아닐까?로 틀이 되어 있고, 가장자리 테에는 샛노란 철 혹은 알루미늄으로 된 판이 돌아가면서 싸여 있다. 그 판에는 제법 인동무늬 같은 문양이 촘촘히 음각되어 있었다. 그리고 안장의 앉는 데에도 바랜 황혼빛의 포근한 천을 깔아 품위가 있어 보였다. 안장의 앞과 뒤가 경사져서 올라왔는데, 앞쪽이 더 높아 손으로 붙잡을 수 있게 되었다. 왜 그런 장치가 되었는지 모르지만 초보자들이 타기에는 도움이 되었다. 처음에 고삐로만은 안심이 안 되었을 때, 한 손으로 그 톡 튀어 오른 곳을 잡으면 안심이 되고 균형잡기가 용이했다. 난 등자 때문에 심하게 오른발이 아플 경우, 한 발을 안장 위에다 걸쳐 놓고 탔는데, 그때 얼마나 그 장치가 요긴했는지 모른다 남들은 잘난 체하려고 폼잡는다고 봤을지 모르지만.

　또 이런 경우도 있었다. 난 요령을 피우느라고 그랬는지 모르지만 고삐를 이중으로 하고 있었다. 창이 만들어 준 고삐는 내겐 짧았다. 그냥 정상적으로 타거나 달릴 때는 이상이 없지만, 말이 풀을 뜯거나 쉬려고 고개를 숙일 때면 나도 같이 움직이면서 몸의 균형이 깨져 버렸다. 그리고 느릿느릿 운행할 때는 약간 허리를 젖히고 긴장을 풀어야 할 텐데, 그 정도의 고삐로는 뒤로 젖힐 수가 없었다.

난 임시로 손수건을 꺼내 고삐에다 묶어서 길이를 늘였다. 그래서 달리지 않을 때는 20cm 정도 더 늘어난 고삐손수건를 잡고 편히 갔다. 그래서 결국 이붕전자에서 출발할 때는 슬링을 이어 길이를 충분히 했다. 하지만 역시 손수건을 할 때가 좋았다. 왜냐하면 격식에 얽매이지 않고 임시방편으로 한다는 분위기가 좋았고, 또 나 역시 식민지 백성으로 자란 탓인지 서부 영화의 흉내를 내느라 폼 잡았기 때문이다.

말 타는 건 생각보다 쉬웠다. 그렇다고 함부로 할 수 있다는 건 아니다. 사람들의 말처럼 그렇게 겁을 먹거나 불가능한 건 아니란 이야기다. 자동차는 기계지만 말은 생물이다. 더구나 말은 소나 양하고 달라서 성질이 여간 까다로운 게 아니다. 영리해서 사람이 제대로 기를 잡지 못하면 다루기가 영 어렵다. 안 형은 결국 놀새를 타지 못했다. 놀새가 이름 그대로 뻔뻔한 구석이 있는 탓도 있지만 안 형이 처음부터 기를 잡지 못했기 때문이다.

선표도 그렇지만 나는 말을 잘 탔다. 현지인이나 대원들이 놀랄 만큼 잘 탔다. 그 이유는 몇 가지가 있다. 난 잘 타야만 했다. 이 일을 추진했고, 대장이고, 일의 성패와 직결되기 때문이다. 내가 말을 못 타거나 빌빌대고, 혹시 다치기라도 하면 우리 팀은 뭐가 되겠는가! 책무감이 날 말 타는 사람으로 만들었다.

더구나 난 탐험가다. 스포츠나 레저로 말을 타고자 하는 게 아니기 때문에 쓸데없는 불안감이나 사치스런 겁을 낼 여지가 전혀 없었다. 생명을 내

걸면서도 일을 추진하는 게 탐험이 아닌가! 수영 못하면서도 뗏목을 탔고, 겁이 많으면서도 동굴탐험을 해 왔고, 남달리 외로움을 타면서도 산생활을 했다. 이번 일도 마찬가지이다.

일반인들은 물론이지만 승마 하는 사람들한테도 우습게 보이지 않으려면 잘해야 한다. 내가 고구려에 간다고 했을 때, 말 타고 답사를 한다고 말하고 다녔을 때 많은 이들이 반신반의했다. 난 그들의 눈길을 의식하면서 준비했다. 그런 내가 굴복할 수 있겠는가?

또 하나 내 피가 말을 부르고 있었기 때문이다. 이번 일은 우리 역사의 재현이다. 고구려 그리고 부여의 역사를 재현하는 것이다. 부여족이고 고구려의 후손인 내 피에는 그들의 혼이 흐르고 있는데 어떻게 못 탈 수가 있겠는가! 어릴 때부터 난 다리가 안쪽으로 약간 휜 것을 두고 기마민족의 후예이기 때문이라고 말해 왔다.

고구려가 고구려일 수 있었던 이유는 바로 기마이기 때문이다. 우리가 일본 열도를 단시일 내에 정복할 수 있었던 것도 기마 때문이다. 난 으레 말을 잘 탈 수 있을 거라고 믿어 왔다. 내가 말을 못 타면 도대체 이 땅에서 누가 말을 잘 탈 수 있겠는가 하고 말이다.

또 이 일의 주인공은 해모수이고 고주몽이다. 그들의 길을 그대로 재현하고자 하는데, 내가 그 역할을 못 할 수는 없는 게 아닌가. 만약 그렇다면 하늘이 너무 무심한 거지. 나는 마리를 보면서 여러 차례 말을 했다.

"너와 나는 이미 수천 년 전에 만난 거야. 나도 너도 이제 다시 그때 일을 하는 거야. 우리는 애당초 같이 살았어. 네게 이름을 붙여 주마. 넌 이제부터 마리야. 마리는 주몽이 동부여를 빠져 나올 때 데리고 나온 세 명의 신하 중 한 명이란다. 넌 나를 도와 이제 옛날 길을 달려야 해."

난 계속 마리에게 말을 했다. 그와 내가 하나가 되게 하려고 말이다. 지극한 애정으로 대했다. 그러니 마리가 나를 홀대할 리가 있겠는가? 마리도 역시 달리는 것을 좋아했다. 그도 처음에는 적응이 안 돼 힘들었을 것이다. 얼마나 강행군이었는가. 하지만 결국 시간이 지나면서 그도 좋아했다. 왜냐하면 오랜만에 야성을 찾고 자기 본성을 제대로 구현할 수가 있었으니, 존재 가치를 구현한 것이었다.

초원에서 풀이나 뜯으면서 한가롭게 지내다가, 때로는 짐차나 끌고 그러다가 어느 날 갑자기 고깃감으로 팔려 나가 생을 마치는 운명이었다. 그런데 말은 원래가 달리는 게 아닌가. 나를 만나 그는 달리기 시작했다. 마음껏 달린 거다. 그것도 도시에서 마차를 끌면서가 아니라 산길을, 들판길을 거침없이 우리를 태우고 말이다. 그는 정말 마리의 환생이었는지도 모른다.

이때부터 계속 말을 끌고 갔다. 말들은 지칠 때로 지쳐서 달리기는커녕 걷기조차 힘들어했다. 몇 번 잔등에 올라타고 얼르기도 하고, 달리게 하려고 싶지만 박차를 가하기도 했지만 별수 없었다.

비가 쏟아 붓는다. 모자와 머리카락과 얼굴, 방풍 점퍼와 티셔츠, 바지와 팬티 그리고 몸이 하나가 된다. 빗물 속에서 모두 하나가 된다. 야성이 되살아난다. 오기 전엔 체력에 대해서 약간 걱정을 했었는데, 막상 해 보니 전혀 지장이 없었다. 잠도 5시간 정도밖에 자지 않고 그 나머지는 계속 일을 했다. 전체적으로 지휘도 해야 하고, 직접 말을 타고 뛰니 체력이 상당히 필요한 일이다. 그런데 별 문제 없이 피곤함을 느끼지 못한 채 하루하루하다 보니 거의 20여 일이 지났다. 큰 부상이 없는 한 이 상태를 계속 유지할 것 같다.

산길이 끝이 없는 것 같다.

'왜 이리 길까? 비는 왜 이리 질기게 오는 걸까?'

정말 대단한 길이라는 생각이 든다. 설악산의 깊은 골짜기를 그대로 옮겨다 놓은 듯하다. 관구검이 넘은 소판차가 바로 여기인데, 그놈들은 몇 월 달에 이 길을 넘었을까? 음력 8월이니 겨울은 아니었을 것이고, 초가을이라 눈에는 띄지 않지만 그래도 역시 숲길을 통과하기가 여의치 않았을 텐데. 남도를 며칠 만에 돌파했을까? 당시엔 길이 더 험하고, 특히 말들이 단숨에 올라가기엔 결코 쉬운 일이 아니었을 텐데. 지금은 사람들보다 오히려 말들이 지쳐서 빌빌대고 있다.

기마군단이란 초원 지대에선 빠른 기동성을 가지고 효력을 발휘하지만 산악에선 그리 위협적인 존재는 아닌 것 같다. 속력을 낼 수 없을 뿐더러 말은 경사가 급한 산길은 올라가기에 한계가 있기 때문이다. 물론 우리도 말을 탄 채 경사진 숲길을 통과하기도 했다. 하지만 그것은 천천히 짧은 거리였다.

고구려가 환인도 부족하다 판단하고 집안으로 들어간 이유 중의 하나는 기마에 능숙한 부여의 침공을 피해서가 아닐까? 부여만이 아니라 고구려의 북방을 침략한 것은 연의 선비족·거란 그리고 요동의 관구검 등이었다. 그들은 말을 사용해서 단숨에 달려왔을 것이다. 그러나 산성전투에 막히고, 이런 산길에서는 군마들이 맥을 못 췄을지도 모른다.

'왜 그런 생각을 미리 못했을까? 역사란 생생하게 느끼고 당시를 복원

해야 하는 것인데…….'

정상에 올라서니 어둑어둑하다. 산 아래 마을도 보이지 않는다. 난감한 일이다. 말들에게 재갈을 물린 채로 풀을 뜯게 했다. 마리의 배를 손바닥으로 쓸어 본다. 짙은 밤색 살갗 위에 손자국이 진하게 남는다. 손등은 빗줄기가 계속 부딪혀 차가운데 손바닥은 뜨뜻하다. 말의 뜨거운 피가 기운을 뿜어내고 있다. 살아 있다는 이야기가 아닌가! 또 계속 살아 있을 것이란 자기선언이 아닌가! 사람들은 말했다. 말은 비를 싫어하는데, 장마철이기 때문에 말 타고 운행하는 건 어려운 일이라고. 그런데 우리는 며칠 동안 계속해서 빗속을 달려왔다. 그래도 말이나 우리나 비 때문에 지치지는 않았다.

정상에서 오래 머물지 못하고 하산을 시작했다.

'어서 빨리 내려가야지.'

조금 걷던 마리가 딱 서더니 움직이질 않는다. 가자고 달래보지만 꿈쩍 안 한다.

"그래 힘들지, 그렇지만 어떡하니? 우린 여길 빨리 빠져 나가야 해. 그렇지 않으면 모두에게 안 좋아."

언제나처럼 다독이는 말로 열심히 달랬다. 그런데 전혀 그게 통하지 않는다.

"마! 도대체 어떻게 하겠다는 거냐?"

할 수 없어 재갈을 강하게 당겼다. 싫지만 어쩔 수 없는 일이다. 몇 번 잡아챘지만 그래도 버틴다.

'이거 심각한 문제구나.'

기마 군도를 따라가다가 마리가 풀을 뜯어 먹으며 쉴 수 있도록 잠시 멈추었다.

별안간 몸에 전율이 인다. 왜 그럴까? 불안함 때문인가, 아니면 산짐승이 주변에 있기 때문일까? 꼿꼿이 서서 마리를 노려보았다. 그놈도 나를 노려본다.

선표는 앞에 가서 보이지가 않는다. 어둑어둑한 산길에서 말과 사람이 서로 노려보고만 있다. 긴장감이 돈다. 한 5분 정도 서로 노려본 것 같다. 전신에 퍼지는 전율을 억제해 보려고 했지만 잘 안 된다. 한기까지 드는 것 같다. 이러다가 감기나 드는 게 아닌가 겁이 난다.

'할 수 없다. 악해지자.'

나무를 꺾어 긴 회초리를 만들었다. 먼저 옆에서 알짱대는 놀새의 잔등이부터 후려쳤다. 놀래서 아래로 도망쳐 내려간다. 마리를 약간 세게 몇 번 쳤다. 그리고 고삐를 쥔 채 강하게 잡아채면서 끌었다. 따라오기 시작한다.

왠지 불안하다. 길이 길다. 끝이 없는 것 같다.

계곡을 가로질러 가 시간을 절약하고 싶지만 어두운 데다가 물살이 예사롭지가 않다. 정상 부근인데도 물소리가 여간 크게 들리지 않는다.

소리, 소리, 의미를 담은 소리가 들린다. 소리를 찾아 산을 헤갈하던 난데, 그때 듣던 소리는 지금 내 몸뚱이, 내 혼덩이 어디에 스며들어 있을까? 그때 듣던 소리는 그때 제 인연 다하고, 지금 인연에는 또 다른 소리를 들어야 하는가?

점수漸修란 끝없는 윤회의 또 다른 표현인가? 이 즈음은 소리도 못 들었는데 여기서 물소리, 자연소리, 역사의 소리를 듣는구나.

'아, 혹시 사람의 소리, 법의 소리를 듣게 되지나 않을까?'

턱없는 욕심을 가져 본다.

'왜 나는 이리도 변했을까?'

하산을 시작한 지 한 시간 반이 지나자 밭이 보이기 시작한다. 거리나 산골의 지세로 봐서는 아직 멀었다고 생각했지만, 그래도 사람의 흔적이 있으니 반갑다. 길이 뭉그러져 있다. 마차나 오토바이가 다니는 이 길을 말로 통과하고 있다. 얼마 만의 일인가!

이 고개 어딘가에서 관구검의 비를 발견했다고 하는데, 사실 여부를 떠나서 비가 있었다는 곳도 모르고 그럴 경황도 없다. 이젠 할 수 없이 생존의 상황이 되어 버렸다.

길에 돌들이 굴러 내려와 있고, 물이 줄기줄기 쏟아져 내려온다. 더 심해지면 길이 끊어지고 그러면 산에서 꼼짝 못한다. 우리야 산릉선으로 올라갔다가 돌아서 내려오면 되지만 말들은 꼼짝할 수가 없다. 물이 콸콸 쏟아지는 곳을 지나려니 긴장이 된다. 말이 물결에 휩쓸리면 여기서 끝이다. 고삐를 잡아챘다.

　소리가 불안이 되고, 어둠이 긴장으로 되면서 또 내려가기 반 시간여, 어둠 속에서 옥수수밭이 나오는가 했더니 골짜기의 모퉁이를 돌아섰다. 왠지 불빛이 보인다는 느낌이 든다.

　승합차다. 유림으로 돌아 대평을 거쳐 온 차가 산쪽을 향해 헤드라이트를 켜 놓고 있었다. 차체가 번드르르하다. 헤드라이트 불빛 속으로 물방울들이 부서지고 있다. 아름답기도 하고 추워도 보인다.

　'끝났구나.'

　산을 다 내려왔으니 더 이상 말이 위험할 일은 없다. 안심은 되지만 나도, 말도 지쳤다. 시묘의 첫 집을 한참 통과해서 내려갔다. 어둠 속에서 산골집들의 불빛이 비에 젖고 있다. 아무데서나 쉬고 싶은데 승합차는 먼저 달려갔다. 신경질이 난다. 어둠 속에서 지붕들이 곡선의 윤곽을 드러내고 있다.

　'아니, 집들이 이렇게 많은데 왜 계속 가고 있는 거지?'

　나는 쉬고 싶은데, 차는 계속 달린다. 오늘은 진짜 지쳤다. 빨리 내려서 자고 싶다. 그리고 마지막 산길을 여기서 이 밤에 후다닥 끝내고 싶진 않았다. 언제 이런 기회가 또 있을까? 산에서 쉬고 싶다. 산소리를 듣고 싶다. 중국인들과 같이 지내고 싶다. 하지만 대부분 반대한다. 일단 말을 맡긴 다음에 우린 집안으로 들어가자는 것이다. 무려 반 시간은 더 내려간 것 같다.

　산골 첫 마을을 다 지나고 대평大平과 석묘石廟의 갈림길에 가서야 승합차가 멈춰 서 있다. 농부와 말 먹일 일을 흥정하고 있는 중이다. 마리와 놀새는 옥수수밭에 입을 대고 줄기를 마구 뜯어 먹는다. 모른 체할 수밖에……. 안장을 풀어 냈다. 그리고 멍에도 걷어 냈다.

"마리야, 미안했다 네게 자유를 빼앗아서."

싫은 소리 한 번 안 하고 서로 얘기해 가며 지내왔는데, 오늘은 불가피하게 때리고 재갈을 잡아챘다. 비열한 노예 사냥꾼처럼.

돈을 준다고 했는데도 농부는 싫다고 한다. 나와서 폼을 잡고, 랜턴 불빛이 오고가고, 우리도 안마당에 드나들고 해서 흥정이 다 끝났나 싶었는데, 결국 깨지고 말았다.

'멍청한 놈들!'

비가 온 탓인지, 게을러서 그런지 중국인들은 흥정하는 것도 아주 지루할 정도로 질질 끌고, 약속도 잘 지키지 않는 것 같다.

다시 차는 앞으로 나가고 나는 창과 둘이서 말을 끌고 마선 쪽으로 걸어 나갔다. 노래를 불렀다. 산노래, 요들송, 나쟈리노, 독립군가, 모두 다 나온다. 어쩌다 나타난 동네 사람들이 놀래 깬다 해도 할 수 없다. 또 마선천의 물소리가 커서 잘 들릴 리도 없다. 이제 다 끝났다.

산길도 무사히 넘었다. 그 길은 고구려의 군도였고, 우리의 말 타는 일도 일단락했다. 천리장성에서 말을 탄다고 했지만 역시 말은 이 산길이었다. 통화에서 환인, 그리고 산을 십여 개 넘으면서 결국 이 집안 옛날 국내성 지역으로 들어온 것이다. 내일부터는 말을 즐기면서 타는 것이다.

우린 결국 해낸 건가? 말 탈 줄도 모르는 우리가 고구려의 옛 땅, 아니 부여의 옛 땅, 해모수의 옛집에 와서 말을 사고, 타고, 다시 그 먼 길을 이

187

동해서 고주몽의 발자취를 더듬은 것이다. 이제 집안 땅으로 걸어 들어가고 있다. 처음 계획한 것에서야 많이 못 미치지만 그래도 이 곳 현실에 맞춰서는 후회없이 이루어 냈다.

집안으로 들어가는 차들이 빗속을 질주하다가 말을 끌고 맨몸으로 걸어가는 우리들을 보며 잠시 머뭇거린다. 창은 말없이 따라오기만 한다.

"창, 어때?"

물어보지만 그놈은 내 말을 알아들을 리 없다.

"창, 오케이?"

"엉? 오케이!"

그래 오케이다. 마선천의 물소리, 여기서 20리만 더 내려가면 저 물은 압록강물이 된다. 마선을 버리고 압록이 된다. 그리고 고구려의 심장부를 가로질러서 황해로 빠져 나간다.

골골에 묻혀 살던 옛 고구려의 백성들, 아직도 남아 있는 고구려의 역사를 끌어안고 압록강으로 흐른다. 이 미륵의 압록강은 흐른다. 그때 난 압록강 물소리를 들었던가? 이 물 속에 얼마나 기막힌 우리 역사가 배어 있는가를. 어둠이 스며들었겠지만 지금도 물안개는 하늘로, 산부리로 용솟음치고 있을 것이다.

한 40분 걸어가니 승합차가 말 먹일 집을 발견하고 섭외 중이다. 아, 얼마나 끈질긴 흥정인가! 간신히 섭외가 끝났다. 마침 다른 말들도 있고, 말먹이도 충분한 집 같아 안심이 된다.

"마리야!"

젖은 목덜미를 쓸어주었다. 마리의 배, 잔등에서 김이 무럭무럭 난다.

살아 있다는 표시인가, 힘들고 지쳤다는 소리침인가? 결국 살아 있으니, 소리칠 수밖에 없는 게 아닌가?

"마리야, 정말 우리 고생 많았다. 이제 다 끝났다. 오늘 아주 실컷 먹어라, 배가 터지도록. 나도 많이 먹고 실컷 잠 자야겠다."

다음날 아침 10시경에 우린 승합차에 올라탔다. 이제 곧 집안이다. 차가 달린다. 장군총의 거대하고 미끈한 아름다움이, 광개토 대왕의 큰 꿈이 나를 부른다.

우리는 말을 타고 대천에서 환인을 경유하여 집안까지 범남도길 173km를 4박 5일에, 이붕전자에서 마선구 못미쳐 석묘자까지 산길 군도인 96km를 46시간 만에 넘었다. 전체적으로는 평균 시속 2km이나 운행 시는 아무리 산길이었어도 평균 6km 이상이었다.

우리는 수도권 방어 체제를 조사하면서 다음과 같은 몇 가지 사실을 이해할 수 있었다. 남도, 북도는 기마군단의 기동성을 약화시켜 소규모 군사의 기습작전만을 허용한 반면 방어군에게는 유리한 공격로로 활용되었을 것이다. 또한 남도, 북도는 하나씩이 아닌 복수였을 가능성을 재삼 확인하였다. 그리고 수도권 방어 체제는 단선적이 아니라 노령산맥과 혼강 등 자연 지세를 최대한 활용하면서 산성, 관애, 초소 등을 네트워크화한 축차방어築次防禦 체제였음을 알 수 있었다. 고구려가 집안 지역으로 천도한 것은 역시 방어적 측면이 강했다. 고구려는 이렇게 수도권마저 위협받으면서 민족의 방파제 역할을 해 왔다.

제4장
국내성 시대를 펼친 집안

:: 집안 | 환도산성 | 장군총 | 국내성 | 모두루총 |
기마군도 북도 | 국동대혈 | 녹수교

집안지역 지도

집안
고구려 최대의 야외 박물관

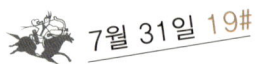 **7월 31일** 19# 관구검과 모용황에 짓밟힌 환도산성

오랜만에 늦게 일어났다. 햇빛이 방 안으로 들어온다. 로비를 지나 마당으로 나갔다. 집안의 하늘이다. 날이 맑게 개었다. 어제 그토록 퍼붓던 폭우가 감쪽같이 사라졌다. 어제는 밤 10시 반에 도착했다. 밥을 먹고 흙에 범벅이 된 옷들을 물에 대충 헹구어 방 여기저기에 널어놓고 그냥 자버렸다.

대원들의 얼굴도 밝아 보인다. 이제 중요한 한 구간이 모두 끝났다. 아마 기마탐사도 여기서 끝내야 할 것 같다는 느낌이 든다. 집안 자체도 그렇지만 천리장성 등 우리가 답사해야 할 일정은 너무나 많기 때문이다.

아침을 먹으러 식당으로 갔다. 지난 탐험 때도 집안 호텔에 며칠 있었지만 주로 취엔호텔에 머물렀다. 주방장이 특별히 된장국을 끓였다고 하는데, 이미 중국 음식에 길들여진 터라 감동이 덜하다.

자갈을 쌓아 만든 천추릉. 그 규모가 어마어마하다.

마선으로 출발했다. 말을 끌고 집안으로 들어온 다음에 환도산성 등을 답사해야 하기 때문이다. 가는 중간에 일단 천추릉千秋陵에 들렀다. 시내에서 3.5km이니 통구교를 건너자마자 바로 닿는다. 천수백 년간 그랬듯이 늘 별 차이가 없다. 고분 앞에 있는 목재소 정문 땅에 육각형의 돌이 박혀 있었는데, 그게 없어졌을 뿐이다. 우리가 사진을 찍고 했을 때 사람들이 몰려들었는데, 그 후에 아마 누군가가 옮겨 간 모양이다. 천추릉을 처음, 아니 본격적인 고구려 고분을 보는 일행은 놀란다. 우선은 그 크기가 엄청나기 때문이다. 한변의 길이가 80~85m이고, 현재 남아 있는 높이만 해도 15m이다. 거기다가 흙을 쌓은 토총이 아니라 자갈산이기 때문이다.

항상 중국의 거대함에 열등감을 느껴 온 사람들은 이 크기에 우선 놀란다. 하긴 일본의 무덤들도 비록 흙으로 쌓은 것이지만 인덕천황릉은 길이가 500여 m에 달하기도 한다. 그냥 동산 하나가 무덤인 경우가 적지 않다.

초기 천추릉이 정비되지 않았을 당시 천추릉을 답사하는 대원들

난 그게 항상 이상했다. 꼭 큰 게 좋은 것은 아니지만 그래도 우리만 큰 무덤이 없는 게 정말 이상했다. 지난 탐험 때에 이 곳에 와서야 비로소 우리도 예전엔 큰 무덤들이 있었다는 걸 알았다.

최근에는 북한 학자들과 기마민족설로 알려진 에가미나미오江上波夫 등 일본 학자들에 의해서 일본 고유의 양식으로 알려진 전방후원분도 고구려에 원류가 있다는 주장들이 제기되었다. 바로 압록강 건너 운평리 송암리 등에서 상당수가 발견되고 있는 것이다.

천추릉은 그 후의 것이라 전방후원분은 아니다. 그러나 아주 거대한 무덤이며 석실이 있다. 지금은 자갈산으로만 보이지만 원래는 사각으로 다듬은 화강암을 계단식으로 덮고 면이 사방으로 각진 이른바 방단계제석실묘方壇階梯石室墓이다. 주변에 화강암의 석재 등이 몇 개 널려 있지만 표면은 없어진 지 이미 오래다. 그 잘 다듬은 돌들을 동네 사람들이 그냥 놓아둘

리가 없다. 네 귀퉁이에 돌들을 쌓았던 석조가 남아 있다. 주위에는 정호석 頂護石의 일부가 남아 있는데, 원래는 적어도 한 면에 다섯 개 이상으로 25개 이상이었다. 얼마나 거대하고 아름다운 무덤이었을까?

표시판 입구로 해서 고분 위로 올라갔다. 묘실은 물론 없고, 꼭대기 부분엔 돌들만 불규칙하게 쌓여 있다. 부서진 기와 조각도 눈에 띈다. 이 무덤은 필시 왕릉이었을 것이지만 누가 주인인지는 알 수 없다. 다만 묘역에서 발견된 전돌에 '千秋萬歲永固', '保固乾坤榮華'라는 글자가 새겨져 있어 '천추릉'이라고 했다. 장군총이나 광개토 대왕릉과 거의 유사한 구조이기 때문에 비슷한 시기의 것으로 추정한다.

오른쪽으로 200m쯤 떨어진 곳에 마선하가 푸른 녹색풀을 헤치며 하얗게 선을 그리고 있다. 700m 앞에는 압록강이 흐르고 그 너머로 바로 북한 땅이 보인다. 산이 있고, 흙길이 구불구불 위로 올라가다 사라진다. 북한이라고 말해도 믿지들을 않는다. 너무 바로 코앞에 있기 때문이다. 사람이 길을 가고 있으면 표정도 보일 정도다. 이 곳에 오기 전까진 몰랐던 사실이다.

고분 위에서 내려왔다. 마을 길들은 검은 흙에 빗물이 배어 질척질척하고 집들도 초라하기 그지 없다. 능 영역 안으로 침범해 들어와 있다. 웬일인지 천추릉은 보호도, 관광 시설도 하지 않고 있다.

마선구麻線溝로 들어섰다. 비에 젖은 통구분지가 정겹게 느껴진다. 분지에서 자라난 때문일까? 논길이 있고, 마선하로는 실개천들이 흘러든다. 콩밭, 옥수수밭 가운데에 해바라기가 서서 비를 맞고 있다. 이런 때야말로 그 훤하고 밝은 얼굴을 바짝 세우면서 해를 바래야 홍수가 멎고 사람들이

집안의 마을 골목 어귀에 굴러다니는 석물들. 고구려 시대의 유물로 추정되어 눈여겨 보게 된다.

좋아할 텐데…, 우리는 어쩌면 해를 좋아한 민족이기에 해바라기를 유난히 사랑하고 있는지도 모른다.

마선으로 가면서 서대릉을 보고 몇몇 고분들을 보았다. 어떤 고분은 흙이 파여 고분 내부의 석실 일부가 드러나 있다. 보고서를 안 봐서 모르지만 도굴당했거나 아니면 발굴한 후 제대로 복원해 놓지 않은 탓이다. 지난 탐사 때는 제대로 못 봤는데, 역시 마선구 묘역이라 그런지 고분들이 눈에 많이 띈다.

말을 맡겨 놓은 집에 갔는데, 그 옆집은 바로 고분 영역 안에 있었다. 그러니까 집 뜰 안에 고분이 있는 것이다. 얼핏 보기에는 통구하 고분군처럼 적석계단식 묘이다. 그런데 올라가서 살펴보니 네 귀퉁이가 바깥으로 빠져나와 있다. 혹시 사우돌출형四隅突出形 무덤이 아닌가 하는 생각이 들었다.

안 형과 주변을 돌아가며 자세히 살펴보는데, 원형이 심하게 손상된 데다가 집 안뜰과 연결되어 처음부터 각진 부분을 판별하기가 힘들다.

말들은 무사한 것 같다. 세 마리 모두 기분이 좋아보인다. 어제 그토록 고생했으니 잘 먹고 잘 쉬어야 당연한 이치이다. 다시 말에 올라탔다. 때때로 촬영을 하면서 마선천 가를 달렸다. 버드나무가 가로수를 이루고 마선천은 강물이 되어 하얗게 넘쳐 흐른다. 구름이 되어 강 위를 덮은 안개는 바람에 날려 우리 몸에 묻는다. 고삐를 당기고는 한참 동안씩 바라보곤 한다. 산이, 들이, 강이 하얀 안개덩어리들이다.

본대와 다시 헤어져서 우리만 말을 타고 집안 시내로 들어갔다. 말들은 정말 지쳤는지 달리지 않는다. 박차를 가해도 그 때뿐, 결국은 걷기만 했다. 우린 스타일 구기고 있었다.

통구하교 가까이 오니 사람들이 많아진다. 다리만 건너면 승리대로와 마주친다. 나는 칠성하七星河로 빠져 직접 환도산성으로 가고 싶은데, 본대를 만날 길이 없었다. 말을 잘못 타면 사고가 날 우려도 있다. 신경질이 난다. 결국 '따각따각' 소릴 내면서 다리를 건너고, 옛날 국내성 서문 자리를 통과했다. 그리고 말에서 내려 조심스레 끌면서 골목골목으로 돌아 집안호텔 앞으로 갔다.

가로수에다 고삐를 묶어 놓고, 몰려드는 사람들의 시선을 의식하며 시간을 끌다가 느지막이 2시가 넘어서야 환도산성을 향해 북쪽으로 갔다. 점심도 못 먹은 채로 말이다.

통구하는 전에도 여러 번 왔었다. 국내성의 주산인 우산의 뒷쪽과 칠성산 사이를 흘러가는 계곡이다. 그땐 여름이었고, 물 속에 들어가 놀다가 깨진 유리 조각에 발을 벨 정도로 뜨거운 날씨였다. 그런데 이번엔 폭우가 계속 내린 탓에 경외심을 가진 채 멀리서만 바라볼 정도로 물결이 용트림하며 콸콸 흐른다. 강 중간에 자리잡은 큰 바위들 위로 파도를 일으키며 넘어간다. 다리를 건너면서 왼쪽으로 고삐를 당겨 산성으로 향했다. 우뚝 솟았지만 급하지 않고, 무성하지만 부드러운 분위기의 환도산이 눈 앞을 꽉 채운다.

산성에서 흘러 나오는 개울가에 일단 말들을 풀어놓았다. '환도산성'이란 돌비석이 말끔하게 서 있다. 그나마 1982년에 전국 중점문물 보호단위로 선정된 덕분이다.

무너진 돌더미들이 성곽의 형태를 유지한 채 부채꼴처럼 펼쳐져 내려오는 산자락들을 모으고 있다. 산 능선과 골, 흙과 풀, 돌멩이들과 사람들의 흔적 그리고 고구려의 역사가 한 길로 흘러 내 앞으로 모인다. 대원들과 한데 모여 답사 과정을 논의했다. 일단은 말을 타고 남문 근처를 둘러보고, 신고식을 한 다음에 내일이나 모레에 전체를 답사하기로 결정했다.
　비석 오른쪽 산길로 돌아 성 안으로 들어갔다. 성문만 없다면야 그냥 나지막한 산 안의 골짜기로 숨어 들어가는 기분이었을 것이다. 그게 고구려 산성의 특징인 포곡형이다.

환도산성 정문

물이 고여 있었던 음마지는 메워져 풀들로 덮여 있다. 원래는 50~60㎡ 넓이이고, 일부에는 돌로 쌓은 흔적이 남아 있다. 많이 달라진 것 같다. 점장대와 군사 훈련지로 올라가는 길이 수박밭 울타리로 막혀 있고, 풀이 우거져 있다. 지난번에는 작은 길이 나 있었고, 우리들은 올라갔다 내려오면서 수박을 사서 먹기도 했었는데, 그 동안 한국 사람들이 얼마나 많이 왔었는가 하는 흔적이 철망으로 남아 있는 것이다. 할 수 없이 말을 타고 울타리를 넘어 점장대로 올라갔다.

통구하와 집안시의 한 모퉁이가 눈에 들어온다. 자리도 자리려니와 지대가 높은 탓이다. 돌로 쌓아 올린 루대인데, 높이가 11.75m이다. 위는 인공적으로 평평하게 만들어 네모나고 각지게 했는데, 한 변이 약 6m이다. 정문에서 약 200m 정도니 여기서 지휘하는 것을 성 안의 수비병사들은 물론 바깥에서 공격하는 적들도 보았을 것이다. 이 점장대에서 말을 타고 작전을 지휘했던 인물들은 과연 누구누구였을까? 아마 내가 역사책에서 배웠고, 또 학생들에게 가르쳤던 인물들일 것이다.

환도산성은 국내성의 외곽에 있는 군사 수비성이다. 고구려는 수도 근처에 반드시 일종의 대피성 겸 장기 농성전을 위한 수비성을 두었다. 그러니까 때로는 수도의 기능까지 한 것이다. 환도는 한자로는 '알맹이 도시', 즉 '중핵 도시'란 의미이지만, '한'은 순수한 우리말 '한'의 전음이다. 따라서 '크다·넓다·하나다·으뜸이다' 하는 의미를 가지고 있으며, '한도'는 곧 수도를 가리킨다.

환도산성은 국내성과 거의 동시에 쌓은 것으로 판단된다. 《삼국사기》는 유리왕 22년에 수도를 국내로 옮기고 위나암성尉那巖城을 쌓았다고 기록하고 있다. 이 위나암성이 환도산성일 가능성이 많다. 환도성의 위치에 대해서는 요령성遼寧城 단동 위쪽 봉성鳳城현에 있는 오골성烏骨城, 신빈의 흑구黑溝산성, 재원의 패왕조산성 등 여러 설이 있다. 환도성이 수도란 의미를 내포하기 때문이다. 그러나 통상적으로 말하는 군사 수비성으로서의 환도성은 이 성일 것이다.

이 성은 수도인 국내성과 400여 년 동안 운명을 같이하고, 수도의 역할을 두 번이나 했다. 산상왕山上王 2년198년에 쌓아 13년에 수도로 정한다. 이때 산성의 형태를 완전히 갖춘 것으로 판단된다. 시호가 산상왕인 것은 산상에다 능을 썼기 때문이라고 기록하고 있는데, 이 산상이 환도산인지도 모른다. 그 후 동천왕 때인 244년에 이 성은 관구검군에게 함락당한다. 그리고 고국원왕 12년인 342년에 이 곳으로 수도를 옮겼는데, 연의 모용황 군에게 함락당한다. 그러나 고구려가 427년, 수도를 국내성에서 평양성으로 천도하면서 이 성의 중요성도 약해졌다.

그런데 고구려는 왜 이 곳에 환도산성을 쌓았을까? 소위 북도와 남도를 통해서 들어오는 적은 모두 이 환도산성에서 관측과 방어가 가능하다. 환도산은 해발 676m에 험준한 산봉우리들이 감싸고 있고, 장백산맥계인 노령산맥의 지류인 만큼 험준하고 압록강까지 연결되고 있다. 더구나 산의 동남으로 통구하가 감싸면서 흐르다 서쪽으로 빠져 나가 압록강과 만난다. 남도에서 마선구를 통해서 들어오는 적은 산 서쪽으로 연결된 칠성산이 천연의 방어 진지가 되고, 환도성은 서벽을 이 칠성산과 이어지게 하였다. 환도산 정상의 서쪽에 서면 마선구가 서쪽으로 보이고, 북으로는 우리가 어제 진종일 말 타고 넘어온 소판차가 보인다. 그러니 동천왕은 관구검군의

환도산성 점장대. 성 안의 지휘 본부가 있었던 장소엔 적의 침입을 한눈에 내려다볼 수 있었던 점장대가 있다.

움직임을 낱낱히 살펴본 것이다.

북은 깎아지른 듯한 절벽으로 산봉우리들이 첩첩 쌓여 있어 북도로 들어온 적들은 국내성을 점령한 후에 공격해 들어오거나, 집안 시내의 뒷산인 우산과 용산의 뒷편 골짜기를 타고 들어와야만 한다. 그 곳은 협곡인 데다가 통구하가 흐르고 있어 외부 세력의 진입이 용이한 곳은 아니었다. 더구나 환도산도 동쪽과 북쪽은 가파라서 쉽게 성을 공격할 수가 없다.

그러니까 환도산성은 중간에 서면 남문인 정문을 통해서 압록강 쪽과 우산의 뒷편을 보고, 등 뒤로는 676m의 산봉우리와 그 뒤로 이어지는 산군들이 완벽하게 막아 주고 있다. 그리고 오른쪽으로는 서벽이, 왼쪽에는 동벽이 역시 가파른 경사도로 내부를 감싸 안고 있다. 그러니까 남쪽의 좁게 터진 부분만 빼고는 3면이 험준한 자연의 지세로 된 천연의 방어 진지이다. 거기다가 이러한 산세를 충분히 활용하여 높낮이를 조정하면서 성을 구축했으니 얼마나 난공불락의 성이겠는가!

고구려는 공격전에도 능했지만 방어전에도 뛰어났다. 유목민족들은 기동성을 이용하여 공격전에는 매우 뛰어났지만 방어전에는 아주 취약했다. 평지나 개활지에는 성이나 산성을 구축하기가 힘들었기 때문이다. 반면에 고구려는 지형지물을 효율적으로 이용하여 산성을 구축하고 방어 시설을 갖추었기 때문에 방어전에도 능하였다. 고구려가 오랫동안 강력한 국가로서 존속한 이유 중의 하나는 이러한 방어 능력의 탁월함 때문이다.

대무신왕 11년에는 이 성을 수십 일 동안 포위한 요동 태수에게 수초로 싼 물고기를 보내서 물러가게 하였다. 이 사건은 단적으로 이 성이 청야전술을 활용한 장기 농성전에 효율적인 산성임을 웅변하고 있다.

산성은 산길을 따라 쌓았기 때문에 결국 전체적으로는 산의 모습 그대로이다. 제일 긴 서벽이 2440m, 동벽은 1716m, 남벽은 1786m, 그리고 제일 짧은 북벽은 1009m로서 총 길이가 거의 7km(6951m)이다. 성문은 모두 다섯 개인데, 동과 북에 각각 두 개씩, 그리고 남문에는 정문 겸 한 개, 그리고 서벽에는 워낙 험해서인지 문이 없다. 물론 현재는 성벽들이 무너져 내려서 일부만 남아 있다.

성돌들은 화강암인데, 아주 매끄럽게 다듬어서 지금도 이끼만 벗겨 내면 맨질맨질할 정도다. 성돌 하나는 길이가 20~50cm, 폭 90~40cm, 두께가 10~30cm 정도다. 그리고 단순한 장방형이 아니라 마치 혓바닥처럼 앞이 뾰족하게 다듬은 설형석舌形石 犬齒石, 사각뿔이다.

남벽은 입구로서 전체적으로는 지형이 낮으나 언덕을 돌아 쌓아 정면에서 보면 10여 m가 넘어 보인다. 거기다가 점장대 등 중요 시설이 있고, 방어 시설을 설치해 놓았다.

조금 전에 통과한 남문은 골짜기 안으로 움푹 들어간 타원형으로 쌓은 전형적인 옹성 구조이다. 흔적이 남아 있는 평대는 폭이 10m, 길이가 15~20m이다. 무너진 데다가 윗면엔 가시풀들이 자라고 있어 말들이 안 들어가려고 버틴다.

방어 시설도 철저하다. 성벽 위에는 평균 폭 1m 정도의 여장이 있고, 그 바로 아래에는 약 2m 간격으로 네모나고 각진 구멍이 있다. 길이 15cm, 폭 25cm, 깊이가 45~80cm 정도인데, 현재는 동벽의 남쪽에서 20여 개, 그리고 북벽과 서벽에서 볼 수 있다. 노포 등 각종 무기들을 설치한 곳이다. 이러한 방어 시설 때문에 이 성을 점령하지 않고서는 수도권을 평정할 수가 없었다.

남문에는 두 갈래 길이 있다. 한 길은 제법 크고, 또 한 길은 폭이 좁지만 성의 핵심 지역으로 나 있다. 안으로 들어가서 조금 더 올라가니 또 두 갈래 길이 나타난다. 전에 이미 답사했던 길이라 낯설지가 않다.

오른쪽 길로 접어들어 안으로 올라갔다. 어디서나 우리 옛 땅을 지키는 옥수수와 콩이 풍성하게 자라고 있다. 예전에는 고분군들이 있었다고 하는데, 지금은 37기가 있을 뿐이다.

궁전이 있었던 곳이다. 역시 평평한 땅의 흔적만이 있을 뿐인데, 전체적으로 남북 92m, 동서가 62m라고 한다. 3층으로 되어 있는데, 각 층 사이는 높이가 1m이고, 초석들이 많이 있었다고 한다. 발길에 차이는 흙빛이 예사롭지가 않다. 한 움큼 쥔 검고 기름진 흙덩이 새에 붉은 기와 부스러기들이 콕콕 박혀 있다.

  역사란 그런 것이다. 진행될 때는 사람 냄새가 물씬 나고, 사람이 자연을 움직이는 것 같이 보이지만, 다 지나고 누군가가 돌아볼 때쯤 되면 그냥 자연일 뿐, 사람의 흔적은 어디서고 보이지 않는다. 부서진 기왓장이야 흙덩이의 또 다른 모습이고, 심지어는 쇠로 만든 화살촉도 푸석푸석 흙덩이처럼 부드럽기만 하다. 그래서 허무하고, 다 포기하고, 그저 바람결처럼 살고 싶다는 생각에 때로는 몸서릴 쳐보지만, 그래도 살아 있는 동안엔 역사인지라 인간 냄새를 피우며 살아야만 한다. 그마저 없었다면 우주에 창조물이란 전혀 없었을 것이 아닌가. 발길을 옮기다 헤설스레 허릴 굽혀 손으로 흙바닥을 더듬는다. 역사학자가 아닌 사람의 마음으로.

  좌우로 밭들이 펼쳐져 있다. 오른쪽은 동벽인데 바깥쪽은 경사가 급하지만 안으로는 비교적 완만해 수박밭, 옥수수밭이 있고 원두막도 있다. 지난 탐사 때는 저 원두막에서 꼬마들을 불러내 북벽을 찾아 올라갔고, 어렵게 덤불을 헤치다가 결국 성벽을 찾아냈다. 올해는 인기척이 없이 조용하기만 하다.

  언덕길로 올라서서 동벽을 따라 정상으로 찾아갔다. 동벽에는 문이 두 개가 있었다고 하는데, 폭은 3m이며 두 문 사이는 980m라고 한다. 길을 따라 가면 성벽도 찾을 길 없고, 또 산성 아래 고분군들을 볼 수가 없을 것 같아 능선의 릿지를 탔다. 나무가 무성해서 그렇지, 산 자체가 악산은 아닌 듯하다. 중간중간에 바위들이 있어서 앞길을 가로막고 있지만, 바위들이 그리 많지는 않다. 8부 능선쯤에서 바깥쪽으로 튀어나온 바위에 올라서니 고분군들이 한눈에 잡힌다.

'아름답다. 공동묘지가 저렇게 아름다울 수가…….'

우리의 공동묘지야 원래 작은 봉분이어서 앙증맞기까지 하지만, 이 곳 묘지는 네모나게 각진 데다가 자갈돌과 다듬은 화강암으로 쌓은 돌무덤인데도 아름답다. 환도산과 우산 밑의 통구하 사이가 모두 고분군이다. 집안 지역에 있는 1만 2000여 기 중에서 이 환도산성 지역 내에만 무려 4700여 기가 있다. 어찌 보면 세계에서 가장 큰 고분군인데도 아기자기하고 올망졸망하게 보인다. 위에서 멀리 바라보기 때문인가, 여름날 푸른 밭들 사이에 있어서인가, 아니면 고구려에 홀려버린 내 신기 때문인가?

환도산성이 점령당했을 때, 연나라 군대는 미천왕의 무덤을 파헤쳐 시신을 싣고 갔다. 그때 그 무덤이 여기 있었는지는 모르지만, 아마도 많은 고분들이 그때 파헤쳐지고 도굴당했을 것이다. 환도산성에서 공방전이 벌

어질 때마다 적군은 이 고분군에다 군사들을 집결시켜 놓고 야영을 하면서 전투를 벌였을 것이다. 넓은 데다가 물이 있고, 고분들이 은폐·엄폐의 구실도 할 수 있기 때문이다. 산 위에서 바라보는 고구려인들의 마음은 얼마나 처절하고 비통했을까? 어쩌면 그 비통함 때문에 더 독을 품고 적을 격퇴했는지도 모른다.

  초원을 떠나 이 산악 속으로 온 젊고 멋진 유목민은 고분들 사이를 걸으며 무슨 생각을 했을까? 초원의 여인은 고분 끝에 걸린 달 속에도 아름답게 뜰까? 그가 사랑한 여인은 필시 얼굴이 갸름하고 코가 높으며 눈은 작아도 맑고 깊었으리라. 긴 머리카락은 초원의 풀처럼 바람결에 날리는 모습이겠지. 촬영팀은 거의 처음으로 이 광경을 필름에 담는 것이라 그런지 아주 흥분해 있다.

산성하고분군 전경. 환도산성 입구 산성 아래 통구하가 흐르는 분지에 밀집해 있는 고구려의 왕족과 귀족들의 고분군이다. 왼쪽 다리 건너에까지 고분들이 즐비하다. 산성하고분군은 유네스코 세계문화유산이다.

환도산성 동북 벽 답사

'아, 나는 이 아름다움을, 역사의 진실을 보여 주는구나!'

또 숲을 헤치며 올라갔다. 나뭇가지를 꺾고 휘면서 촬영팀에게 길을 만들어 주었다. 가쁘게 몰아쉬는 숨 사이로 하늘이 보인다. 발 아래로 골짜기가 몸을 드러내고, 그 너머에 산성하촌이 보인다. 저 허름해 보이는 집들 아래에 우리 고분들이 무너져 내리고 있는데······. 지난 탐사 때 산성하촌의 고분군을 답사하면서 얼마나 놀라고 충격을 받았는지 모른다. 거의 무너져 내리고 파헤쳐 있는가 하면, 심지어는 고분 위에 외양간까지 있었다. 중국인들이 잘못한 것인지, 우리가 못난 것인지 한숨만 나왔다. 여하튼 산성하촌은 그 동네 자체가 고분 위에 세워진 것이다.

성벽을 발견했다. 해발 700m 가까이 된다. 지난 탐사 때 본 지역보다 더 완벽하게 남아 있고, 높이도 거의 6m에 달하는 것 같다. 검은 이끼풀이 말끔한 화강암 성돌 위를 군데군데 덮고 있다. 선을 이룬 것 같기도 하고 면을 이룬 것 같기도 하고, 어쨌든 자연의 메시지만큼은 분명히 전하는 것 같다. 여기 어디쯤 성문 흔적이 있겠지만 글쎄, 눈에 잘 띄지 않는다.

발이 푹 빠진다. 네모나게 각진 구덩이가 40~50cm의 깊이로 성벽에 붙어 있다. 노포 등의 방어 무기를 세워 놓은 곳이다.

성벽 아래로 내려섰다. 벽에 붙어서 위를 바라보니 하늘과 성벽이 겹쳐진다. 바깥쪽이 약간 부르다. 살벌할 수밖에 없는, 피를 묻혀야만 하는 잔인함과 긴장감에다 시골 사립문의 부드럽고 나른함을 피워 내고 있다. 고구려인들의 정신이겠지.

돌 하나가 빠져 있다. 앞이 뾰족하여 삼각뿔 모양이다. 왜 하나가 빠져 공간을 드러내고, 또 내 눈에 띄었을까? 뭔가 고구려인들의 메시지가 있나 하여 손가락을, 눈을 들이밀어 본다. 흙만이 집힌다. 바닥의 돌을 들어서 빠져 나온 빈 곳에 쳐놓고 다시 흔드니 꿈쩍도 안 한다. 견치석 또는 설형석이라는 고구려 성돌의 특이한 형태다. 세상에서 가장 성을 잘 쌓는 사람들이라니까 오죽했으랴마는…….

성길을 따라 능선을 걷다가 하산하기 시작했다. 조금 길이 이어지더니 이내 숲속으로 사라진다. 숲을 헤치고 내려갔다. 긁히고 찔리고, 쓰러져도 걸려서 넘어지지 않는 덤불 속에서 한 반 시간여 헤매다 보니 눈앞이 확 트인다. 소를 끌고 풀 먹이러 온 중국 아이가 우리를 쳐다본다. 웃으면서 그 옆을 통과해 달렸다. 아래에서 올려다볼 때는 성 안이 꽤 평평하다고 여겼고 꼭대기에서는 좁다고 여겼는데, 막상 이 곳에서 보니 평평하지도 않고 그다지 좁아 보이지도 않는다. 하지만 대고구려의 수도라기엔, 아무리 임시였다고 하지만 왠지 좁고 불편하다는 느낌이 든다.

성벽을 내려와 물가에 앉아 잠시 쉬었다. 햇살이 부드러워지는 것 같다.

어제까진 그렇게 비가 퍼부었는데, 오늘은 이리 날이 맑으니 참 다행이다.

일부는 촬영을 위해 더 머물고, 우리는 말을 타고 고분군으로 갔다. 조그마한 돌동산들이 자리잡고 있고, 길은 그 사이로 약간 곡선들을 이루며 뻗어 있다. 산성하촌으로 가는 길이다. 지금은 차가 못 다니지만 언젠가 관광지로 개발되거나 산성하촌의 인구가 늘어 버스가 드나들 정도가 되면 길도 확장해야 하고… 그러면 고분들은 또 일부가 깎여 나가야 한다.

이 곳에는 현재 1700여 기의 고분이 남아 있는데, 지금도 계속 발견되는 모양이다. 고분의 종류가 다양해서 발달사를 아는 데 도움이 된다.

고분은 주로 석분과 토분으로 구분된다. 시기적으로는 보통 석분이 초기 양식이다. 여긴 주로 적석묘 계통이다. 요동반도 남쪽 대련시 외곽에 가면 강상崗上·누상무덤 등이 있는데, 자갈돌들을 쌓아 올린 고조선 무덤이다. 고구려는 그 양식을 이어 초기의 적석묘를 거쳐 점차 아래에 화강암돌을 직육면체로 잘라 다듬은 다음 주변을 두르고 그 위에 자갈돌들을 쌓아 올린 방단적석묘이다. 물론 시신은 내부에 두고 말이다. 이 형식이 조금 더 발달하면 기단의 돌들로 쌓은 층이 많아진 방단계단제석묘가 된다. 그리고 점차 그 안에 석실을 만드는 방단계제석실묘 형식으로 발전한다. 잘 알려진 장군총은 바로 방단계제석실묘의 전형이다. 여기에는 모든 종류의 것이 다 있지만 비교적 방단계제적석묘들이 많은 것 같다.

여기 처음 온 한국 사람들은 이 엄청난 돌무덤들의 행렬에 놀라 넋을 잃는다. 이집트에는 기제의 피라미드 외에 더 오래된 사카라 지역의 고피라미드군이 있다. 사막 한가운데에 있는데, 우리 장군총류와 모습이 아주 유사하다. 거기도 전체가 무덤군이지만 여기처럼 많거나 다양하지는 않고,

또 아름답지도 않다. 물기 하나 없는 사막 가운데라 그런지 코가 막히고 앙상한 폐허 같은 느낌을 줄 뿐이다. 여기는 정말 대단한 곳이라는 생각이 또 든다.

말을 타고 피라미드 사이를 둘러보았다. 엉덩이를 깊숙이 하고 숨을 아래로 깔며 천천히 말을 몰았다. 나는 그렇다쳐도 대체 이 말들은 어떤 느낌을 가질까? 역사가 아닌 자연의 눈으로 보면 어떤 충동을 일으킬까? 말에서 내려 한 계단 한 계단 뛰어올라 비교적 높은 무덤 위로 올라갔다. 통구하의 물소리가 더 크게 들린다. 줄줄이 돌무덤들이다. 석실이 있는 무덤은 친절하게도 시멘트로 석실 입구를 만들어 놓았다. 지난번엔 이것저것 더 구체적으로 살펴봤었는데……. 수박을 내다 놓고 파는 애들과 둘러앉아 같이 먹었다.

말을 타고 달렸다. 통구하의 물은 거세게 소리를 치고, 나는 박차를 차고 채찍을 휘두르면서 말을 몰았다. 마지막이라고 생각하니 더 빨리 달리

우산고분 전경

고 싶고, 말을 확실히 알고 싶다는 마음이 생긴다. 이젠 말을 어느 정도 탈 수 있다. 경마장의 기수들보다야 못하지만 어디서나 아주 빠르게 질주할 수 있다. 달리면서도 뒤로 말 엉덩이에 채찍질을 할 수 있을 정도다. 아주 자연스럽다. 타고난 것처럼 말타기를 쉽게 배웠다. 피란 그런 것이다. 그럴 수밖에 없는 것이다. 웃기는 놈들이 서양말을 생각하고, 서양 승마를 생각하면서 싱거운 소리들을 했는데, 정말 웃기는 소리란 걸 요 며칠 동안 철저히 깨달았다.

집안 시내 가까이에서 말을 내렸다. 말을 팔 때까지 재워 주고 먹여 줄 집에다 맡겨야 하기 때문이다. 말을 잘 먹여 달라고 중국인에게 신신부탁을 했다.

'오늘은 이제 정말 쉬자. 오랜만에 술도 한잔하고, 그리고 춤도 정말 신나게 실컷 춰야지.'

집안지역 지도

광개토 대왕비와 장군총
고구려의 혼

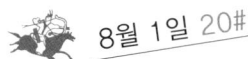 **8월 1일 20#**

집안 사람들은 예전이나 지금이나 별로 달라진 게 없다. 호텔 앞에 진치고 있는 양차 운전사들서부터 지나다니는 사람들까지. 산책 겸 해서 취엔호텔 앞 공원으로 갔다. 궁금한 게 있어서였다. 그 곳에는 아침부터 수십 명의 사람들이 모여 댄스 연습을 하고 있었다. 진지하게, 그것도 노인들이나 아저씨·아줌마들이 허름한 옷차림으로 음악에 맞춰 몸을 돌리는 모습은 신기하다 못해 경악스럽기까지 하다. 우리는 '무도' 하면 아직은 특별한 사람들이 하거나 쑥스러워한다. 그러나 그들은 가게나 길가의 노점상으로 곧 돌아갈 사람들인데도 하나도 쑥스러워하지 않고 자연스러워 보인다. 나는 여기까지 오면서 춤 출 기회가 몇 번 있어서 댄스를 해 봤다. 역시 춤은 쉬운 것은 아니다.

승리대로를 지나 우산하 쪽으로 방향을 틀었다. 먼저 광개토 대왕릉비로 갔다. 포장도로를 따라 동쪽으로 가다가 오른쪽으로 꺾는다. 철길을 건너 압록강물을 바라보면서 내려갔다. 태왕향이 나타난다. 입구로 들어가

19C경　　　　탁본 작업 장면　　　　정비화된 후 모습

　매표소에서 표를 사고 천천히 걸어 들어갔다. 전형적인 중국 정자 안에 커다란 돌비가 당당하게 몸체를 드러내고 있다.
　"저게 바로 그 광개토왕 비다!"
　실제로 보니 너무 크다.
　'차라리 저 건물이 없었다면 파란 하늘과 맞닿아 훨씬 성스럽고 웅장하게 보일 텐데……'
　고구려는 정말 큰 나라였구나 하는 생각이 든다. 그런데 왜 이런 큰 비를 세웠을까? 군사 국가였고, 단순히 확대 지향적 성격 때문이었을까? 후손들에게 무슨 메시지를 전달하는 것은 아닐까?
　대왕은 초원을 정복한 군주다. 이 비를 세운 장수왕도 초원을 달려본 임금이다. 혹시 광개토 대왕릉비는 초원적 사고의 산물은 아닐까? 일주일 동안 지낸 초원이 생각난다. 초원과 구릉이 끝없이 펼쳐진 초평선, 비단실 같

유리벽에 갇힌 오늘날 모습

이 가늘게 흐르는 냇물. 선과 면이 구분 안 되는 막막한 초록의 공간 속에서 눈에 띄게 하려면 어떤 기념물도 거대하지 않으면 안 된다.

사람들이 비 옆에 섰다. 조그맣게 보인다. 이 비는 동양에서 가장 큰 금석문이다. 아래에는 화강암의 대석이 있는데, 직경 20cm의 장방형이다. 비신은 높이가 6.39m, 한 면이 1.35m~2m인 사면이 각력 응회암인데 약간 뾰족한 느낌을 준다. 아랫면은 넓지만 위로 올라갈수록 좁아지기 때문이다. 이 비에 1775자가 새겨져 있다.

이 비가 광개토 대왕의 비인 것을 밝혀 낸 것은 유감스럽게도 일본군인이었다. '용비어천가'에는 이 비에 대한 기록은 있지만 고구려의 것으로 보지는 못했다. 조선 후기에 들어와 이수광은 《지봉유설》에서 이 비를 금나라 시조비로 기록했다. 고구려가 멸망한 후 숱한 조선인들이 그 비를 보았지만 광개토 대왕비인 줄은 아무도 몰랐던 것이다. 식민지 지식인으로 살다 보니 관심도 없었을 뿐만 아니라 감히 소국의 것인 줄은 생각 못했을 것이다. 동아시아 최대 영웅의 비는 그렇게 묻혀 오다가 1882년에 이르러서야 비로소 일본군 스파이인 삿코오酒勾景信 중위에 의해 발견되었다. 그리고 일본 참모 본부의 수년간 연구를 거쳐 1889년에 공표되었다. 그게 우리의 운명인 것이다.

이 비문의 1775자는 3개의 부분으로 이루어져 있다. 첫부분은 대왕의 세계, 약력 · 건립 · 경위 등 서문의 성격을 띠고 있다. 두 번째는 본문으로 대왕의 정복 활동, 토경土境과 순수巡狩 등을 연대순으로 기록하고 있다. 그리고 마지막은 비와 능을 지키는 수묘인 연호 명단, 수묘 지침, 관리 규정 등을 기록하고 있다. 예서체로 문장이 유려하고 매우 짜임새가 있다.

이 글자들은 동아시아의 많은 역사적 사실 등을 알려 주고 있으며, 특히 빼앗겨 버린 고구려의 역사를 우리에게 알려 주고 있다. 고구려는 패전국이다. 신라와 당은 고구려 역사를 결코 긍정적으로 평가하지도 않았고, 사실을 은폐하거나 왜곡시켰을 것이다. 그런데 비는 고구려인들이 스스로, 그것도 대왕의 사후 2년째에 아들인 장수왕이 직접 건립한 것이다. 따라서 가장 정확하게 사실을 알려 주고 있다.

이 비의 해석을 둘러싸고 많은 일들이 벌어졌다. 이미 1500년 가까이 난 후라 비문이 많이 훼손됐을 뿐만 아니라 돌이 응회암이라 화강암처럼 단단하지 못하기 때문에 글자의 상태는 더욱 안 좋다. 거기다 우리 학자들이 직접 방문해서 연구하기에는 조건이 너무 나빴다. 자연히 일본 혹은 중국 학자들의 연구에 의존하게 되었다. 그 동안 국내 학자들이 이용해 온 탁본은 지질이나 방법상에도 문제가 아주 많았고, 수십 종이나 되었다.

유리벽에 갇힌 광개토 대왕릉비. 비 앞에 서면 누구나 한없이 작아 보인다.

그런데 최초로 발견하고 탁본을 한 일본은 이 비문을 자신에게 유리한 방향으로 해석하였다. 조선의 식민지화를 추진하고, 그 역사적 당위성을 찾기 위해서 혈안이었던 그들은 몇 개의 구절을 왜곡하거나 글자를 위조했다고 한다. 심지어는 이 비를 옮기려고까지 했다. 물론 지금 자리에 그대로 있기는 하지만 위치가 변동되었을 것이란 주장도 계속 제기되어 왔다. 역시 비신을 받친 대석은 비신과 만난 위치가 흔들리고 있어 그 가능성이 강할 것이란 생각이 든다. 이른바 임나일본부설은 이렇게 해서 탄생된 것이다. 그 후 숱한 논쟁이 벌어지고 그 동안 약 200여 편의 논문이 발표되었다. 나도 감회가 깊은 것은 고구려가 해양 활동을 했다는 유일한 기록이 이곳에 있기 때문이다.《삼국사기》에는 단 한 줄도 나와 있지 않았는데 말이다. 그 외에도 많은 기록이 이 곳에 담겨 있다.

고구려인들이 하늘을 숭배하고 자신들이 하늘의 자손임을 주장하였는가를 我是皇天之子 母河伯女郎……, 그리고 얼마나 자의식이 강한 집단이었는가를 알려 주고 있다.

만약 이 비가 발견되지 않았더라면 우리의 과거사는 더욱 위축되었을 것이고,《삼국사기》와 중국의 사서들이 심어 놓은 열등감에 휩싸여 한심한 백성으로 살아갈 것이다. 보기만 해도, 글자 한 마디 안 써져 있다 해도 저 비는 고구려가 어떤 나라였는가를 알려 주고 있다. 고구려인들은 웅장하고 호방하며 아름다움을 추구하였을 것이다. 절제미를 갖추고 자의식이 강한 사람들이었을 것이다. 왜? 내가 지금 이렇게 느끼고 있으니까.

이 비의 주인공인 광개토 대왕은 18세로 등극해 39세로 운명할 때까지 22년간 숨 돌릴 틈도 없이 엄청난 정복 활동을 하였다. 첫해에만도 남쪽으로 백제를 정벌하고 내쳐 북으로 올라가 저 몽골 가까이의 시라무렌 강 유역까지 거란을 정벌했다. 그리고 정복 활동을 계속하여 지금의 남북만주를 모두 포함한 대제국을 건설하였다.

이 때문인지 그를 흔히 군사전에 능하고 땅따먹기에 열중한 정복 군주 정도로 이해한다. '국강상광개토경호태왕國岡上廣開土境好太王'이란 시호가 말해 주듯 그는 분명히 정복 군주였다. 그러나 국제사회에서의 위치로 보아 대왕을 비롯한 고구려인들의 정책은 결국 국제 질서의 측면을 중시하지 않을 수 없었다. 더구나 그가 생존했던 당시는 1990년대의 동아시아 질서와 유사하게 천하대란이 막 일기 시작하는 시기였다.

북쪽에는 북방 종족들의 국가가 명멸하면서 고구려와 한족 세력을 위협하고, 중국 지역은 남북으로 분단된 데다가 그나마 내부 분열을 일으키고 있었다. 한반도 남부에서는 백제·신라·가야가 대립하는 중이고, 바다건너에는 통일되지 못한 왜가 있었다. 그러니까 동아의 모든 국가와 종족들이 제자리를 찾기 위한 관망과 잦은 충돌의 전초전을 벌이고 있었다.

대왕은 이 질서 재편기에 고구려를 주변국이 아닌 세계의 중심국으로 만들기 위한 신정책을 추진해야 했다. 그는 종래의 왕들과는 달리 역학 구도의 전면적 개편을 염두에 두었고, 해양 질서의 중요성을 인식한 것 같다. 즉, 지금처럼 대륙과 해양력을 공유하는 것이야말로 필수적이라고 판단한 것이다.

대왕은 전방위 정복활동을 하였지만 역시 백제와의 대결에 큰 비중을 두었다. 즉위 초부터 해안 지대의 성들을 주공격 목표로 하였는데, 대왕 6년에는 수군을 동원한 상륙작전을 감행하여 경기만은 물론 그 이남인 아산만까지 공격하고 점령하였다. 이 사건은 유일하게 이 비문에만 기록되어 있다.

경기만은 한반도 및 환황해권의 역학 관계가 결정되는 거점핵이다. 한반도 중부 지역의 모든 정치세력을 통합하고, 물류체계를 일원화시킬 수 있고, 군사전략적으로도 요충지다. 또한 백제, 신라는 물론이고 왜 역시 당시의 항해 조건으로 보아 황해 중부 해상을 통과해야 했으므로 경기만은 황해 해상권을 장악하기 위한 군사·외교상의 거점이고, 해외 교역의 수출입항이었다. 이때 대왕의 공격으로 백제의 중부 함대는 거의 궤멸되었을 것이고, 고구려는 한반도의 주도권은 물론 대중국 교통로를 독점할 수 있었다.

대왕의 이러한 전략과 승리는 당연히 주변 세력의 반발과 위기의식을 불러일으켰다. 계속된 반격이 실패한 백제는 400년에 왜를 동원하고 가야와 연합하여 고구려의 배후인 신라를 공격했다. 그러나 고구려가 즉각 5만의 보병과 기병을 투입하면서 이른바 국제전의 양상을 띤 전면전이 벌어졌다. 비문 10년조에 나타난 기사가 바로 그것이다. 백제는 404년에 마지막으로 왜와 연합하여 대반격 작전을 폈다. 함선을 동원하여 경기만을 우회한 다음 대방계, 즉 현재의 황해도 지방을 공격하였으나 대왕의 직속부대와 수군에게 대패당하고 말았다.

대왕은 백제를 더욱 압박하고, 신라의 내정을 심하게 간섭하여 인질이었던 실성實聖을 왕으로 삼는 한편, 외교권을 관리하였다. 경주 호우총壺杅塚에서 대왕의 사후 3년 후에 제작된 '乙卯年國岡上廣開土地好太王壺杅十'이라 새겨진 청동합이 발견되었다. 고령의 지산동, 동래의 복천동 고분에서 갑옷·투구 등 고구려계의 유물들이 발굴되었다. 이러한 사실 등은 고구려의 영향력이 한반도 남쪽 깊숙이 미쳤음을 입증한다. 이때 고구려는 선주민들의 뒤를 이어 일본 열도로 조직적인 진출을 하고 왜에 대한 영향력을 강화했을 것이다.

대왕은 여세를 몰아 줄기차게 북방의 연과 적극적인 대결을 벌였고, 동부여를 병합하였다. 마침내 광개토 대왕의 질서 재편 작업이 완전히 성공을 거둔 것이다. 이로써 고구려는 황해 중부는 물론 동해 중부 및 남해 일부의 해상권을 장악하고 대륙과 한반도의 중부 이북을 완전히 영역화하였다. 그것은 명실공히 대륙과 해양을 겸하는 동아지중해Eastasian-mediterranean-sea의 중심 국가가 되어 질서 재편의 주도권을 확립하였음을 의미한다.

그는 아무리 생각해도 대단한 임금이었고 대정치가였다는 생각이 든다. 하지만 한 가지 의문은 남는다. 고구려는 군사적으로 강했고, 경제력도 뛰어났다. 그때 동아시아에는 단명의 국가들이 난립하여 고구려 외에는 안정된 강국도, 견제할 만한 세력도 없었다. 그런데 왜 광개토 대왕은 말할 것도 없고 장수왕마저도 신라를 완전히 병합하지 않았고, 또 백제를 계속 공격하여 한민족의 통일을 이룩하지 않았을까?

통일 형태와 방식에 관한 문제라 해석하기가 난감하지만, 역시 국제관계를 질서의 측면에서 파악했기 때문이 아닐까 하는 생각을 해 본다.

우리는 우리 역사에 대해 몇 가지 허상에 사로잡혀 있다. 오랫동안 한반도에 갇혀 농경문화에만 익숙해 왔기 때문에 이동성mobility이나 유목문화, 해양문화의 특성을 잘 이해하지 못할 때가 있다. 고구려의 체제 유지

방식이나 군사 동원 체제, 이민족 혹은 다른 국가를 지배하는 방식은 백제·신라의 그것과 꼭 같은 것은 아니었다.

어쩌면 당시의 고구려는 정주적 성격보다는 유목적 성격을 더 가지고 있어 간접 지배 방식을 채택했고, 명분상의 패자임을 원했을 수도 있다. 즉, 땅따먹기하는 영토 개념보다는 주도권을 장악하고, 자기 질서 속에 종속시키는 질서 개념을 존중한 것 같다. 그래서인지 실제로 광개토 대왕 비문이나 모두루 묘지문牟頭婁墓誌文, 충북 중원의 고구려비에는 연호를 사용하고, '천제지자天帝之子'나 '일월지자日月之子' 등을 칭할 뿐 아니라 순수를 하고 조공을 받는 등 다분히 패자로서의 의식이 강하게 나타나 있다.

하지만 안타깝다. 만약 그가 한반도의 패자에 머물지 않고 동아시아의 패자를 꿈꾸고, 지중해적 성격을 좀 더 분명하게 인식했다면 한민족을 통일했거나 강력한 공동체를 결성했을 것이다. 그렇게 되면 대륙과 해양을 완벽하게 장악하여 중국 지역을 포위하고, 때로는 지금과는 반대로 남북의 갈등을 조정하면서 역학 관계의 중핵 기능을 할 수 있었을 것이다. 대왕의 사후 중국이 남북조로 안정되자 동아의 패권은 남북조와 고구려가 3분하여 불완전하게나마 공존하였다. 하지만 그나마 300년 후 중국이 통일되자 고구려는 결국 주변국들의 협공을 받아 전사하고 말았다. 그리고 대왕의 공적비는 이민족의 풀숲에 묻혀 버렸다.

아쉬움이 남는다. 저 큰 돌비의 웅혼함과 비문의 내용을 음미하면 할수록 회한에 가슴이 저며 온다. 그의 꿈과 사상은 알려지지 않았지만, 그래도 그의 위대한 힘은 쫄아붙은 내 새가슴을 벅차게 채운다.

우리는 촬영을 하고자 했다. 사실 이번에 우리가 온 가장 큰 목적은 고구려의 이러한 모습들을 구체적으로, 실제적으로 보여 주고 느끼게 하는 것이다. 신경질 부리며 말리는 관리인을 여러 가지 방법으로 달래면서 카메라를 들이댔다.

불충분하지만 그런대로 1차 목적을 달성한 우리는 북서쪽으로 300m 떨어진 광개토 대왕릉으로 갔다.

예전에는 우중충한 벽돌 건물이 하나 있고 낡아 색이 바랜 나무문 옆에는 '태왕향조선족 소학교'라고 쓴 간판이 걸려 있었다.

'그것 참, 광개토 대왕의 무덤 영역 안에 조선족 소학교라, 앞으로의 어떤 일을 암시하는 것은 아닐까?'

여기 온 한국인들은 모두 한 번씩은 생각들을 해 보았을 것 같다.

문 안으로 들어섰다. 보호 구역이라 그런지 천추릉보단 훨씬 안정되고 유적지 같은 느낌이 든다. 자갈산과 둘레에 흩어져 있는 화강암들, 고분 위로 올라가니 풀들이 자라 있고 현실문이 보인다.

거대한 무덤이다. 지금은 표면에 쌓았던 돌들이 거의 없어져 버렸지만 원래는 장군총처럼 둘레를 계단식으로 쌓아 올리고 현실을 상부에 만든 방형계단석실묘였다. 한 면의 길이가 66m이니 엄청난 크기이다. 동방의 금자탑이라는 장군총의 무려 네 배나 된다. 아마 7층 계단이었던 것 같다. 이 무덤의 주인공에 관해서는 여러 설이 있었다. 한때는 장군총이 대왕의 무덤이었을 것이라는 추측도 나돌았지만 이제는 이 무덤이 광개토 대왕릉임을 모두 인정한다. 왜냐하면 이 묘역에서 '願太王陵安如山口如岳'이라고 새겨진 전돌이 여러 번 발견되었기 때문이다.

역시 대단한 왕이었음에 틀림없다. 만약 장군총처럼 그대로 원형을 보존하고 있었다면 인간이 만든 일대 걸작품임에 틀림없을 것이다. 무덤 뒷쪽에 정호석이었던 5m 정도 크기의 돌이 있다. 한 면에 다섯 개씩 설치되었다고 하는데, 다 어디로 갔는지…….

현실 위로 올라가니 발 밑에 개정석이 밟힌다. 압록강물이 보이다 못해 물냄새마저 나는 것 같다. 임강총이 보이고, 멀리서 용산 아래의 장군총도 보인다.

주변을 둘러본 다음에 현실로 들어갔다. 겉 문은 새로 해 단 것이다. 그 안에 현실이 있고, 전등불을 켜서 보게 되어 있다. 현실은 그리 크지 않아 오히려 장군총보다 작다. 내부에는 관대가 있고, 한쪽에는 관에 사용된 듯한 대리석 석재들을 쌓아 놓았다. 천정이며 바닥은 왠지 지저분하다는 느낌을 준다.

이토록 쉽게 들어갈 수 있다니, 이 또한 마음이 편하지가 않다. 우리 땅에서 관리하고 있다면 과연 대왕의 무덤 안을 이렇게 함부로 들락거릴 수가 있겠느냐 말이다. 이 영웅의 시신을 모신 곳을 이렇게 함부로 밟고 다녀도 되는 것인지……. 자격도 없는 후손들이 돈 몇 푼 들고 와서 함부로 짓거리하는 것을 본 터라 차라리 문을 닫고 보존만 했으면 하는 바램이다. 작년에는 관광 온 한국인이 대왕의 관으로 사용했던 대리석 돌판에 볼펜 끝으로 자기 이름을 새겨 놓는 것을 보고 나무란 적이 있다. 부끄러운지도 모르는 저런 인간들은 차라리 사라졌으면 하고 바라기도 했다. 그것이 지금 우리의 초상화가 아닌지…….

또 차를 탔다. 그리고 장군총으로 갔다. 용산 기슭과 우산 사이, 그리고 압록강과 강 너머 북한 땅이 바라다보이는 한복판에 옥수수밭들이 있고,

광개토 대왕릉과 능이 무너져 내리는 것을 막기 위해 세운 정호석. 그리고 광개토 대왕릉 안의 석실. 왕과 왕비의 관을 놓았던 관대가 나란히 있다. 관광객들이 돈을 던져 놓으며 복을 비는 불상사가 일어나고 있다.

그 초록의 줄기 속에 돌로 각지게 다듬은 석조 건축물이 보이기 시작한다.

정문 앞에는 언제나처럼 수박 파는 장사들이 있다. 겨울에는 무슨 장사들이 있는지 모르겠다.

관리인이나 표 받는 사람들이나 모두 서로 아는 사람들이다. 탐험차 여길 몇 번이나 왔는지…, 또 조사한다고 왔다 갔다 했으니 피차 알 수밖에. 점심시간이라 그런지 관리인들은 매표소 안에서 쉬고 있다. 나는 문과 안형과 같이 안에 들어가서 이야기하고 놀면서 주의를 끌었다. 그리고 슬며시 빠져 나와 촬영팀과 함께 고분으로 갔다.

우선 멀리 서서 바라보았다. 매번 볼 때마다 왠지 공기가 맑다는 생각이 든다.

지중해 연안의 신전들이 떠오른다. 혹시 화강암 빛깔 때문은 아닐까? 네모나게 잘 다듬은 화강암으로 쌓아서 각지게 7층 계단식으로 만든 무덤이다. 방형계단석실묘의 원형을 간직하고 있어 천추릉, 태왕릉 등의 원 모습을 보여 주고 있다.

아래로는 땅을 딛고 위로는 하늘을 떠받들고 있다. 하지만 땅이 힘들어 하지 않고 하늘에 짓눌리는 것 같지가 않다. 무겁지도, 가볍지도 않다. 투명하지도, 칙칙하지도 않다. 아무런 장식도 없는 석조 건축물이 그저 아름답다.

고구려의 석조 건축술과 예술적 의미를 알고자 할 때 이 장군총보다 웅변으로 말하고 있는 것은 없을 것 같다.

1500년이나 지난 돌덩이의 집합체들이 무너지거나 뒤틀리지 않고 곧곧하고 단아하게, 그리고 장중하게 서 있다. 고구려인들의 과학, 치밀한 사

동방의 피라미드라고 불리는 장군총. 무덤의 주인이 누구인지 아직 밝혀지지 않고 있다.

고와 계산 능력 등 공학 기술의 결정체 때문이다. 날카롭게 각진 선, 차디찬 돌멩이, '무덤'이라는 긴장되고 불안스런 이미지, 터무니없이 큰 돌덩이들. 그런데도 한없이 부드럽고 아름다우며 인간적인 냄새가 나는 장군총! 그것은 고구려인들이 공학·과학을 뛰어넘어 끌어안을 수 있는 '혼'을 가지고 있었기 때문일 것이다.

　이집트의 파라미드, 그 투명하고 깨끗한 아름다움에 얼마나 감동했었는지……. 사막 한가운데 거대하고, 정교하고 합리적인 모습의 피라미드가 없었다면 인간은 자연에 짓눌려 얼마나 보잘것없었겠는가? 그때 장군총을 떠올리며 내 땅을 그렸는데, 오늘 다시 이 곳을 찾아와 피라미드의 삼각선을 그리워하고 있다.

　둘 다 인간의 냄새가 풀풀 나지만, 장군총에서 물향기가 더 새어 나오는 것은 산과 압록강 때문이리라.

　대형 향로 앞에 가서 절을 했다. 그리고 천천히 풀밭 위를 걸으며 한 바퀴 돌아봤다. 시간이 제법 걸린다. 사각형인데, 한 변이 35.6m에 높이는

12.4m이다. 7층으로 되어 있지만 한 개 층에도 여러 돌이 층으로 이루어져 있다. 돌들이 워낙 커서 큰 것은 길이가 5.7m, 폭이 1.12m, 두께가 1.1m이다. 이런 돌들을 1100여 개 모아서 만들어 낸 작품이다.

정호석이 비스듬히 몸체에 기대고 있다. 한 면에 세 개씩 모두 12개인데, 북면은 두 개만 있어 총 11개뿐이다. 그 앞에 서 본다. 내 키의 두 배가 넘는다. 가장 작은 것이 15t이나 된다고 하니 이 또한 굉장한 돌이다. 건축학적으로는 몸이 무너지는 것을 방지하기 위해 받쳐 놓은 것이라고 하는데, 알 수가 없다. 정면에 서 있는 정호석 가까이 가서 돌에 손을, 살결을 대어 본다. 전체적으로는 자연석의 모습을 하고 있지만 앞면을 무엇으로 갈았는지 힘 있는 느낌은 없는 반면 매끈매끈하다.

우측 가운데 설치해 놓은 철사다리를 타고 올라갔다. 5층에서 철사다리를 넘어 정문 쪽으로 나 있는 현실 입구로 들어갔다. 정남향으로 나 있다. 묘실은 거의 정사각형인데 각 변이 5m, 높이가 5.5m이다. 벽이며 천장에 물기가 배어 돌색을 검게 보이게 한다. 태왕릉보다 전체적으로 규모는 작지만 묘실은 크다. 잘 다듬은 관대가 두 개 덩그러니 놓여 있다. 빗물이 배어 축축한 느낌을 준다. 관은 물론 흔적도 없다. 텅 빈 공간, 잃어버린 역사, 망해 버린 역사의 상징이다.

머리를 드니 개정석의 일부가 보인다. 이 현실을 하나의 세계로 본다면 바로 하늘이다. 한 덩어리로 되어 있는데 면적이 60여 m^2, 무게가 50여 t이라고 한다. 한 장의 돌이 이렇게 크다는 것도 경이롭다. 저 한 덩어리의 돌을 구해서 다듬고 여기에까지 끌어 올려 덮었으니, 다른 어느 무덤보다도 신경 썼음을 알 수 있다.

일본의 나라 지방에 있는 아스카飛鳥에 가면 석무대石舞臺 고분이 있다. 일본 열도에서 가장 큰 횡혈식 석실묘이다. 지금은 봉분이 다 달아나 돌덩어리들이 머리를 쳐든 개미 모양으로 드러나 있다. 백제계 호족인 소아마자蘇我馬子의 무덤이라고 하는데, 방형 고분이다. 당시 고구려인들이 들어와 있었고, 왜국 불교에 강한 영향을 끼쳤던 사실로 보아 관계가 어느 정도 있었을 것이다.

현실을 나와 다시 7층 꼭대기로 올라갔다. 훤하다. 주변이 훤하다. 태왕릉, 태왕비가 보인다. 바로 뒤에 용산이 있고, 우산도 보인다. 멀리 집안 시내, 옛날 같으면 국내성이 보인다. 왠지 모든 것의 중심이란 생각이 든다.

개정석이 드러나 있다. 위에서 발로 밟고 서 있으니 더욱 경이롭다. 어떻게 올렸을까? 방형의 주변부는 난간의 흔적인 듯 돌 위에 일정한 간격으로 구멍이 뚫려 있다. 한 20여 개가 된다. 주먹이 들어갈 정도로 큰 구멍이다. 이 고분 위에 건축물이 있었다는 증거다. 그래서인지 이 위와 묘역에서 회색빛 와당이나 평기와들이 많이 발견되었다. 특히 1964년에는 건축 구조물들이 많이 발견되었다. 그러니까 이 무덤 위에는 기와를 얹은 건축물이 세워져 있었던 것이다.

신비롭다. 무덤 위의 건물, 그 건물은 무슨 용도일까? 탑이라고 하는 설도 있고, 향당亨堂이라는 설도 있다. 불교의 영향을 받았으면 탑일 것이고, 만약 우리 전통 신앙의 영향을 받았다면 향당일 것이다. 중요한 것은 왜 무덤 위에 세웠느냐는 것이다.

고구려인들은 조상을 숭배했고, 하늘을 숭배했다. 고구려의 신화는 조

장군총 전경과 옆에서 본 모습. 광개토 대왕릉과 마찬가지로 거대한 돌로 지지대를 세워 놓았다.
중앙 뻥 뚫린 사각형 안은 왕과 왕비의 시신이 안치된 석실이다. 현재는 모두 도굴되어 관을 놓아 두었던 관대만이 남아 있다.

장군총이라고 부르는 것은 무덤의 주인이 누구인지 모르기 때문에, 무덤 주인이 적어도 장군의 지위는 되어야 이러한 규모의 무덤을 차지할 수 있을 것으로 보고 무덤 '총'자를 써서 '장군총'이라고 부른다.
일부 학자들이 장군총을 '동명왕릉'이라는 주장을 펴기도 한다.
광개토 대왕릉 옆에 있는 배총. 어떤 학자들은 배총이 고인돌 성격을 지닌 돌이라고 주장하기도 한다.

상들이 하늘의 자손이라고 강조하고 있다. 바로 이 고분과 거의 비슷한 시기에 세운 광개토 대왕비에도 하늘의 자손이라고 분명히 음각되어 있다.

그렇다면 그들은 무덤을 숭배했을 가능성이 크다. 하늘의 자손인 왕을 제사의 대상으로 삼았을 것이다. 고구려인들은 유화 부인과 동명인 주몽을 숭배했다. 그렇다면 무덤도 숭배 대상이었을 가능성이 크다. 그래서 사당 기능을 하는 건물을 무덤 위에 세웠을 것이다. 천 숭배와 조상 숭배 신앙이 하나로 만나 이런 형식을 만들었을 것이다.

난 오래 전부터 이 무덤의 주인공이 누구인가를 심각하게 생각해 왔다. 예전에는 장수왕릉설, 광개토 대왕릉설, 고국원왕릉설 등이 있었다. 하지만 이미 태왕릉의 발견으로 인하여 광개토 대왕릉이 아님은 밝혀졌다. 장수왕은 평양으로 수도를 천도한 임금이다. 당시의 정치적 상황으로 보아도 그의 무덤은 평양에 있어야 한다. 그렇다면? 나는 이 무덤이 신앙의 대상이었을 경우, 의당 고구려를 세운 천제의 아들이 묻혀야 한다고 논문에서 발표한 적이 있다.

고주몽은 첫 수도에서 죽었으므로 기록대로 흘승골성 동쪽 언덕에 있어야 한다. 그런데 평남 중화부에 무덤이 있다. 이는 무엇을 말하는 걸까?

수도를 옮김에 따라 조상의 묘, 특히 시조 묘는 하늘의 자손이고 그 정치 체제의 정통성을 상징하고 있으므로 당연히 이장을 해야 한다. 따라서 평양 근처로 주몽 묘를 옮긴 것도 당연하다. 그렇다면 두 번째 수도이고 가장 오랫동안 수도 기능을 한 이 집안에도 시조 묘는 반드시 있어야 한다. 만약 있었다면 어디에 있었으며, 현재 남아 있는 고분 중에서 어느 것이 시조 묘일까?

광개토 대왕비에는 "용을 보내서 왕을 맞이하니 왕은 홀본 동쪽 언덕에서 용의 머리를 타고 하늘로 올라갔다因遣黃龍來下迎王王於忽本東岡黃龍負昇天."라고 되어 있다. 《삼국사기》에는 대왕 3년에 황룡이 홀령에 나타났고, 40세에 돌아가시면서 용산에 장사지냈다고 기록하고 있다. 이규보의 《동국이상국집》'동명왕편'에 의하면 그는 황룡에 업혀 승천한 후 그의 옥 채찍은 용산에 장사지냈다고 한다. 환인의 흘승골성에도 용의 전설이 있는데, 고주몽이 거기서 용과 함께 승천했다고 한다. 그러니 환인에서는 '흘승골성'이 '용산'이라고 하는 것이다. 《동국여지승람》이나 《동국통감》에 의하면 평남 중화부에도 주몽의 무덤은 용산에 있다. 이처럼 주몽은 황룡과 깊은 관련이 있고 무덤은 용산 기슭에 있다.

그런데 장군총은 우산과 용산의 중간 넓은 들판 가운데 있다. 이 지역의 중심이 되는 장소이다. 하지만 엄격히 말하면 용산 기슭에 있다. 따라서 용산 기슭 아래 광개토 대왕릉비와 왕릉을 바로 옆에 두면서 태왕릉보다 더 큰 현실을 가진 장군총은 그 가능성이 제일 많다. 나는 지난 탐사 때 집안 도서관에서 집안 현지를 보았다. 바로 거기에는 장군총을 동명왕 묘로 기록하고 있었다. …在城北十五里山勢莊嚴可觀前有東明聖王墓俗稱將軍墳…….

고구려인들은 장군총 위에 건물을 지어 놓고 시조에게 제사를 지내며 나라를 지켰던 것이다. 만약 일부의 견해대로 이런 장군총류의 무덤들이 집안에 많이 있었고, 그 위에 건물들이 세워져 있었다면 이 도시는 하나의 거대한 종교 성소가 되었을 것이다. 뿐만 아니라 무덤들 가운데는 봉분 위에 석비를 세운 것도 있었다. 소위 '묘상입비墓上立碑'라고 부르고 있는데, 나는 지난 답사 때 몇 개 확인하였고, 길가에 굴러떨어져 있는 것도 보았다. 이런 것들이 고구려를 고구려답게 한 또 하나의 힘이었다.

　능역 한 구석에는 배총이 있다. 일종의 딸린 작은 무덤으로 4~5개 있었는데 지금은 하나뿐이다. 꼭 고인돌 분위기가 느껴진다. 카메라를 들이대니 배총 꼭대기에 앉아 데이트를 하던 남녀가 손을 저으며 가라고 한다. 매표소 관리 아가씨이다. 보조 직원인 모양인데, 점심시간을 이용하여 남자친구를 불러들여 감히 장군총의 배총 무덤 위에 앉아서 사랑을 속삭이고 있는 것이다.

　우리도 시간이 없는 데다가 별안간 나타난 이상한 사람의 심상찮은 눈초리 때문에 빨리 자리를 뜨기로 했다. 언젠가 저 장군총의 비밀을 풀리라.

　일단 시내로 돌아가 점심을 먹고 잠시 쉬었다. 오후에 또 출장을 나갔다. 오회분으로 갔다. 우산하고분군의 대표적인 무덤들로, 봉토 고분 다섯 개가 나란히 서 있다. 제4호 묘와 제5호 묘에 유명한 벽화가 있다. 특히 4호 묘는 둘레가 180m에 높이 8m의 큰 무덤이며 훌륭한 벽화가 있다. 고분 벽화는 약 80여 기가 있는데, 약 20여 기가 집안에 있다.

　지난번에는 5호 묘뿐만 아니라 무용총과 각저총 안을 들여다보고, 장천 1호, 4호 기타 많은 고분들을 보았다. 모두 벽화가 있는 고분들이다. 모두 다 보고 싶지만 마음대로 되는 것은 아니다. 초기에는 초상화나 생활도 등이 주를 이루고 있다. 중기로 가면 사신도 등이 나타나기 시작하고 후기에 이르면 주로 사신도 등 신적인 요소가 강하게 나타난다. 왕권이 강화되고, 권위적으로 변화하는 정치적인 분위기를 반영한다. 또한 실생활이나 합리보다는 의식·형식·명분을 중시하고 점차 사회가 교조적이 됨을 의미한다.

제5호 묘로 들어갔다. 그나마 돈 주고 들어갈 수 있는 유일한 관광지이다. 다듬은 화강암들로 주변을 정리하고 철문으로 입구를 막아 관리하고 있다. 관리인인 상해가 반갑게 맞이한다. 아주 순박하고 착한 청년이다. 왜 그런지 갈 때마다 친절하게 대해 준다. 백일홍이 햇볕 속에서 소박하게 피어 있다. 문을 열고 들어갔다. 배터리로 작동하는 백열등을 켜들고 어두컴컴한 전실을 밝혀가며 연도 사이를 통과해 현실로 들어갔다. 사람들은 그 연도 사이에도 벽화가 있는 사실을 잘 모른다. 서늘한 기운이 몸을 스친다. 바닥에 놓인 관대가 발걸음을 머뭇거리게 한다. 왕과 왕비와 첩의 관을 놓았던 곳이다. 두 개는 한 덩어리의 돌로 되어 있는데, 다른 하나는 한쪽 끝부분을 다른 돌로 이어 붙였다. 아마 그것이 첩의 것이 아니겠느냐고 상해는 빙그레 웃으면서 말한다.

현무의 현란한 몸뚱이가 불빛 따라 움직인다. 우측으로 청룡이 날고, 왼쪽에는 백호가 가늘면서도 힘찬 몸짓으로 벽면을 찬다. 머리를 들어보니 하늘에는 천제를 상징하는 황룡이 흰빛을 드러내고 용트림을 하고 있다. 주변이 그림으로 꽉 차 있다. 무용총이나 각저총은 규모도 작고 회 칠한 벽에 그림을 그렸는데, 수렵도 등 생활 모습들이 주로 있다. 그런데 오회분 묘들은 토총으로, 사신도 등이 주류를 이루는 6C 이후의 것이다. 돌벽에다 그대로 그림을 그려서 생동감이 넘친다. 여름이라 습기 때문에 물기가 번지르르하니 그림들이 다 살아서 움직이는 것 같다. 바닥도 물이 흘러 축축하다. 돌 위에 그린 안료도 놀랍고, 물고기 뼈일 것이라는 접착제도 무엇인지 정말 놀랍다.

구석구석을 살펴보았다. 벽에는 삼족오三足鳥를 가운데 두고 현무(?)를

오회분 제4호 묘 벽화. 수천 년이 지난 오늘날에도 벽화가 변하지 않고 남아 있다. 그러나 사람들의 무분별한 출입으로 인해 처음 개방할 때와는 달리 벽화의 아름다움이 빠르게 훼손되고 있다.

탄 선인과 주작을 탄 선인이 날고, 반대편 벽에는 두꺼비를 가운데 두고 기린마(?)와 고니(天鳥)를 탄 선인이 날아다니고 있다. 제4호 묘에도 똑 같이 그려져 있다.

　삼족오, 동심원 등은 태양을 상징하므로 태양신인 해모수와 그 혈손인 동명계왕들을 의미한다. 특히 삼족오의 비중은 유난히 크다. 각저총, 무용총, 장천 1호분, 쌍영총 등에서 둥근 원 안에 분명한 형태로 나타난다. 오吳에서 나온 신수화상경神獸畵像鏡, 287년경의 부분이 고구려 것과 동일하다. 4호 묘, 5호 묘 등에서는 두꺼비가 있는 달을 든 여와女渦와 삼족오가 있는 태양을 든 복희伏羲가 마주보고 있다.

오회분 4호 묘를 답사하는 필자

　삼족오는 산해경부터 시작하여 《회남자》 '정신훈편'에 분명한 모습으로 설명되어 있다. 한대의 곽치문郭雉文 묘 등 중국 지역에서 이미 나타나는데, 대부분 발해 연안의 석묘계 고분에서 출토되고 있다.

　벽에는 그 외에도 수인씨燧人氏, 차 바퀴를 들고 서 있는 제륜製輪의 신, 망치질하는 대장장이신, 신농神農씨라고 말하는 소머리에 사람 몸을 하고 흰 옷을 휘날리는 그림도 있다. 소 눈에 손톱 같은 파란 보석이 박혀 있는데, 야광석이라 불을 비추니 밝게 빛나 신비함을 더해 준다. 원래는 용 눈 등에도 커다란 보석들이 박혀 있었는데, 중국인들이 다 빼가고 소 눈에만 남아 있다고 한다. 그래서 용 눈 등에는 구멍만 뻥 뚫려 있다. 한때는 거지들이 이 안에서 살았다고도 하니, 이 정도 보존된 것만도 천행이 아닐 수 없다.

　해모수·동명 등 초기 고구려왕들의 성인 해解씨는 '해'를 상징한 것이다. 그래서 '일월지자'라고 스스로 말하고 있다. 따라서 벽화에 등장한 일신·월신 등은 해모수나 주몽과 유화 부인을 상징했을 것이다.

천장의 황룡이나 벽 전면에 채운 용들특히 오회분 4·5호 묘, 5호 묘는 수십 마리이다.을 '오행사상'의 영향이라고 일률적으로 해석하는 경향이 있다. 그러나 해모수는 오룡거五龍車를 타고 하늘을 올라다녔다. 고주몽이 황룡에 업혀 승천했고, 무덤은 용산에 있다. 따라서 황룡은 고구려의 천제, 즉 왕을 표현한 것이다.

그림 양식도 고구려적인 요소가 많았다. 일반적으로 무용총의 머리 깎은 남자, 무용·쌍영총의 삼각형 화염문火焰文, 김원룡은 일종의 당초문이라고 함. 삼실총의 역토力士 등 불교적 주제가 많아 불교의 영향을 강조하고 있다. 그 외에 중국·중앙 아시아 계통, 신선사상, 음양사상의 영향 등 주로 외국 문화의 영향을 강조하고 있다.

그런데 정치체인 중국과 지역 단위 혹은 문화단위로서의 중국은 구별해야 한다. 근래에 소병기蘇秉岐, 능순성凌純聲, 장광직張光直 같은 이들은 다원적 중국문명 기원설을 주장한다. 그럼에도 오히려 우리는 한족과 비한족의 문화를 구분하지 못하고 애매모호한 개념인 중국문화의 영향을 강조하고 있다.

도교는 최근 많은 학자들이 동의하듯 샤머니즘을 바탕으로 한 발해만 연안의 문화로부터 발생한 것이다. 오회분 4호 묘와 5호 묘에 등장하는 야장신·제륜신 등은 산해경에 출현한 신들로서 동이문화와 깊은 관련을 맺고 있다. 서역적인 요소도 나타나고 있는데, 이는 북위를 매개로 실크로드 국가들 간의 교류 영향으로 여겨진다.

당시 고구려는 다종족적 국가이고 다양한 문화가 모여드는 센터였으므로 외부 문화가 표현되는 것은 당연하다. 그러므로 그러한 것들이 고구려화되는 과정과 자생문화가 어떻게 변화의 주축이 되었는가를 살펴보는 것이 중요하다. 뿐만 아니라 외부에 영향을 주었을 가능성을 탐구해야 한다.

쌍영총 벽화의 건물 바닥에 표현된 그물 모양의 연속 마름모꼴은 북위 시대의 돈황벽화에서도 보이고 있다. 6C경의 돈황 막고굴 249호의 수렵도는 5C의 무용총 수렵도와 거의 닮았다 권영필權寧弼. 이처럼 최근에는 고구려문화의 전파 가능성도 제기되고 있다.

회화와 벽화 등은 일본 열도의 아스카 · 핫꼬오白鳳 문화에 영향을 준다. 나라와 아스카 사이의 평원에 자리잡은 법륭사 금당벽화는 세계적으로 유

선인, 선녀와 삼족오 벽화. 고구려의 벽화를 보면 고구려인들의 생활 풍습과 추구하는 세계를 엿볼 수가 있다.

명하다. 담징曇徵의 그림으로 알려져 있는데, 이는 담징으로 대표되는 고구려 화공들의 공동 작품일 것이다. 특히 근년에는 '가서일'이란 화공의 이름이 발견되었다. 1976년, 아스카 언덕에서 발견된 고송총은 일본 열도에서 유일한 벽화 고분이다. 그런데 성수도, 인물도, 사신도 등이 고구려의 '수산리벽화' 등과 동일하다.

장천 1호분 사신총, 삼실총 그리고 북한에 있는 안악 1호분 4호분, 덕흥리 고분 등에는 모두 뛰어난 가치를 지닌 벽화가 있다.

그런데 왜 고분벽화가 그려졌고, 무엇을 의미하며, 왜 하필 이 시기에 이르러 그려지기 시작했을까?

벽화에는 건국신화와 신앙과 관련된 것들이 많다. 특히 고구려인들의 자의식이 곳곳에서 다양한 형태로 반영되어 있다.

천손 민족에게 있어서 현실은 천天의 다른 모습이고, 생명의 근원과 회귀할 원형 또한 '천'이다. 따라서 천손인 왕이나 고구려인이 죽어서 간 곳은 '천'이다. 그러니 고분은 단순한 무덤이나 지하 공간이 아니라 넓은 의미에서 하늘을 재현한 것이다. 그래서 천장에는 성수도星宿圖와 천계도天界圖를 비롯하여 천마, 새를 타고 있는 천왕랑天王郎, 天王地神塚에는 묵서가 있다., 기린마, 천마, 비어飛魚 등 하늘과 관련된 성수聖獸들이 다양한 형태로 많이 표현되어 있다.

고분벽화는 고구려인들의 우주관·역사관 등도 표현하고 있다. 고분 안을 하나의 우주로 설정하고 공간 분할을 시도하였다. 땅과 하늘이 구분되었으며 연결자도 설정하였다. 특히 말각조정식인 경우, 흑색선으로 공간을 분할한 다음 기둥을 의인화시키고 있다. 군데군데 근육이 펄펄 뛰는 역사들을 배치하여 천장을 떠받치고 있다. 이들은 서역인들인데, 고구려의 국제적 성격을 보여 주는 벽화이다.

고구려인들은 주체와 대상체를 하나로 인식하였다. 반수 반인의 존재가 다양한 형태로 등장하고, 인간은 짐승 혹은 신을 타고 하늘을 날아다니고 있다. 인간과 신의 구분이 때로는 모호하다. 또한 연꽃 속에서 인간이 웃으면서 태어나는 모습인 '연화화생도蓮花化生圖' 등을 곳곳에서 표현하고 있다. 이는 대상체와 합일을 원하는 우주관 때문이다. 다양한 문화 요소가 혼합되었지만 하나의 체계 속에서 일원화되고, 또 재해석 내지 창조를 통해서 고구려화된 것은 조화를 지향하는 정신을 반영한다.

벽화는 완벽함과 이상을 추구하면서도 현실적이었음을 보여 준다. 상상의 세계가 표현되고 지극히 상징적이며, 대담하게 추상적인 표현들이 가슴을 시원하게 한다. 그럼에도 현실적인 주제를 많이 다루고, 인간과 생활을 소재로 한 경우는 극히 사실적으로 묘사하였다. 벽화에는 활·창 등의 무구武具, 무사, 기타 생활도들이 있다. 이는 고구려인들이 관념적이지 않았으며 현실에 바탕을 두면서 이상을 추구하였음을 반영한다.

그런가 하면 자유로운 사고와 역동성도 나타나 있다. 역사에 대한 강한 자신감이 있는 듯 우주에 대하여 자유로운 해석을 하고, 때로는 인간 스스로가 여러 신이 되어 우주를 날아다니고 있다. 소재를 다양하게 차용하고, 자유롭게 변형시켜서 사물에 대한 통념을 깨뜨린다. 그래서 동일한 소재라 해도 고분에 따라서 변형되고 있다.

그런데 표현된 소재들은 정지해 있지 않다. 수렵도, 씨름도, 역사 등 현실적인 주제들이 화려한 색상과 거침없는 붓길로 역동성 있게 표현되었다.

인물·꽃·신수神獸 등도 움직이고 있다. 사물과 사건은 운동하고 있다는 변증법적 인식을 반영한다. 그러나 운동의 표현들이 직선이 아닌 원·곡선·유선형으로 이루어졌음을 주목해야 한다. 심지어는 역사마저도 곡선을 주조로 처리하여 강한 역동성을 표현하고 있다.

이처럼 벽화는 다양한 소재, 주제가 혼재되어 있지만 일관된 통일성을 유지하고 있다. 외부에서 수용한 문화일 경우에도 고구려적인 정신을 주조로 재해석·재구성하였다. 고분벽화는 자의식을 확인한 고구려인들이 자신감을 표현한 것이 아닌가 생각된다.

정신없이 바라보고 있는데 상해가 이젠 그만 나가야 한다고 말한다. 흘러 나갔던 혼이 제자리를 찾는다. 짧은 시간이었지만 모두들 감동을 받은 듯했다. 한국 사람은 누구나 감동하고 충격을 받는다. 생각의 허, 역사의 허를 찔렸기 때문이다.

고구려의 문화에 대해서는 사실 그렇게 의미를 부여하지 않았다. 중국 문화에 치여서 그랬고, 신라와 백제의 문화적 우수성만을 듣고 배웠으니 자연히 고구려에 대해서는 등안시했다. 더구나 군사적으로 강국이니 당연히 문보다는 무에, 문화보다는 정치·군사력에 인식의 초점을 맞추고 평가했다. 우리 역사에서 중요한 문화의 한 부분을 우리는 스스로 묻어 버리고 없는 체해 온 것이다. 그런데 현장에 와서는 뭔가 이상하다는 생각들을 해오다가 이 고분벽화를 보면서는 감정의 물꼬가 터지는 것이다. 고구려는 문화가 매우 뛰어난 나라였고, 백제와 신라에 얼마나 많은 영향을 주었는가를 확인하는 것이다.

그리고 또 하나 중요한 것이 있다. 그것은 오랫동안 갈구해 왔으며, 있

집안 시내. 집안은 북한과 압록강을 사이에 두고 국경을 이루고 있는 소도시이다.

없을 것이라 생각하면서도 자신이 없어 심약한 사람들은 늘 마음 깊숙한 곳에만 묻어 두었던 것이었다. 백제나 신라 그리고 고려, 조선에서는 볼 수 없는 것이었다. 왠지 항상 남의 그늘, 남의 손길을 의식하며 살아서 생긴, 얻어먹는 자의 비굴함 같은 찜찜함을 날려 버린 깨끗하고 투명한 것이었다. 우리만의 혼, 우리만의 손길, 우리만의 자신감이 있음을 깨닫고 직접 확인한 것이다. 전등 불빛을 따라 숨죽이고, 그 붓길 따라 우리는 새롭게 태어나고 있었다.

나는 고구려가 문화국가였고, 그들은 강한 자유 의지를 가졌다는 논문을 발표한 적이 있다. 그것은 단순한 관념이나 자료 등의 연구를 통해서 얻은 결론이 아니라 고구려에 와서 직접 경험하면서 얻은 생체험의 결과였다.

그러한 인식을 이제 다시 더 확인하고, 대원들의 감동을 통해서 객관화시키고 있다.

우리나라 예술가들은 왜 우리것에 대해서 그리도 무식한지 모르겠다. 타인의 창작물을 모방하고 흉내내는 2차 작업이나 베껴먹는 3차 작업에 종사하는 대중예술가들은 진실성도 부족하고, 노력을 게을리하는 사람들이니 그렇다치자, 그들은 그 정도로 대우해 주면 그만이다. 또 그들은 감히 존경을 바라지도 않는다. 그런데 예술가들마저 자기 본질, 존재의 원근거에 대해서 모른다면 문제가 아닌가! 식민지 시대의 지식인, 예술가의 습성을 아직도 버리지 못한 탓인가?

또 하루 일과가 끝이 났다. 사실 오늘은 긴장을 했다. 하늘의 도움인지 약간의 무리가 있었을 뿐 대체로 목적을 달성했다. 특히나 대원들이 우리 일의 보람을 체감할 수 있어서 아주 기분이 좋다. 저녁은 호텔 밖 조선족 음식점에서 하기로 했다.

집안 호텔 앞에는 중국 특유의 허름한 판잣집 같은 음식점들이 있다. 외모만 봐서는 도저히 맛있는 음식이 나올 것 같지 않았는데 그래도 좋았고, 특히 내겐 아주 훌륭해서 그 동안 매번 감탄을 하면서 먹었다. 사실 우린 중국에서도 시골 산골의 구석구석을 다녔다. 세계 여러 나라의 음식을 먹어 봤지만 이 곳 만주 지방의 음식은 여러모로 내게 맞는 것 같다. 오히려 조선족 식당의 음식보다 더 잘 맞았다. 끼니 때마다 얼마나 잘 먹고 칭찬을 하면서 먹었던지, 참 만족스러웠다. 안 형한테는 또 그 소리 한다고 핀잔 듣기 일쑤다. 우선 불고기를 시키고 나중에 냉면을 달라고 했다. 밤바람이 분다. 채 덜 탄 숯불 연기가 눈가를 스치면서 날아간다. 우리 불고기하고는 다르지만 그래도 역시 맛있다.

2차는 고구려 술집으로 갔다. 일본 동경 근처 사이타마埼玉현에는 고려촌이 있는데, 동경 지방은 고구려의 유민들이 개척한 땅이다. 그 곳에는 약광왕若光王을 모신 고려신사가 있다. 지금도 그 58대 후손이 궁사宮司가 되어 제사를 모시고 있다. 그런데 재미있게도 그 신사에 바치는 신주가 바로 고구려주라는 것이다. 고구려가 멸망한 지 1300여 년, 이제 일본에서는 정종을, 집안에선 맥주를 남기고 있는 것이다.

모두들 재미있게 논 모양이다. 나도 오랜만에 실컷 춤을 추었다. 내 솜씨야 그들에게 환상적으로 비춰질 정도지만 중국인들의 댄스는 아무리 배우려고 해도 잘 안 된다.

국내성
대수맥족 땅에 쌓은 고구려의 성

 8월 2일 21#

비가 온단다. 여기는 아직 비가 본격적으로 내리진 않지만 동북 전체가 물난리다. 사실 그저께 우리가 군도를 통과할 때 내린 비가 엄청났는데, 그때 다른 지방에도 마찬가지였다. 심양은 철로가 끊어져 외부와 교통이 두절됐다. 백두산 가는 한국 여행객들도 심양에서 발이 묶여 있다. 일부는 북경으로 돌아가 대기하다가 연변으로 직접 간다는 소식도 들린다. 통화길도 막혀서 집안으로 들어오지 못하고 있단다. 예전에 비해 한국 여행객들이 거의 눈에 띄지 않는다. 적어도 집안 호텔에는 우리 외에 조선족은 한 명도 없다.

나는 여기에서 두레문화기행 답사팀에게 강의를 하기로 했는데, 그 팀도 들어오지 못하고 있다. 우리 일에 차질이 생겼다. 말 문제도 있다. 기간이 예정보다 많이 걸렸기 때문에 천리장성 부분은 차량으로만 할까에 대해 신중히 생각하고 있었는데, 역시 이 정도라면 말은 불가능할 것 같다. 차량 운행마저 끊어진 도로 때문에 차질이 생길 것이라는 생각이 든다.

모두 같이 국내성으로 갔다.

국내성이라고 해야 바로 호텔 앞이고, 시내 중심부가 성 안이니 걸어 봐도 5분 거리이다.

북벽으로 갔다. 제일 잘 남아 있는 부분이다. 그래도 중간에는 길이 뚫려 사람들과 양차나 자전거 그리고 가끔 차들도 지나간다. 국내성은 고구려의 두 번째 수도이다.

집안 분지는 기후 조건이 아주 좋다. 장백산맥의 가지인 노령산맥의 험준한 산봉우리들이 북쪽에서 불어오는 바람을 막아 주고, 남쪽에서는 압록강이 온대 계절풍을 실어다 준다. 게다가 동서 10km, 남북 5km의 폭이 좁고 긴 평원이니 농경에도 비교적 적합한 편이다.

《조선고적보》에 실린 사진을 보면 일제강점기 때만 해도 국내성 성벽이 온전히 남아 있었다.

유리왕 21년에 도망간 제사용 돼지 교해郊豕를 쫓아갔던 설지薛支가 돌아와서 왕에게 보고한다.

"산수가 깊고 험하며 땅이 오곡에 알맞은 데다가 사슴이나 고기, 자라 등도 풍부합니다. 그러니 천도를 하면 백성들에게 이익이 많고 병란을 면할 수 있습니다."

그래서 유리왕은 그 다음 해인 22년, 즉 서기 3년에 천도를 결행한다. 국내성 천도는 사회·경제적인 요인보다는 정치·군사적인 이유가 더 강했던 것 같다. 통구분지는 노령산맥의 준봉들에 둘러싸여 서·동·북쪽의 방어가 용이하다. 반면에 남쪽은 한강 개념인 압록강을 활용하여 대피가 가능한 천혜의 요새지이다. 고구려는 북방의 유목 종족과 서쪽의 한족 등을 방어하기 위해 산성들을 쌓아 국경부터 원거리 방어 체제를 구축했다. 그리고 국내성을 중심으로 자연적 조건을 활용해서 산성과 관애 초소 등 수도권 방어 체제를 빈틈없이 구축했다. 따라서 초기 고구려에는 국내성만큼 훌륭한 방어상의 요새는 거의 찾기가 힘들다.

지난 탐사 때 집안에서 환인으로 가면서 상당히 놀랐다. 지프를 대절해서 타고 갔는데, 무려 5시간 반이나 걸린 것이다. 올 때는 밤에 빗속을 뚫으며 6시간이 걸려서야 간신히 도착했다. 이번에 고구려의 소위 남도인 산길을 넘어오는 데도 며칠 걸렸다. 《삼국사기》에 의하면 환인에서 집안은 제사용 돼지를 쫓아가서 발견한 땅으로 되어 있는데 말이다.

우리는 역사를 잘못 이해한 것이다. 이동 거리가 길다면 그만큼 군사력이나 정치력이 갖추어져 있다는 것을 뜻한다. 이 지역에 대한 정치·군사적인 통제나 지배가 없고서는 장거리 이동이 불가능하다. 천도하자마자 남

궁궐이 있어야 할 자리에 대규모 아파트가 건립되어 국내성은 심각할 정도로 훼손되었다. 국내성 규모를 알 수 있는 성벽이 남아 있다.

쪽으로 영토 확장전을 벌인 것은 역시 국내 지역을 확실하게 지배하였기 때문에 가능한 것이다.

고구려는 《삼국사기》의 기록처럼 소국가로 출발한 것은 아니라는 생각이 든다. 압록강 유역은 대수맥족들이 살고 있었다. 그러니까 이미 이전부터 고구려 계통의 주민들이 거주한 것이다. 국내성을 발굴해 보니까 고구려가 축성하기 이전에 이미 한 시대의 고성이 있었음이 드러났다. 여기서

철제 쟁기, 괭이, 낫 등 한대의 철제 농기구들이 대량 발견되었다. 고구려 인들은 이 지역을 한족들로부터 다시 회복하고 일정한 시간이 경과한 다음에 이 곳에 수도를 천도한 것이다.

　북벽을 따라 걸었다. 집안 사람들 틈에 섞여 옛 고구려 성벽 밑을 걸었다. 높이 2m 정도의 돌담이 일렬로 쭉 연결되어 있다. 이미 다 무너져 버리고 일부만 남아 있으니 궁성의 웅장한 모습을 실감하기가 힘들다. 원래는 대단한 규모의 성이었다. 1930년대에 찍은 사진만 보더라도 서벽과 서문이 완전한 형태로 남아 있는데, 규모가 상당히 컸음을 알려 준다.

　동벽이 555m, 서벽이 665m, 남벽은 750m, 북벽은 715m로, 전장 2700m인 약간 길쭉한 사다리꼴의 성이다. 원래는 성벽의 높이가 5~6m, 밑부분의 너비가 10m, 성 안벽 높이가 3~5m이다. 성문은 총 여섯 개이다. 동쪽은 집문문輯文門, 서쪽은 안무문安武門, 남쪽은 금강문襟江門이라고 불렸다.

　방어 시설도 철저하여 치·적대 등이 있었는데, 현재는 동에 세 개, 남에 두 개, 북에 한 개 등 총 여섯 개이다. 북벽은 흔적만 남아 있고, 서벽은 비교적 분명하나 남아 있는 높이가 3m에 불과하고, 길가의 담벽 겸 건물 공사장에서 물건 쌓아 두는 장소로 이용되고 있다.

국내성 치가 있었던 곳으로 지금은 무너져 내려 그 흔적만 남아 있다.

또 하나 놀라운 사실은 인공해자를 팠다는 것이다. 동·남·북에 해자가 폭 10m 정도의 깊이로 물이 흐르고 있었으며, 서벽은 통구하가 자연해자의 역할을 하고 있어서 파지 않았다.

국내성은 도성이 아니라 왕을 비롯한 관료 귀족들이 거주하는 궁성 개념으로 이해해야 한다. 그러니까 유리왕 때 옮긴 수도는 동서 10km, 남북 5km의 통구분지 전체일 것이다.

압록강만 해도 두만강과 마찬가지로 전에는 막연하게 국경 개념으로 이해하고 있었다. 자연환경이 한반도와 대륙을 갈라 놓은 것으로 알고 우리는 반도에 갇혀 숙명적으로 살아야 된다고 세뇌당했다. 그러나 현지에서 보니 압록강은 폭이 좁고 중간의 벌등도伐等島까지는 채 50m도 안 되었다. 양쪽의 동네 사람들이 쉽게 건너다닐 수가 있을 정도였다. 그러니까 압록강은 고구려의 서울인 집안을 흐르는 한강이다. 그래서 고분군들이 압록강 가에 있고, 건넌편인 만포에도 있는 것이다.

난 적어도 역사 용어로서 '한반도'라는 말은 써서는 안 된다고 말한다. 우리 민족이 발생한 곳은 대륙이다. 또 우리 역사의 상당 부분을 대륙에서 이루어 왔다. 발해가 멸망하고 한반도에 갇힌 지 불과 1000년밖에 안 된다. 거기다가 조선 시대에도 압록강, 두만강 너머의 일부는 우리 땅으로 인식하고 있는 경향이 있었다. 우리가 간도를 빼앗긴 것은 이른바 간도협약 때문이다. 그런데도 우리는 자랑스럽게 한반도 민족이고, 모든 교과서에도 으레껏 우리 역사는 한반도의 역사라고 기술하고 있다. 아무리 양보해도 발해 멸망 이전의 우리 역사를 표현하거나 해석할 경우는 '한반도'란 용어나 관념을 가지고 대해선 안 된다. 반도인의 사고로써 대륙에서 일어난 역사를 이해하기엔 무리가 있다. 나는 몇 년 전부터 한반도와 대륙을 포함하는, 일종의 조어인 '한륙도'란 용어를 사용하고 있다.

북벽 앞과 아파트 사이에 조그만 길이 있어서 양차나 사람들이 지나다니고 있는데, 그게 바로 해자였다. 지난번에 왔을 때 동네 조선족에게 물어보니 얼마 전에도 공사하다 보면 기와 등이 출토됐다고 한다. 하긴 우린 아파트 골목길에서 기둥의 주춧돌이 박혀 있는 것도 발견했었다. 이 성에서 고구려가 420년간 그 넓은 땅과 인민들을 다스렸다고 생각하니 경이로울 뿐이다.

잠시 성벽 위로 올라가서 걷다 안쪽으로 내려섰다. 이미 아파트촌 뒷뜰이 되어 있었다. 안쪽에서 보니 성벽이 더 확실히 남아 있다. 고구려 병사들이 열심히 방어전을 펴며 창을 던지고, 아낙네들이 끓는 물을 나르고, 애들이 돌을 던지던 곳에는 백일홍·사루비아·옥잠화가 피어 있는 화단이 되었다. 우리 땅에서 사라진 꽃들이 여기 우리 옛 땅에서 자라고 있다. "진달래 피는 곳은 다 우리 땅이에요." 하던 조선족 이 선생의 말이 떠오른다. 북벽 길을 따라 서쪽으로 계속 걸었다. 통구하 너머로 칠성산이 보인다. '고구려가 남의 땅에서 사라져 가고 있구나.'

서벽으로 왔다. 치를 보기 위해서다. 위는 없어졌지만 그래도 전체적인 모습은 남기고 있는 국내성에서 유일하게 보존된 치인데…….

통구하는 물이 불어 빗줄기 속에서 하얗게 흐른다. 모퉁이에서 방향을 바꿔 통구하를 따라가다가 다시 남벽으로 붙어 걸었다. 서벽은 길로, 남벽은 이미 동네 집 속으로 들어가 버렸다.

모두루총
들판 한가운데에 있는 고분

 **8월 3일** 22#

비가 또 온다.

우산하 묘역을 지나 하해방구下解放區 지역으로 갔다. 모두루총牟頭婁塚을 보기 위해서다. 대충 위치를 알고 갔고, 마을에서 500m 떨어졌다고 하여 쉽게 찾으려니 했는데, 막상 가 보니 찾을 수가 없다. 마침 전에 우리를 여러 번 태우고 다녔던 김 동무를 만나서 그나마 다행이다. 왜 여기 있냐고 했더니, 돈을 벌어서 이 곳으로 이사왔다고 한다. 오늘은 비가 와서 쉬는 중이라고 하며 올라탄다. 지난 탐사 때는 참 우여곡절도 많았다. 그러다 보니 이 사람도 만나게 되었고, 나중엔 집에 초대되어 닭찜까지 대접받았다. 어쨌든 조선 사람이 한국 사람 덕분에 돈을 벌었다니 여간 좋은 일이 아니다.

빗속에서 이곳저곳 찾아다니다 결국 강을 바라보는 들판 한가운데 있는 무덤을 찾아냈다. 높이가 4m이고 둘레가 70m라고 하나 하도 큰 것만 봐서 그런지 생각보다 아주 작아 보인다. 그토록 소중한 금석문이 나온 무덤이 이럴 정도니 다른 무덤들은 얼마나 대단한 역사를 간직하고 있을까?

이 무덤에서는 벽화와 함께 800여 자에 달하는 묘지명이 있다. 대형大兄인 염모를 추모하고, 모두루가 지문誌文을 지었다. 전에는 '모두루총'이라고 불렀는데 엄밀히 말하면 묻힌 사람이 염모이기 때문에 이전복李殿福은 '염모 묘'라고 해야 옳다고 주장한다.

판독할 수 있는 350여 자를 통해 건국 과정과 신화, 그리고 북부여 지역에 영토를 가졌다는 사실들을 알 수 있다. 광개토 대왕릉 비문의 기록과 일치되는 부분이 많아 이러한 내용들이 당시 고구려인들의 공통된 인식이었음을 알려 준다.

보면 뭔가 대단할 것 같은 기대가 컸는데, 막상 와 보니 전형적인 봉토석실묘인데 내부는 볼 수가 없다. 바로 옆에도 무덤이 하나 있었다. 풀을 헤치

밭 사이에 있는 모두루총. 언뜻 보면 작은 동산처럼 보여 지나치기 쉽다.

압록강 변의 북한 지역. 오늘날엔 중국과 국경을 이루는 강이지만, 예전에는 서로 쉽게 넘나들던 자유의 강이다. 중국 지역에서 북한이 보일 정도로 가깝다.

고 옷을 적셔 가며 무덤 위에 올라가니 압록강이 빗줄기 속에서 흐르고 있다.

'저 건너 동네에도 무덤들이 많이 있을 텐데…….'

기상대 유적지로 갔다. 역시 비가 워낙 쏟아져서 촬영할 수가 없다. 옥수수, 고추, 가지 등이 유적지 안에서 비를 맞고 있다. 다시 차를 돌려 역 근처에 있는 석주 유적지를 찍었다.

연변에 갔던 안 형이 돌아왔다. 17시간 만에 돌아온 것이다. 이도백하에 도착하자마자 쉬지도 않고 막바로 돌아왔다고 한다. 그 쪽도 상황이 안 좋단다. 도로가 중간중간에 끊어져서 제대로 갈까 하고 우려했지만, 잘 모셔다 드리고 운전사와 교대로 운전을 하면서 쉬지 않고 돌아온 것이다. 결국 그렇게 일을 해낼 줄 알았다. 10년 이상 일을 같이 한 친구인데, 그의 성격과 능력을 잘 알기 때문에 별 걱정은 하지 않았지만 그래도 아주 마음이 놓이고 흡족하다.

복도
축자 방어 체제 고구려의 기마군도

 8월 4일 23#

아침 7시 반에 집안을 출발했다. 촬영팀은 1시간 전에 환인으로 먼저 떠났다. 비는 계속 오고 하늘만 쳐다보다간 계획이 엉망이 될 것 같아서 어젯밤에 계획을 일부 수정할 수밖에 없었다. 나와 안동주는 홍선표를 통화로 돌려보낼 겸 군도의 아랫길을 살펴보기 위해서 다시 화전자까지 가기로 했다. 더군다나 그 곳에서 말을 처분할 가능성이 있기 때문에 트럭을 빌려서 말을 싣고 갔다.

비는 양동이로 퍼붓는 것 같다. 모두가 불확실한 상태에서 출발한 것이다. 대평을 지나 유림 쪽으로 차를 몰았다. 노령고개를 넘었다. 산 속에서 안개가 피어오른다. 사진도 찍을 겸 해서 고갯마루에서 차를 세웠다. 며칠 전 군도를 넘을 때는 쏟아지는 빗속에서 말을 타고 행군하느라 지쳐 사진을 찍을 수가 없었다. 간간이 몇 장 찍었지만 영 자신이 없었다. 그래서 겸사겸사 차를 세우고 말 사진을 찍었다.

며칠 만에 산에서 다시 말을 타니 기분이 아주 좋다. 말만 타면 왜 이리

기분이 좋아지는 것일까? 살 속으로 스며드는 생명력 때문일까? 잃어버린 야성을 회복하기 때문일까? 그냥 평범한 날씨 속에서보다는 오히려 이런 특별한 날씨 상황 속에서 타는 것이 더 그럴 듯하고 멋있게 생각된다.

길이 안 보인다. 물이 넘쳐 길이 아예 없어졌다. 가로수를 보면서 어림잡아서 차를 몬다. 운전사가 워낙 노련하고 이 곳 출신이라 그런대로 잘 간다. 걱정한다고 상황이 호전되는 것은 아니니까 마음 편히 먹고 가는 것이다. 다만 차에 문제가 생기면 선표가 통화까지 못 가게 될까 우려될 뿐이다.

쌍차를 지났다. 그 옛날 탐험 때 수박을 깨뜨려 먹던 강가의 풀밭엔 누런 흙탕물이 넘실거린다.

망파령에서 잠시 쉬었다. 넘어갈 때는 비가 잠시 개서 삼가자발전소의 솟구쳐 내리는 물과 하얀 안갯덩어리들을 볼 수 있었는데, 오늘은 빗줄기만이 흙바닥을 적신다.

오후 2시에 화전자마을에 도착했다.

이성길이 말을 팔려고 알아보고 다니지만 잘 안 된다. 점심 먹고 쉬는데 동네 사람들이 산삼을 가지고 와서 사라고 한다. 이 사람 저 사람 와서 결국은 장뇌삼 세 뿌리를 샀다. 욕심이 아니다. 건강과 정력? 웃기는 이야기다. 그 신비로움과 자연과의 직접적인 만남이 그리운 것이다. 성스러움을 잃어버린 세상에서 산삼의 신비로움은 얼마나 우리를 감동시키는가? 그래서 산삼이 보고 싶고, 만지고 싶고, 입으로 씹어보고 싶은 것이다.

비가 잠시 멈췄다. 자전거를 타고 거리를 왔다 갔다 한다. 사람들도 나와서 뭔가 구경거리를 찾아다닌다.

시간은 점점 가고 차는 출발해야 하는데, 펑크가 났다고 계속 시간을 끈다. 어쩜 승합차만이 아니라 트럭까지 펑크가 난단 말인가! 길 때문이라고는 하지만 고물이 다 된 차 탓이 더 크겠지. 버스편을 알아봐도 길이 끊긴 지 오래다. 초조하게 시간을 보내다가 오후 5시에야 화전자를 출발했다. 결국 청화까지 가서 반트럭을 대절해 선표를 통화로 보냈다. 길이 끊겨 택시도 못 간다고 하니 할 수 없는 일이다. 6시에 출발시켰는데, 9시 기차를 탈 수 있을지 모르겠다.

청화에서 집안으로 차를 몰았다. 날은 어두워지기 시작하고 길은 엉망이고, 결국 차가 또 문제를 일으켰다. 길 가운데 빠져서 헤매다가 굴러 내려온 큰 돌덩어리를 타고 앉아 차가 꼭 끼어 버렸다. 비는 쏟아 붓고, 오고 가는 차는 없고, 동네는 멀어 사람을 부를 수도 없다. 반 시간여 헤매다가 결국 트럭의 도움을 받아 빠져 나왔다.

"그래 까짓거. 비야, 내려라!"

또 다시 밤길을 달렸다. 졸음 반, 깨서 반. 흔들리면서 가다가 얼결에 헤드라이트 빛에 반사된 하얀 팻말을 보고 급히 차를 세웠다. 북도의 대표적인 방어 체제인 '관마장관애'이다. 밤길을 오느라 대천 초소를 지나쳐 버리고 관마장 북벽이 있는 곳에 선 것이다. 모두 빗줄기와 어둠 속에 잠겼으니 보일 리가 없다.

《삼국사기》 및 《자치통감》에 의하면 당시 "고구려에는 남도·북도가 있는데, 북도는 평탄하고 넓으며 남도는 험하고 좁다高句麗有二道 其北道平闊 南道險狹 衆欲從北道."고 한다. 그런데 실제로 지도를 살펴보고 지난 날의 답사 경험을 연구해 보니 길은 여러 갈래가 있을 것 같았다. 더구나 그에 대한 묘사도 정확하지 않을 것이란 생각이 들었다.

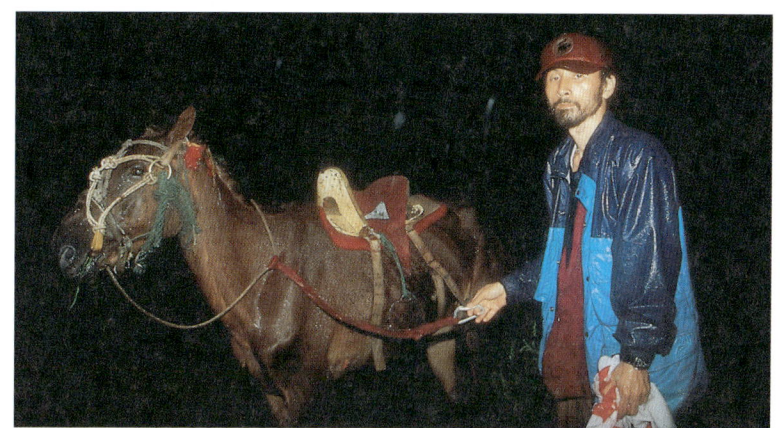
비가 내리는 야밤에 말을 타고 가다가 잠시 쉬는 필자

차를 몰면서 주변을 살펴봤다. 북도는 통화의 자안自安산성을 통과해 청하満河의 대천초소를 거친 다음, 7.5km를 다 가서 열노향에 있는 관마장산성을 통과한다.

이 산성은 고구려가 쌓은 대표적인 관애이다. 협곡 가운데 세 개의 성벽을 동·남·북에 쌓아 남북 600m, 동서는 70m에서 250m의 내부를 이루고 있다. 깎아지른 산 사이의 협곡이지만, 지금은 가운데를 통과하는 길가에 하얀 안내석이 있다. 여기를 뚫고 채석장이 있었던 녹수교綠水橋 근처 계곡을 통과하면 환도산성 뒷쪽 혹은 집안으로 진입할 수 있다. 녹수교야 몇 번이나 왔기 때문에 지리와 지세를 잘 알고 있다.

이 북도는 일부분만 제외하고는 평평하고 넓은 길이 아니다. 특히 청하를 지나서 수도권 가까이에 이르면 험준한 산과 협곡으로 되어 있다. 군사지형상으로 보아 아마 조사되지 않은 관애나 초소가 더 있을 가능성이 충분히 있다.

오늘은 집안을 아침에 출발해서 서남으로 해서 북으로 올라갔다가 동으로 해서 다시 남으로 내려오는 길이다. 이렇게 해서 우리는 국내성 수도권 방어 체제를 작년에 이어 올해까지 거의 모든 지역을 수차에 걸쳐 답사한 것이다. 그러면서 몇 가지 사실을 이해할 수 있었다. 환인을 떠나 집안으로 천도한 이유는 방어적 측면이 강했으리란 생각이 든다. 이 산길들은 기마 군단의 기동성을 약화시켜 다만 소규모 군사의 기습 작전에 이용할 수 있을 따름이다. 반면에 방어군은 유리한 군도로 활용하였을 것이다.

또한 수도권 방어 체제는 단선적이 아니라 노령산맥과 혼강 등 자연 지세를 최대한 활용하면서 산성·관애·초소 등을 네트워크화한 축자 방어 체제였음을 알 수 있었다. 이러한 방어 체제는 고구려가 공격전만이 아닌 방어전에도 힘쓸 수밖에 없었으며, 수도권마저도 위협받아 온 역사였음을 알려 주고 있다. 고구려는 그렇게 민족의 방파제 역할을 해 왔구나 싶어 가슴이 저려 온다.

언덕을 넘어 집안권으로 들어오니 왠지 분위기가 심상찮다. 헤드라이트의 불빛에 흰 물체들이 언뜻언뜻 드러난다. 사람은 사람인데, 뭔가를 이고 지고 있다. 이상한 일이다. 시내에 가까워질수록 사람들의 숫자가 더 많아진다. 애들을 걸리면서, 물건들을 이고 진 사람들이 걸어온다. 양차에다 이부자리 등을 실은 채 발로 페달을 밟으며 빗속을 걸어오는 모습은 왜 이리도 처연해 보이는지. 시계바늘이 꺼꾸로 돌아가고 있는 게 아닌가 하는 착각을 일으킨다.

'대체 이들은 어디로 이렇게 가고 있는 걸까? 무엇 때문에 이 한밤중에 피난을 가고 있는 걸까?'

싸이렌 소리가 들린다. 상황이 심상치 않다. 밤 10시 30분이다. 화전자를 5시에 출발했으니 꼭 5시간 30분이 걸렸다. 시내에 들어오니 차가 사람에 걸려 서행을 한다. 호텔 앞에는 사람들이 문 앞에 앉아 있고, 일부는 호텔 안으로 들어온다.

'이 홍수 속에도 계급은 엄존하는구나……'

돈 많고 빽 있는 사람들은 지대가 높은 호텔 안으로 대피하고, 그렇지 못한 인민들은 문 앞에 쭈그리고 앉아 있거나 이고 진 채 시내를 빠져 나간다. 서글픔이다.

트럭 운전사가 우릴 보자마자 조금 전에 도착했다고 하며 재촉을 한다. 트럭에 옮겨 타고 환도산성 쪽으로 갔다. 어제 그 집에다 말을 도로 맡겨야 하기 때문이다. 통구하다리를 건너는데 물이 다리 바로 밑을 광폭하게 흘러간다. 민물에서 파도가 이는 것은 처음 본다. 차가 움직이는데, 물은 불어서 길가로 넘실댄다.

말들을 끌어냈다. 놀새가 내려오다 미끄러져 트럭 바닥 철판에 '쿵' 하고 나뒹군다.

"아, 이런!"

발목이 꺾인 채 절룩거린다.

"아니, 부러진 게 아녜요?"

"일 없에요. 고기로 팔릴 건데 뭐 걱정이에요."

이 선생이 천연덕스럽게 대답했다.

"고기라니?"

뭔가 잘못됐다는 생각이 들었다.

도랑에 물이 콸콸거리며 흐르니까 말들이 건너질 못했다. 채찍으로 엉덩이를 쳤다. 마리는 단숨에 건넜다. 역시 뛰어난 말이다. 좁은 길에서 아슬아슬하게 후진해서 차를 뺀 다음, 급하게 다릴 건넜다.

식당에 가서 밥을 먹으면서 텔레비전을 보니, 집안시 인민정부 명의로 긴급 포고를 계속 발하고 있다. 압록강물이 넘치기 직전이니 대피하라는 것이다. 군대가 강변에서 둑을 막으며 지키고 있단다. 동북 지방에서는 100년 만의 홍수라는데, 하필 우리가 당하다니…….

사람도 걱정되고 고구려 유적들, 특히 5호 묘 등의 고분벽화가 걱정된다. 물이 들어가면 그 그림들은 유약과 물감이 다 번져 버릴지도 모르는데…….

고구려 멸망 이후에도 이런 홍수가 여러 번 있었을 텐데, 그럼 그 때마다 고구려 유적·유물 들도 쓸려 내려갔을 게 아닌가? 벽화 고분들이 이렇게 남아 있는 게 기적처럼 느껴졌다. 고구려인들은 왜 조상의 무덤을 이렇게 강가에 썼을까? 아니 그 이전의 고인돌들은 또 왜 물가에 많이 있을까? 모를 일이다.

1시나 되어서야 환인에 갔던 문에게서 전화가 왔다. 역시 예상대로 길이 끊겨서 못 온다고 한다. 다리가 무너져 내려 복구되려면 4~5일 걸린단다. 기가 막힐 일이다. 일부는 촬영에 성공했다고 한다. 만약 길이 안 뚫리면 계획을 변경해서 단동을 먼저 가는 게 어떠냐고 묻는다. 거기서 만나자는 것인데, 이쪽에서는 역시 단동에도 갈 수가 없다.

'자자. 일단 내일 생각하자. 그 수가 상책이다.'

하루, 지겹고 푹 젖은 하루가 지났다. 몸도 옷도 마음도 다 푹 젖었다.

국동대혈
유화 부인의 신화가 깃든 동굴

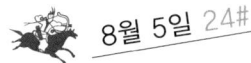 8월 5일 24#

느지막이 일어났다. 피곤한 탓도 있고, 자연 재해가 우릴 막는 데야 별 도리가 없다.

사장이 전화가 왔다고 전한다. 문이다. 끊어진 다리를 넘어 돌아올 것이라고 한다. 이것저것 자료 정리를 하면서 빈둥대고 있는데 환인팀이 돌아왔다. 반갑다. 간 목적은 어느 정도 완수했지만, 역시 비가 쏟아져서 약간의 지장이 있었다.

"내일은 날씨가 어떨까요?"

내게 묻는다.

"좋아질 거야."

내 대답은 한결같다. 하늘의 뜻이니 순응할 수밖에. 어떤 날씨라도 결국은 우리를 도와 주시는 거라고 믿는다. 아쉬워도 할 수가 없다.

군인들이 노래를 부르면서 행군한다. 빗자루들을 총 대신 메고 있다. 왠지 군인다운 날카로움이나 매서움은 보이지 않는다. 오랫동안 전쟁이 없어

유화 부인의 신화가 깃든 국동대혈. 《후한서》 동이전, 《삼국지》 동이전 등에는 고구려 동쪽에 커다란 굴이 있어 왕이 신을 맞이하여 제사를 지낸다는 기록이 있는데, 이 기록에 나오는 굴이 바로 국동대혈이다. 국동대혈은 왕이 직접 행차하여 제사를 지내는 것으로 보아 유화 부인과 관련된 중요한 신앙의 터일 가능성이 많다.

서일까? 아니면 인민군대이기 때문일까? 수천 년 동안 우릴 괴롭혔고, 앞으로도 우릴 괴롭힐 군대다.

아줌마들이 나타났다. 빗자루를 들고 있고, 빗물이 훑고 간 거리를 청소한다. 헌데 복장들이 그게 아니다. 옷도 보통 인민들의 것이 아니고, 화장을 한 데다 모자까지 맵시나게 썼다. 우리처럼 지방 유지들이나 부인들이 전시 행정을 하러 나온 것이다. 우리도 구경하고, 과일 파는 아저씨와 아줌마들도 바라보고 있다. 웃음이 비식비식 나온다.

국동대혈을 가기로 했다. 시내를 빠져 나와 상해방구 지역으로 차를 몰았다. 물이 아직 빠지지 않았는지 길이 엉망이다. 양어장 안에 사람들이 몇 명 들어가서 물고기를 건져 내고 있다. 홍수가 나면서 길가 옆의 석회암

광산에서 양회가 흘러 내려 물고기들이 떼죽음을 당했다. 집안의 명물인 압록강 붕어튀김을 만드는 물고기들인데, 여러 차례 먹은 적이 있다. 기름에 튀겨 놓으면 애들 손바닥만큼씩한 것이 얼마나 고소하고 맛있는지, 뼈까지 씹어먹을 정도이다.

흘승골성에서 천도한 이유 중의 하나가 바로 이 물고기들이 풍부했기 때문이다. 물론 그 이전 터도 고구려의 조상들은 물고기를 잡아왔다. 우산하의 3283호 적석묘에선 흙그물추가 250여 개나 발견되었다. 그 외 다른 곳에서 돌그물추, 낚시고리 등이 대량으로 출토되었다. 고구려인들은 바다에서도 어업을 했다. 《삼국지》에는 하호下戶들이 먼 곳에서 물고기들을 날랐으며, 동예·동옥저 등에서 어업을 했다는 기록들이 있다. 《삼국사기》에는 민중왕 4년47년 때 동해 사람 고주리高朱利가 고래 눈을 바쳤고, 역시 서천왕 19년288년 때도 해곡태수海谷太守가 고래 눈을 바쳤다는 기록이 있다. 이런 사실들은 고구려가 어업 활동이 활발했음을 보여 준다.

물이 워낙 많이 넘치고, 또 눈에 보이는 앞길의 전개도 불투명하다. 이성길은 차가 갈 수가 없으니 다시 시내로 돌아가자고 한다. 촬영팀은 끝까지 갈 것을 고집하는데, 내가 판단해도 무리가 있을 것 같았다. 전진하는데 결국 차가 꼼짝할 수 없을 정도로 길에 물이 차올라 국동대혈행을 포기했다.

《후한서》 '동이전'에 고구려에는 나라 동쪽에 '수신'이라는 커다란 굴이 있는데, 10월에는 신을 맞이하여 제사를 지낸다는 기록이 있다. 《삼국지》 '동이전'에는 보다 자세하게 기록을 하고 있는데, 수신을 나라 동쪽으로 맞이해 왕이 제사를 지낸 후 신좌에 목수木隧를 설치했다고 전하고 있다.

국동대혈은 고구려인의 중요한 신앙의식을 행하는 장소이다. 고구려인들은 동굴과도 깊은 관련이 있었다고 보인다. 고주몽의 탄생은 어둠 혹은 굴과 깊은 관련이 있다. 유화 부인은 해모수에게 버림 받은 후 금와에게 보살핌을 받는다. 그녀가 어두운 방에 유폐되어 있는데, 한 줄기 빛이 들어와 피하는 그녀의 배를 비추었다. 그리고 그녀는 마침내 알을 낳았는데, 그 알에서 주몽이 탄생했다. 이른바 '주몽 난생설화'이다. 그런데 알에서 태어난 것도 중요하지만 어둠 속에서 유폐되어 있다가 빛에 감응되어 잉태되었다는 사실도 중요하다. '단군신화'에서 곰이 굴 속에서 햇빛을 21일 동안 보지 않고 금기하다가 인간이 된 것도 '어둠' 혹은 '굴' 과의 깊은 관련을 나타낸다.

이러한 신화는 생활 습속에서도 그대로 나타난다. 고구려 여인들은 나이가 차면 집 뒤에 조그만 집을 짓고 거기서 유폐 생활을 하다 결혼을 한다. 이처럼 고구려인들에겐 혈신앙이 있었다. 따라서 국동대혈은 왕이 직접 행차하여 제사를 지내는 것으로 보아 유화 부인과 관련된 중요한 신앙터일 가능성이 많다. 동굴은 유화 부인을 상징하고 고구려 왕은 태양이므로 동굴에서 동쪽으로 떠오르는 해를 맞이하는 것은 새로운 왕의 탄생, 혹은 왕의 정통성을 확인하기 위한 연례적인 행사였을 것이다. 환인의 흘승골성에도 커다란 동굴이 있다. 어쩌면 고구려인들이 모셨던 부여신인 유화 부인상은 건물이 아닌 이런 자연적 혈 속에 모셔 두었을지도 모른다.

압록강 옆 도로를 따라가다 상해방구촌 영등구에서 도로를 벗어났다. 개울을 따라 산 쪽으로 제법 들어가니, 산들은 높지 않고 작은 봉우리들이 기묘하고 수풀이 꽤 우거졌다. 차가 다닐 수 있는 길이 그나마 나 있어서 별일이다 했는데, 역시 근처엔 채석장이 있었다. 길이 끊어지는 곳은 계곡이 만나고, 원두막 같은 반 움집이 있다.

왼쪽 길을 따라 올라가 제법 경사진 산길로 접어들었다. 선돌처럼 세워둔 바위에 붉은 글씨로 '신수'라고 씌여 있다. 풀냄새가 진하게 코를 자극한다. 자연 동굴인데, 입구가 꽤 넓다. 높이가 10m, 폭이 25m, 길이가 20m이다. 내부가 너무 평평해 사람이 살고 있었지 않았나 생각이 들 정도다. 안에는 관음상이 모셔져 있고, 사람들이 다녀간 듯 중국의 특유한 향들이 타다 만 채로 꽂혀 있다. 굴 입구에는 밭 가는 것, 소나 짐승이 끄는 바퀴 없는 수레, 겨울에 쓰는 썰매빨리 등 농기구들이 있다. 아마 동네 사람들이 쉬어가기도 하고, 농기구를 두기도 하는 모양이다.

앞에서 보니 압록강이 바로 앞에서 흐르고 있다. 거리가 400m라고 하는데, 물빛이 햇살에 튀는 모습이 느껴질 정도다.

입구 오른쪽으로 난 샛길을 따라 다시 올라갔다. 산의 서쪽을 돌아 한 100여 m 올라가니 굴이 또 나타난다. 입구가 뚫린 것이 불규칙하고 내부도 평평하지가 않다. 아래 굴처럼 평탄하지는 않았는데, 길이가 16m, 폭이 20m라고 한다. 천장은 둥글고 높이가 약 6m 정도이다. 반대쪽에서도 빛이 들어와 이상하다 여겼는데, 놀랍게도 입구가 또 하나 있었다. 남북으로 문이 뚫려 있는 쌍굴이었다. 이 굴을 '통천동 通天洞'이라고 부르는 이유를 알 것 같다.

굴 서쪽에는 돌로 된 천연의 제사대가 있다. 약 2m 정도이나 정방형은 아니다. 그 안쪽으로 깊숙이 고르지는 못하지만 비교적 평평한 공간이 있다. 거기에도 중국인들이 옥황 여신을 모시고 있었다.

나침판을 들고 방향을 재 보니 우리가 들어온 쪽은 남서 방향이고 반대편 입구는 동북 방향이다. 남서 방향으로는 산들이 계속되지만 험하지는 않고 다만 숲이 우거졌을 뿐이다. 반대편으로 가 보니 바로 압록강이 보이고 강 건너 북한의 산줄기들이 보인다. 정면으로 각도를 재 보니 제일 높은 봉우리와 일직선이 된다. 혹시 저 산에도 무슨 제사터가 있을지 모른다는 생각이 들었다.

뭔가 그림이 된다. 옛날 고구려 시대가 연상된다. 이 굴을 발견한 이전복은 이렇게 말하고 있다. "왕들은 국내성 남쪽에 있는 나루터에서 배를 타고 강을 거슬러 올라와서 이 곳 영동구 안에다 배를 대고 계곡길을 거슬러 올라와서 통천문 앞에 이르러 수신을 맞이했을 것이다."

그런데 고구려인들은 무엇을 가지고 왔을까? 그들이 돌 제단에 바치던 제물은 무엇이었을까? 동물 혹은 식물? 아니 곡식이었을 가능성이 제일 많다. 왜냐하면 유화는 곡신의 신이고, 고주몽이 남으로 도망갈 때 비둘기를 시켜 오곡 종자를 보내 주었기 때문이다.

'그들은 어떤 복장을 하고 있었을까? 머리에는 왕관을? 두건을? 만약 썼다면 하얀색일 가능성이 제일 많겠지. 뭔가 바람을 말했을 거야. 하늘에서 햇빛은 어떤 모습으로 왕에게 내려올까? 아마도 이 국동대혈은 졸본에 있었던 제사터나 장군총과 깊은 관련이 있는지도 몰라. 장군총과 이 곳 대혈은 방향상으로 뭔가 연결되는 것은 아닐까? 백두산 천지와는?'

끝없이 끝없이, 명주실 꾸러미처럼 생각이 풀려 나온다. 그런데 이상하게도 신성한 장소라는 느낌이 안 든다. 아니 신성하지만 외경스럽고 때로는 괴기스러운 데다가 뭔지 불안하게 만드는 그런 류의 신성함은 안 느껴진다. 경외심보다는 오히려 그대로 주저앉아 푹 쉬고 싶은 마음이 든다.

자연은 어디나 다 아름답지만 여긴 부드럽고 폭 안긴 기분이 들면서도 주변을 어루만지고 싶어진다. 우연의 일치일까? 아니면 고구려인들의 심성을 반영하는 것일까?

합리성과 인정을 수반한 신성함이 있는가 하면, 엄격하고 비합리적인 신성함도 있다. 만약 강력한 힘과 왕권의 권위만을 위한 제사였다면 이렇듯 평범하고 부드러운 아름다움이 있는 곳을 국가 제사의 장소로 택하지는 않았을 것이다.

10월 상달, 하늘신은 바로 백성의 제일 어른이 아닌가! 바로 자신들의 태반을 간직하고 계셨던 분이 아닌가! 백성들은 할머니께 효도 겸 어리광 겸 해서, 그리고 내년을 기약하며 절을 올렸던 것이다. 그래서 국동대혈은 이렇게 정감 있는 곳에 있는 것이다.

아쉬운 마음을 가진 채 호텔로 돌아왔다. 옷을 벗고 잠시 쉬었다. 그리고 다시 동대자東臺子 유적지로 갔다. 전에도 갔었기 때문에 쉽게 찾을 것 같았는데, 그게 아니었다. 분명히 장소는 맞는데 유적지 터는 안 보인다. 여긴 국내성에서 동쪽으로 불과 500여 m 밖에 안 떨어진 곳이다. 예전에 발굴한 유적지가 여기쯤이라고 기록되어 있을 뿐이다. 전에는 안내인이 있어 민가 집안까지 들어가 자세히 보았고, 심지어는 담이나 길바닥 군데군데에 기와 조각이 박혀 있는 것도 볼 수 있었다.

동대자 유적지는 황토 지대인데 동서 500m, 남북 150m인 비교적 큰 폭의 대지이다. 1958년도 발굴 때 이 지역에서 가옥 건축의 유지가 네 개 나왔다. 주춧돌들은 물론 온돌 시설도 있었다. 온돌이 고구려인들의 발명

품이라는 데엔 이견이 없다. 온돌과 연도로 연결되는 굴뚝도 있었다. 방 하나에는 30~50cm의 돌판들이 깔려 있는데, 전체 길이가 11m, 폭이 2m다. 길고 좁은 방이었음을 알 수 있다.

그 외에 연화문·인동문 등이 찍힌 각종 와당들, 치미齒尾, 부서진 벽돌 등 많은 유물들이 발견되었다. 또한 도기로 만든 항아리·관罐·분盆 등이 발견되었고, 부斧·가래·솥·화살촉 등 무기도 나타났다. 이 유적지는 일종의 제사 유적지인 것으로 밝혀졌다.

어쩌면 고국양왕 9년인 392년 춘삼월에 세운 왕실 사직과 종묘였을 가능성이 있다고 추정하고 있다. 양서에는 "왕의 궁실 왼편에 큰 집을 지어 귀신에게 제사를 지내고, 또한 영성과 사직에도 제사를 지낸다."라는 기록이 있어서 이러한 추정을 뒷받침하고 있다. 차를 세워 둔 채 비를 맞으며 이리저리 헤매다가 조선족을 만났는데, 바로 이 곳이 '동대자 유적지'라고 한다. 승리 시멘트 공장 근처에 있다는 사실을 알고 있었는데, 그걸 깜빡했다.

압록강 변으로 나갔다. 냇가 같던 강이 물이 불어 쏵쏵 소리 내며 흐른다. 선착장은 물에 차서 잠겨 버리고 강변도로만 남아 있다. 그래도 군인들이 청소를 한 탓인지 깨끗하다. 물 구경 나온 사람들이 오고 가는데 어젯밤의 아수라장을 다 잊어 버린 것 같은 모습들이다. 중국인들의 낙천적인 성격 때문인지, 농촌적 삶을 살아가는 사람들의 특성인지 모르겠다. 강 건너에는 그나마 보이던 북한 사람들이 보이지 않는다. 얼마나 피해가 있었는지, 방파제 시설이 있는 여기보다 더하면 더했지 덜하진 않았을 텐데······.

압록강은 고구려 중앙을 관통하는 수로의 역할을 했다. 전에는 '마자수'

북한과 중국의 국경선이 되어 버린 압록강. 사진은 압록강 변에 위치한 북한 지역이다.

라고 불렀다. 황해바다에서 하구를 거쳐 단동우리 쪽은 신의주을 지나 거슬러 오면 혼강과 만난다. 계속해서 올라오면 집안이다. 여기서 더 상류에 있는 임강까지 배가 올라다녔다고 한다. 발해의 사신들도 바로 이 물길을 이용하곤 했다.

고구려 시대에는 강변에 면한 국내성 남벽에 가공한 돌을 쌓아 부두 시설을 만들어 놓았다. 수직으로 되어 배들이 정박할 수 있게 하였는데, 지금은 30여 m만 남아 있다.

압록강은 국내성을 유지하고 지켜가는 데 중요한 역할을 했다. 수로 역할을 한 강인 만큼 적의 공격도 가능했다. 그래서 강 안에 보루를 쌓았다. 이 곳에서 서남쪽으로 50여 km 가면 량수향凉水鄉이 있다. 그 근처의 해관海關과 외차구外岔溝에 있는 노변장老邊墻관애와 7개 정자관애는 강변의 험하고 좁은 골짜기를 이용하여 돌로 쌓은 방어 체제이다. 길이가 200m 아래 폭이 10m, 높이는 2m 안팎이다.

배를 빌려 타고 하류로 조금 내려갔는데, 북한의 경비정들도 눈에 띄었다. 예전에는 고구려의 수군들이 배를 탄 채 강을 순찰하고, 오고 가는 배들을 보호하며 세금을 받아내기도 하였을 텐데…….

동대자부터 공연히 따라온 아저씨는 북한에 자주 다녀온다고 한다. 벌목장에서 기차로 나무를 가져오는 일을 하고 한가한 때에는 김치장사를 한단다. 그에게 북한 사정을 물어봤다. 다들 한마디씩 하는 것이라 또 의미 없는 일인 줄 알지만, 그래도 피가 당기니 안 물어볼 수가 없다. 아래로 흰 선이 둘려진 짧은 상고머리에 붉은 핏기운이 도는, 깊은 의미를 간직한 얼굴이다. 소리없이 웃으며 작은 소리로 몇 마디 대꾸한다.

"그 사람들, 뭐 굶지요. 서로 말들 조심하면서 살지요."

큰 소리로 비통하게 말하는 것보다 서글픔이 천 배 만 배 가슴 깊이 스며든다. 동포에 대한 연민보다 인간에 대한 연민을 불러일으킨다.

호텔 근처 과일 가게 앞에서 놀고 있는데, 말들이 지나갔다. 우리는 결국 말을 팔았다. 그저께 밤에 맡긴 집은 먹이도 제대로 주지 않고, 자칫하면 고깃감으로 팔 것 같아서 안 팔기로 했다. 그런데 어떻게 소문이 났는지 시내에서 한참 떨어진 채석장 근처 마을에서 농부들이 사러 왔다. 자기들은 집에서 키우면서 농사짓는 데 쓸 것이라고 한다. 값도 싸고 그나마 돈도 다 안 가져왔지만, 마리를 살릴 수 있다기에 그들에게 팔기로 했다. 지금 말을 데리고 가는 중이다.

내가 다가가니 마리가 고개를 흔든다. 가슴이 아프다. 불과 열흘 남짓 같이 생활했지만, 고생을 죽도록 하고, 또 무엇보다도 피차 오랜만에 들판·산길을 달렸으니 아주 깊은 인연으로 맺어진 것이다. 목덜미를 쓸어주었다. 핏기운이, 그의 마음이 손길에 집힌다.

훌쩍 올라타니 달리기 시작한다. 안장도 고삐도 없는 데다 아스팔트 길인데도 막 달린다.

"마리, 위, 위!"

멈췄다. 내려서서 고삐를 새 주인에게 넘겨 주었다.

"잘 가라!"

어쩌면 우리는 수천 년 만에 다시 만난 연인인지도 모른다.

햇빛이 잠시 반짝한다. 비가 많이 왔지만, 그래도 꽤 많이 다닌 것 같다. 왠지 우중충하다. 대원들의 사기도 떨어진 것 같다. 이제 할 일도 거의 끝냈으니 집안을 떠나야 할 것 같다. 내일 채석장을 둘러보고 철수를 해야겠다. 물론 아직도 어디로 어떤 방향을 잡아야 될지 결정하지 못했다. 심양으로 가서 천리장성을 시작하자는 의견도 있다. 하지만 심양길은 현재까지의 정보로는 기차가 통할지 확신할 수가 없다. 난 지난번에 아성을 못 봐서 하얼빈으로 가야만 한다. 가능하다면 북부여의 고장이라고 알려진 치치하얼까지도 가고 싶다. 그래야 이야기가 된다. 북부여의 고장에서 동부여, 그리고 대안 농안, 장춘, 길림, 통화, 종착역인 집안, 이렇게 말이다.

일단은 통화에서 하얼빈행을 예매해 놓기로 하였다. 가능한지 모르지만 우리는 내일 통화까지 도착해야 한다.

통역하는 문은 이미 지칠 대로 지쳐 돌아가고 싶어한다. 물론 나도 그가 자유롭게 행동하길 바란다. 그야 가능하면 동행하는 것이 좋지만 요즘 같은 태도로는 우리와 동행할 수 없다. 우린 놀러 온 것이 아니기 때문에 매사 적극적이고 완벽하게 일을 하지 않으면 안 된다. 그러나 그는 요즘 지쳐서 갈팡질팡한다. 벌서 25일이 되었으니 집 생각도 많이 날 것이다.

집안의 마지막 저녁을 먹으러 시내로 나갔다. 길가에 숯불을 피워놓고 불고기를 구워가며 밥을 먹었다. 과일장수들은 아직도 퇴근하지 않고 있다. 얼굴을 익힐 만하니까 서로 헤어지는 것이다. 우리가 먹은 밥집, 과일장수 그리고 가끔 식당에서 일을 거드는 사람들은 모두 조선족이고 친척 관계라고 한다. 오고 가며 시간이 있을 때, 그리고 식당일이 바쁘면 과일을 팔다가 와서 도와 주는 것이다. 우리도 얼마 전까진 저런 모습으로 살아갔었는데, 사는 방식이 달라진다고 사람들 사이의 정을 나누는 방식도 달라져야 하는지……. 매몰차고 인정 없는 정도가 아니라 적대감을 드러내놓고 사는 우리 사회가 당연한 것인지…, 그것을 자본주의 사회의 당연한 특성으로 알고 있고 부도덕의 면죄부로 인식하고 있으니…, 그것도 자본주의가 뭔지도 모르는 사람들이 말이다.

밤이 깊어간다. 물 기운이 남아 습하지만 그래도 압록강 가라 그런지 숯불이 발갛게 될 정도로 바람이 분다.

'이제 또 언제 오나? 떠나기 싫은 곳인데…….'

내년에 다시 온다 해도 그땐 이번과는 다를 것이다. 중국인들도 점차 영악해지고, 또 한국 사람들도 와서 휘젓고 다닐 테니 얼마나 물들겠는가?

거의 밤 12시가 다 된 것 같다. 모두 조용하다. 방 안을 정리하려니 어지러울 지경이다. 물이 제대로 안 나오니 샤워도 이젠 이별이구나. 노트북을 켰다. 그리고 고구려를 정리했다.

집안에 와서 역사와 중요한 문화 유물·현상 들을 살펴보았다. 국내성은 4~5C에 극도로 발전한 것 같다. 광개토 대왕비와 장군총 등이 그러하며, 무용총·각저총 등 그 이후의 것이지만 오회분 5호 묘 등의 벽화는 우리에게 고구려에 대해 많은 메시지를 전달해 주고 있다.

이 시대는 전 시대에 비해 양적으로 팽창하고 질적으로 발전이 이루어졌다. 4C까지는 국가를 존속시키고 팽창시키는 한편, 내부의 정치적인 안정과 제도 완비 등 국가의 체제를 공고히 하는 데 주력했다. 그러나 이 시기에 이르면 외적으로 팽창하고 성장하면서 다종족적·다문화적 국가로서의 변화를 인식하였다. 그리고 민족 자아를 확인하는 단계에 이르렀다.

그래서 천손의식을 강조하여 주변 세계와 차별성을 꾀하는 한편, 정통성을 주장하는 데 비중을 두었다. 고구려는 부여계와 백제, 신라, 가야 등 동일 종족을 흡수하고 포용하였다. 동명계 신화를 재정리하여 부여계 종족의 적장자嫡長子라는 고구려 정통론을 내외에 선언한다. 그리고 물론 이것은 고조선을 계승했다는 의미까지도 내포했다.

고구려는 이러한 발견과 자각의 과정 속에서 국호를 변경하고, 연호를 사용하며, 통일 의지의 발현 등을 표현했을 것이다. 이 시대는 결국 고구려의 역할과 자기 정체성identity을 자각하고 승화시켜 가는 고구려의 재발견 rediscovery 시대라고 보여진다.

신선한 재발견의 과정 속에서 활발한 문화활동을 한다. 우리가 답사하고 현장에서 생각한 바에 의하면 고구려는 문화국가였다. 영토 팽창을 하면서 농경, 유목, 수렵, 해양 등 다양한 문화 형태와 신종교와 사상을 받아들였다. 그리고 그것을 내적 도약의 에너지로 삼아 세계화로 인식의 지평을 확대하였다. 특히 불교를 통해서 고구려 문화를 성숙시키고 보편적이게 하였다. 그래서 독창적인 고구려 문화가 개화되었다.

뿐만 아니라 고구려는 외부 문화를 수용하면서 이를 오히려 자기 고유문

집안 시내에서 볼 수 있는 사람을 태워다 주는 오토바이 인력거. 자전거를 끄는 인력거도 함께 다닌다.

화 속에 흡수·용해시켜 발전을 이룩하였다. 당시 문화의 개화와 수용 현상은 우리가 본 고분벽화 등에서 얼마나 풍성하게 나타났는지, 이 시대는 그래서 문명 개화의 절정 시대 renaissance였다.

한편 고구려는 영역 내에서 일어난 종족 간의 갈등, 문화 간의 이질감을 약화시키고, 통치를 일원화시키기 위해선 새로운 사상의 창출과 새로운 통치 방식이 필요했다. 무엇보다도 보편 정신을 소유해야 했다.

고구려의 이러한 일들을 철저히 자기 세계를 중심으로 추진했다. 고분벽화 등에 표현된 소재의 적지 않은 부분이 차용됐지만 주제가 분명하고 고구려적 특성이 강하며 표현 양식이 자유로운 것은 바로 자신감을 바탕으로 한 정체성이 분명했기 때문이다. 이렇게 해서 고구려는 이 시대에 이르러 국가의 성격을 재정립 re-foundation 하였다.

그러면 이러한 질적으로 다른 사회를 이루게 한 고구려인들의 시대 정신은 무엇이었을까? 이 정신은 우리에게도 전해졌을 것이고, 지금처럼 우리나라가 세계 국가적 성격을 가져야 하고, 동시에 정체성이 심각하게 위협

받는 시기에 뭔가 답을 줄 것이 아닌가.

그들은 철저한 자아 의식이 있었다. 국력이 팽창하면서 수백 년 동안 자신들을 짓눌러 왔던 한족에 대한 비애와 감정을 풀어 버리면서 자아를 확인하였다. 그리고 나름대로 종족적 통일을 이루었다고 스스로 판단했던 것 같다. 고구려인들은 이러한 강한 정체성의 확인으로 역사에 대해 자신감은 물론 진보를 이룩하고자 하는 의지를 갖게 되었다. 그래서 동아세계 전체로 인식의 지평을 확대하여 국제 질서의 재편을 적극적으로 추진했다. 그리하여 신질서에 걸맞는 보편 정신과 문화를 창조하였다. 나는 고구려 지역의 자연환경과 사람들 그리고 문화, 집안에 들어와서 많은 유적과 역사의 흔적을 살펴보고 생각하여 이런 생각을 할 수밖에 없었다. 고구려는 진정 위대한 나라였다. 영토가 넓기 때문이 아니라 문화적으로 우수하고 고결한 정신을 가진 사람들의 뛰어난 터전이었다.

녹수교
고구려의 혼을 조각하던 채석장

 8월 6일 25#

　채석장을 향해서 고개를 넘었다. 며칠 전 이 곳을 지날 때는 한밤중이어서 정신없이 졸았다. 도중에 말들이 팔려간 동네가 있어서 혹시나 하고 밖을 기웃거려 봤지만 눈에 띄지 않는다.

　채석장이 있는 녹수교 근처는 협곡이다. 기이한 봉우리들이 있고 산이 울창하게 우거져 옥황산 유원지로 되어 있다. 바위에 '소강남'이라고 붉은 글씨로 음각해 놓은 기암절벽이 보인다. 벼랑 사이로 굽은 길을 통과하는데, 밑의 계곡에 옛날 길이 보인다. 옛날이면 반드시 초소나 관애가 있었을 장소이다.

　녹수교를 건너자마자 '채석장'이라고 쓴 시멘트 간판이 보였다. 차에서 내려 막바로 숲으로 뚫고 들어갔다. 길을 따라 가면 역시 돌을 깨 낸 흔적을 찾기 힘들기 때문이다. 낙엽이 두텁게 쌓여 발길이 푸근하다. 푹 썩은 냄새가 여름의 싱그러운 풀잎 냄새와 섞여 몸뚱이를 휘감는다. 다행히 비가 안 온다. 금방 돌을 깨 낸 흔적을 발견했다. 확실히 난 뭔가를 찾아내는 데는 소질이 있나 보다. 거의 모든 것을, 유물과 관련된 것은 차를 타고 달려가다가도 알아볼 수가 있으니 말이다.

두텁게 낀 이끼들을 걷어 내고 흔적을 자세히 살펴봤다. 정 자국이 분명하고, 놀랍게도 떼 낸 자리는 거의 각이 져 있다. 단단한 돌을 각지게 잘라 낸 것도 놀랍지만, 얼마나 분명했으면 천수백 년이 지났는데도 아직 각을 유지하고 있을까? 당시 사용했던 정, 모루 역할을 한 쇠의 강도, 주물 솜씨를 미루어 짐작할 수 있다. 5호 묘에 그려진 대장장이신은 바로 이러한 돌을 잘라 내는 정과 망치 등을 만들어 낸 것이다. 이렇게 철을 잘 제련한 솜씨로 칼과 창, 화살 등을 벼려 내고 마구, 편자, 농기구 등을 만들었으니 얼마나 대단한 나라였는가?

채석장은 길이가 약 100m, 폭이 100m, 면적은 10만여 m^2에 달한다. 잘라 낸 흔적들, 채 운반하지 못한 돌덩어리들도 많이 있지만 질 좋은 화강암 바위들이 아직도 손길이 덜 미친 채로 남아 있다.

집안에 있는 수많은 석조물들, 장군총의 그 미끈한 화강암들, 고분을 둘러싼 돌들은 여기서 잘라 내어 계곡을 타고 집안으로 운반된 것이다. 우리는 흔히 석굴암과 미륵사 그리고 석가탑, 다보탑 등 많은 당탑들을 보면서 신라와 백제의 석조 예술을 칭찬하고 있다. 그러나 고구려를 직접 보지 못해서 백제와 신라만 알고 있는 것이다. 고구려는 조각품뿐만 아니라 석조 건축이나 무덤 축조에도 뛰어난 기술을 보이고 있다. 심지어는 돌에 그림을 그려 놓고 예술적으로 표현하는 능력까지 터득한 사람들이다. 숲을 통과하면서 유적지를 보고, 마지막엔 돌을 굴려 내리는 언덕길을 살펴봤다.

집안으로 돌아오자마자 점심을 먹고 출발했다. 모두 인사를 한다. 일 주일간 머물고 밤낮 이상한 행색으로 들락날락하는 우리는 직원들 모두의 주목을 끌었고, 나중에는 친해지기까지했다. 정겨운 사람들이다. 승합차 문이 닫히고 차가 호텔 문을 빠져 나갔다.

'다음에 또 올 수 있을지…….'

저녁에 통화에 도착했다. 아직도 홍수 흔적이 남아 있다. 그리고 비는 여전히 내린다. 그래도 내겐 바닥이 드러난 혼강보단 물이 철철 흐르는 혼강이 낫다. 옥황산 유원지에서 혼강을 가로지르는 케이블카는 운행을 멈춘 채 비를 맞고 있다.

다행히 기차표를 끊어 놓았다니 안심이 된다. 저녁을 먹고 따뜻한 술 한잔 한 다음에 밤차를 탔다. 보름여 같이 고생한 이 선생과 헤어졌다. 저런 순박한 사람들이 잘살 수 있는 세상이 진짜 좋은 세상인데……. 일단 장춘으로 가서 다음 행선지를 정하기로 했다. 또 밤차다. 왠지 모르게 고압적이고 불친절한 중국 승무원들의 얼굴을 봐야 하다니!

녹수교 채석장. 녹수교의 채석장에서 발견된 돌에는 놀랍게도 정 자국이 분명하고 돌을 떼어 낸 자리에 각이 져 있다. 이 채석장에서는 집안에 있는 수많은 석조물, 장군총과 많은 고분들을 축조하는 석재들을 다듬어 냈다.

돌을 떼내던 정 자국이 선명하게 남아있는 돌

제5장
고구려 국력의 상징 천리장성

:: 하얼빈 | 아성 | 천리장성 | 신성 | 개모성, 백암성, 요동성
  | 안시성 | 건안성 | 비사성

하얼빈
송화강과 대흥안령의 품

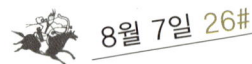 **8월 7일 26#**

독립군의 활동 무대 하얼빈

장춘에 일찍 도착했다. 우리는 일정을 결정하지 못했다. 하얼빈을 거쳐 치치하얼로 갔다가 요원을 거쳐 심양으로 내려올까, 아니면 막바로 치치하얼로 가서 북부여 관계 유적을 찾아본 다음에 하얼빈으로 내려올까, 아니면 치치하얼을 거쳐 아예 흥안령산맥까지 갔다 올까? 보고 싶은 것은 많고 시간은 부족한 데다가 돈도 모자랄 것 같고, 지치기도 했기 때문이다.

지금 역 대합실 앞 건물에 기대고 앉아 있는데 신경질도 나고 배도 고프다. 밤기차를 타서 잠이 부족한 건지 몸도 찌뿌둥하다. 문과 안 형은 차를 구하러 갔다. 혹시 렌트가 가능하면 하얼빈까지 승합차를 타고 갈 생각이다. 장춘역은 예전에 비해 아주 깨끗해졌다. 이상한 표찰을 단 사람들이 왔다 갔다 한다. 직감적으로 수상하다 싶어 자세히 살펴봤다. 아니나 다를까, 그는 담배꽁초를 버리는 사람을 붙잡더니 벌금을 달란다. 중국인들이 어떤 사람들인가? 안 준다고 버티다가 결국은 싸움이 된다. 사람들이 이제 모두 그 감시원의 정체를 알게 되었다. 장사 망친 것이다. 하지만 그건 착각이었다. 늦게 나타난 사람들은 멋모르고 담배를 피우고, 단속원들은 소매로 명찰을 가리고 옆에서 기다리다가 꽁초가 땅에 떨어지기가 무섭게 잽싸게 돈을 요구한다. 나는 옆에서 말해 주고 싶지만 남의 나라인 데다가 중국인들의 성격을 보기 위해서 그 사람을 따라다녔다.

나는 이준이 담배꽁초를 버리려는 것을 막기도 했다. 준은 울란호특에서 당하고도 정신을 못 차리는 모양이다.

손수레에서 빵을 사서 먹었다. 벽에 기대고 앉아서 먹으려니 이번엔 역 청소부가 물을 뿌리면서 다닌다. 사람들이 역사에 기대 앉지 못하도록 물로 적시는 것이다. 기운도 없고 짜증이 나는 터라 버렸더니, 내 자린 그냥 놔두고 가 버린다.

우선 하얼빈으로 가기로 결정했다. 2층으로 올라가 차를 기다렸다. 모두들 한결같이 기다리고 있다. 이들이 뭘 기다리는지 모른다는 생각이 든다. 왜 그럴까? 그들의 무표정 때문일까, 역관리인들의 안하무인격인 태도 때문일까?

또 기다리다 결국은 차를 탔다. 자리가 없어 서서 가는 수밖에 없다. 우리가 있는 차칸은 젊은이들이 많았다. 가만히 살펴보니 대학생들이 놀러 가는 것이었고, 한쪽은 쿵푸 시합에 참가했던 학생들이 돌아가는 길이었다. 이 차는 치치하얼을 지나 만추리까지 가니까 굉장히 먼 곳까지 가는 것이다.

빈 자리가 생겨 구기고 앉았다. 앞의 학생이랑 영어로 얘기를 했다. 의

하얼빈역. 안중근 의사의 의거가 있었던 현장. 지금은 현대식 역사로 변해 있다. 이토히로부미를 저격했던 플랫폼에 있는 표식만이 그 날의 역사를 증언해 줄 뿐이다. 중국 역무원들은 그 표식이 무엇인지조차 모른다.

대생인데 방학에 집에 가는 길이라고 한다. 비교적 영어를 잘하는 것 같다. 그들은 생각이 상당히 개방적이다. 공산당에 대해서 비판적이었는데 심각하거나 인상 쓰면서 얘기하는 게 아니라 웃으면서 정부를 비판했다. 그렇다고 이들이 자본주의 사회를 동경하거나 전적으로 긍정하는 것도 아니었다. 그 학생과 같은 친구라고 하는 여학생이 또 얘기를 걸어와서 여러 가지 의사를 교환했다. 건전하고 균형잡힌 시각을 가진 젊은이들이었다. 중국의 장래가 별안간 훤해 보였다. 그들은 도덕적으로 수양이 되어 있고, 개방적이며 비판적인 안목도 가졌다. 그리고 무엇보다도 그 웃음에서 배어나오는 낙천성과 건전함은 우리 사회에서 거의 보기 힘든 모습이다. 옆자리의 대학생들은 영어를 잘 모르는지 재미있게 보고들 있다.

차 안에서 인스턴트 우거지국을 마시면서 점심을 때웠다.

이제 하얼빈이다. 안중근 의사가 이등박문을 저격한 바로 그 역이다. 내가 그 역사의 현장에 와 있다니! 이등박문의 고향에 가보고, 이젠 그 죽음의 현장에 있다니……. 여지껏 살아온 보람이 있다 싶다.

차에서 내려 촬영을 하는데 몇 번이고 되풀이해서 찍느라 너무 힘이 들었다. 피곤도 하지만 짐이 좀 많은가! 큰 배낭을 메고 한 손엔 가방, 또 한 손엔 말 안장을 들고 배낭 위에다 텐트까지 얹었으니 목을 숙이고 걸어야 할 판이다. 이렇게 하고 뛰어야 하니 얼마나 신경질이 나겠는가. 그래도 그냥 걸을 때는 낫다. 개찰구를 빠져 나올 때는 일부러 고개를 푹 숙여야 하니 목이 꺾여질 것 같다. 원래 외국인은 못 타는 차칸이 있거나 혹은 차비가 비싸기 때문에 우린 거의 내국인 행세를 했다. 중국인이나 우리나 생긴 게 뭐 차이가 있겠는가? 그런데 내가 문제다. 서구적인 마스크에다 수염을 잔뜩 길렀으니 중국에선 보기 힘든 스타일이라 금방 눈에 띄었다. 그래서 개찰구를 통과할 때는 짐으로 얼굴을 가리느라 푹 숙이고 걷는데, 통과하는 데 시간이 걸리면 아주 힘들다.

역사를 빠져 나오니 햇빛이 따갑다. 별안간 덥다는 느낌이 들었다. 역 앞 허름한 식당에서 만두로 점심을 때웠다. 문과 나는 숙소를 찾아 나섰다.

역 앞은 어디나 번화가이지만 여긴 독특한 분위기를 풍기고 있다. 왠지 새로 만든 도시란 분위기는 나지 않는다. 불규칙하게 늘어선 건물들도 대담한 느낌을 준다.

하얼빈은 이 흑룡강성의 성도이다. 인구가 150만 명 정도라고 하는데 동북 평원의 한 중간이다. 송화강에서 고기 잡는 어부들이 살고 있는 조그만

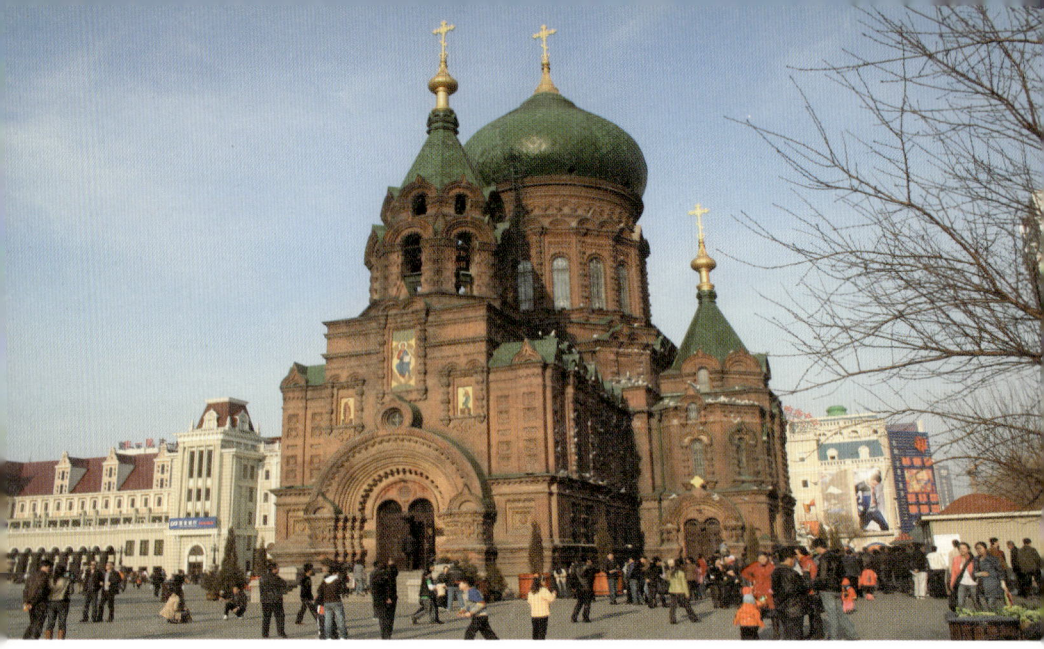
러시아 건축기법이 잘 나타난 성 소피아 성당

어촌이다. 그런데 러시아의 철도 기지가 되면서 발달하기 시작했다. 그래서 '하얼빈' 하면 '러시아'가 생각나는 것이다. 다른 나라 속에서 또 다른 나라의 정서를 느낄 수 있으니, 야릇한 기분이 든다. '중국 속의 러시아'란 어떤 분위기를 풍기고 있을까?

초대소는 외국인 숙박이 안 된다고 문이 자꾸 뺀다. 지저분하더라도 경비를 절약하려면 할 수 없는데, 문은 아무래도 편한 것을 찾으니까 우리와 자꾸 충돌을 일으킨다. 몇 군데 다니다가 결국은 좀 비싼 호텔로 갔더니 거긴 또 외국인은 안 된다는 것이다. 일찍부터 서구 문화가 개방된 곳인데도 의외의 대접을 받는 것 같다. 몇 군데 돌아다닌 끝에 시내 쪽으로 들어가서 간신히 화교가 운영하는 호텔을 찾아냈다.

하얼빈의 밤, 답사 관계로 동포 몇 분 그리고 신문사에 전화를 걸면서 정보를 입수했다. 저녁을 대충 먹고 시내로 나섰다. 우리 독립군들이 활동했고, 일본군의 헌병대가 있고, 모스크바나 페테스부르크에서 도망온 러시아 귀족들이 거닐던 곳이 아닌가? 왠지 멋있을 것 같고, 긴장감도 돌 것 같다. 하지만 그냥 평범한 중국의 변경시였다.

지하도에 차려진 반짝시장에서 시간을 보내다 들어왔다. 이런 반짝시장이 중국으로선 의미가 있고, 한편으론 재미있을 것 같지만 우리에겐 너무나 평범하고 파는 물건도 전혀 새로울 것 없는 소비재 등이니 시간만 죽일 뿐이다. 차라리 남쪽 지방이라면 풍물이 우리와 다르니 그나마 신기한 게 있는데, 여긴 정말 그게 그렇다. 혹시 겨울이라면 우리와 다른 게 조금 있을지 모르지만. 아마 다른 나라나 남방 문화권에서 놀러 온 사람들이 보면 신기하고 마음을 들뜨게 하는 것들이 많을 것이다. 어려서부터 여러 가지 의미로 각인된 '하얼빈'이라는 이름은 결국 기대에 못 미쳤다.

안중근이 쓴 붓글씨를 새겨 만든 비. 하얼빈 안중근 기념 공원 내에 있다.

아성
폐허로 남은 동부여의 터전

 8월 8일 27#

　박물관엘 들렀다. 우리가 묵은 곳에서 아주 가까운 곳에 있었는데, 바로 옛 시내 한가운데 로터리 옆이다. 옛날 일제 강점기 때 지은 건물인데, 러시아풍과 유럽풍을 섞어서 지은 멋진 분위기의 건물이다. 눈에 띠는 주변 건물들도 역시 최근 것들은 별로 없고 역사적인 유적도 있다. 1층은 컴컴하고 사람들도 없고 창고 같은 분위기다. 전시실인 2층으로 올라가 내부로 들어가니 입구 좌우에 돌사자 한 쌍이 안쪽을 바라보고 있다. 발해의 돌사자들이다.

　그런데 유물은 하나도 없고 유리 진열장과 흰 벽엔 포스터와 그림, 사진들이 붙어 있다. 그런데 이상하게도 역사와 전혀 관계가 없는 성에 관련된 것들이다. 성병을 예방하고 건전한 성생활을 유도한다고 하는 명분을 내걸고 있는데, 분위기는 반대로 성을 상품화하여 돈을 벌고 있는 것처럼 보였다. 한쪽에선 포장을 쳐놓고 건전한 성생활을 위한 영화까지 보여 주고 있는데, 결국은 따로 돈을 받아가며 보여 주는 포르노성 필름인 것이다.

간간이 포스터 사이로 유리창 안을 들여다보니 유물은 하나도 없고 팻말들만 있다.

관리인을 불렀다. 유물이 어디 있냐고 물어봤더니 도난과 화재 예방을 위해 전부 창고에 보관한다고 한다. 어이없는 일이지만 그나마 아쉬워 창고에 들어갈 수 없느냐고 했더니 콧방귀도 안 뀐다. 그러면 안에 있는 석등이라도 찍었으면 좋겠다고 했더니 이젠 화까지 막 낸다. 그들이 쫓아다니는 통에 결국 실패하고 돌아나올 수밖에 없었다.

아성으로 출발했다. 아성에 대해서는 아는 게 없다. 동부여의 발상지였을 것이라는 이케우찌池內宏의 논문을 읽고 혹시나 해서 찾아온 것이다.

시내를 빠져 나와 안쪽으로 달려갔다. 톨게이트를 지나 유료 도로로 접어들었다. 주변은 하늘과 평원뿐이다. 다른 식물은 보기 힘들 정도로 눈길이 닿는 곳은 거의 옥수수밭이었다. 어쩌다 나무 같은 것이 있을 뿐이다. 이 곳 사람들은 더운 여름날에도 옥수수밭에 숨어 들어가 흙밭에 엉덩이를 붙이고 땀을 식히나 보다. 역시 이 곳 땅은 보기에도 검은 게 기름져 보인다. 옥수수가 들어오기 이전에는 무엇을 심었을까? 약간 구릉이 보이는 듯 하더니 건물들이 보이기 시작하고 아성이 나타난다. 역시 조그만 시골도시란 느낌이 들었다. 전화번호부를 찾아 조선족과 조선족 학교에 전화를 걸었다. 박물관이나 문물 관리소에 연락하면 보다 정확하게, 그리고 빨리 알 수 있지만 혹시나 추방당할까 해서 그럴 수가 없다.

조선족 중학교에 갔다. 이 먼 곳에도 우리 피가 남아 있다니, 나이 드신 선생님 몇 분을 댁까지 찾아가서 물어봤지만 이분들 역시 부여에 관한 것은 모르고 계셨다. 단지 이 곳이 독립운동의 요람이었고, 독립군들은 이 곳에서 집결했다가 하얼빈 헌병대를 습격하곤 했다고 한다. 여기에는 육군 중장이 지휘하는 병원이 있었고, 그 유명한 이시이의 731 세균 부대가 바로 여기서 멀리 떨어지지 않은 곳에 있다.

박물관으로 갔다. 아성은 금시조인 완안부의 아골타가 수도를 정한 곳이다. 그 때문인지 많지 않은 유물들이 주로 금나라에 관련된 것들이다.

고대로 올라가면 여진의 조상과 우리 조상은 인종이나 언어·문화적으로 상당히 가까운 사이였는데, 여진 이전에는 말갈 그 이전엔 물길, 또 이

발해 석등

발해 투구

발해 기와

흑룡강성 박물관 전경. 하얼빈 흑룡강성 박물관 개축을 위해 3년간 폐쇄 결정, 이후 2008년 하얼빈을 다시 찾았을 때 운좋게 특별 전시 기간 동안 발해 유물을 만날 수 있었다.

전엔 읍루, 그리고 더 오래 전엔 숙신으로 불렸다. 항상 우리의 영향을 받고 복속되었으며, 고구려 시대에는 용병으로 대중국전에 참가하기도 하였다. 그리고 발해는 바로 이들과 연합해서 세운 나라였다. 하지만 그 이후 금나라, 청나라를 세우면서 우리에겐 '병자호란'이란 치욕을 안겨 주기도 하였다. 누루하치가 백두산에서 태어났다는 신화를 가지고 있는 것을 보면 우리와 얼마나 가까운가를 알 수 있다. 그래서 그들은 백두산을 '장백산'이라고 불렀고, 잡인들을 얼씬도 못 하게 하는 봉금정책을 썼다. 이 민족들이 중국 한족에게 아부하며 자신을 잃어버리고 있는 조선이 한심하고, 괘씸하기도 했을 것이다. 그들은 지금 거의 사라지고 명목에 가까운 만족 자치향으로 옛 땅에 대한 연고권을 남기고 있을 뿐이다.

길 가는 오토바이를 붙잡아 선도차로 삼아 성을 찾아갔다. 토성인데, 지금은 거의 무너지고 성 안 동네로 들어가는 입구 부근에만 흔적이 남아 있다. 높이가 4~5m, 폭 역시 아래쪽은 4~5m, 윗쪽은 3m 정도이다. 성벽에 올라가 보니 성 안은 역시 거의가 밭이고 동네들이 몇 군데 보인다. 멀리 동남쪽으로 산군이 보인다. 그 아래로 랍임하가 흐르고 있을 것이다. 동부여의 아성설을 주장한 이케우찌는 저 산을 부여의 원 거주지인 녹산이라고 보았다. 역시 지형적으로 보아 이 아성 지역은 초원과 구릉과 산악이 교차하는 정치·군사·경제적으로 매우 중요한 것 같다.

오후 2시에 하얼빈으로 돌아왔다. 난 치치하얼로 가고 싶은데 대원들이 반대를 한다. 다음 기회로 미루자고 하지만 나에겐 아주 중요한 일이다.

치치하얼은 대흥안령과 소흥안령 사이에 있고, 눈강 중류 지역에 있는 소도시이다. 왠지 뭔가 있을 것 같고, 이름도 멋있는 것 같다. 여진 계통의

금나라 궁궐 유지비

말이라 그런지 우리와 친근하고 결코 가볍지 않은 인연이 있는 것 같다.

치치하얼은 북부여가 건국한 곳이라고 알려져 있다. 천제인 해모수가 다스리던 나리이고, 동명은 거기서 도망 나와 엄호수를 건너 동부여로 왔다. 그리고 고주몽은 동부여를 떠나 졸본부여를 세웠다. 그 졸본부여가 곧 고구려이니 결국 북부여는 고구려의 원향인 것이다. 고구려인들이 가지고 있는 이동성, 초원 문화, 그리고 강가와 산록가에서 짐승을 잡던 수렵인들의 마음을 이해하기 위해서라도 우리는 치치하얼로 올라가야 하는 것이다. 그리고 도대체 치치하얼까지가 얼마나 먼지, 비록 기차지만 몇 시간이나 걸리는지, 또 어떤 산천과 초원을 가지고 있는지, 초원의 색깔은 어떤지를 보고 싶었다. 하다 못해 시장에 가면 뭐가 잡히는지 알 수가 있을 것 아닌가. 정 시간이 안 되면 가서 얼굴만 내밀고 땅빛과 사람들의 표정만이라도 보고 싶었다.

반대를 물리치고 차편을 알아보러 다녔다. 터미널 두 군데를 가 보았지만 결국 이미 늦어 버렸다. 할 수 없이 다시 호텔로 돌아가 짐을 풀었다.

일본군이 하얼빈을 점령했을 당시 하얼빈 외곽에 세운 731세균 부대 전경. 건물을 비롯해 당시 사용하던 고문 기구, 생체 실험 도구 등을 통해 희생자들의 모습을 엿볼 수가 있다.

천리장성
고구려가 한족을 방어하기 위해 쌓은 성

 8월 9일 28#

하얼빈을 떠나면서 송화강 가로 나갔다. 송화강 공로대교 앞에 차를 세웠다. 공안이 초소를 지키고 있었는데, 다리를 이용하는 사람들이 많고 구경터처럼 돼서 그런지 공안들의 표정은 긴장이 풀린 듯했다.

다리 밑에서 빨래를 널어놓고 쉬는 사람, 식구들끼리 먹을 것을 싸가지고 와서 노는 사람 등 사람들이 많다. 비교적 자유로운 분위기다. 유람선도 떠다니고, 한 구석엔 보트 대여소도 있다. 모래사장은 발달하지 못해 수영하기엔 부적합하다. 강 가운데에 섬이 있는데, 사람들이 몰려 있는 것으로 보아 수영하기엔 좋은 것처럼 보인다.

나른하다. 즐겁지만 시끌벅적한 느낌은 없다. 다리 서쪽으로 모래 채취기가 쭉 연결되어 있다. 모래가 원래 없는 것인지 저렇게 파내서 그런 것인지, 하얼빈의 송화강 가는 모래가 적다.

백두산 천지에서 발원한 이 강은 북으로 북으로 흘러와서 다시 동으로

백두산 천지에서 발원한 북류 송화강은 대안에서 눈강과 합쳐져 동쪽으로, 동류 송화강은 동북에서 흘러드는 흑룡강과 합쳐져 동해 북부로 흐른다.

휘어져 흘러가다 이 하얼빈까지 온다. 여기서도 한참을 더 흘러가서 북에서 동으로 흐르는 흑룡강과 만나 동해 북부로 흘러들어 간다. 그러니 만주는 송화강을 중심으로 이루어진 것이 많다. 더구나 하얼빈은 구릉조차 없는 곳이니 강이야말로 생명의 근원이다. 더운 여름날이 강바람 때문에 따뜻하게 느껴진다.

  하얼빈 시내를 마지막으로 달렸다. 말들이 유난히 많다. 예전에는 명마의 산지였기 때문이다. 말떼드리개나 고들개, 고삐 등을 연결하는 링은 모두 놋으로 만들어 사용하였다. 한 면에만 10여 개 이상의 놋쇠 링이 매달려 햇빛에 번쩍거리고 있었다. 수천, 수만 필의 말이 이렇게 치장하고 초원을 달려가면 장관일 텐데……. 적군에게는 뽀얀 흙먼지와 번쩍거리는 빛만이 보였을 테니 눈부시고, 지레 겁을 먹어 전의를 상실했을 것이다. 고대에도 저렇게 치장하였다면 얼마나 많은 쇠와 동이 필요했을까?

하얼빈을 떠났다. 아쉬움을 너무나 많이 남기고 떠난다. 언젠가 다시 와서 차분히 보면서 부여·고구려·발해 유적과 유물을 찾아보련다.

이제 우리는 부여와 이별하고 고구려의 원향을 떠나 고구려가 한족을 방어하기 위해 쌓은 '천리장성'을 찾아간다.

사평四平에 내렸다. 천리장성의 기점을 이 곳 일면성一面城으로 보는 견해가 있지만 그리 신빙성 있지는 않다. 일면성이란 명칭은 중국 여러 곳에 있다.

천리장성은 당나라 침입에 대비해서 연개소문이 16년간에 걸쳐 축성한 성이다. 당의 건국 이후 고구려는 대당정책을 둘러싸고 강·온 양파로 갈라졌다. 온건파인 영류왕은 소극적인 수비전을 주장하고, 강경파인 연개소문은 적극적인 대응을 주장했다. 이때 양파의 갈등을 정치적 야심이나 권력 쟁탈전으로 보는 시각이 일반적인데, 이는 정책상의 갈등으로 판단된다. 이 갈등의 과정에서 천리장성을 쌓게 되고 연개소문이 장성 감독관이 된 것이다. 양파의 갈등은 마침내 연개소문이 정변을 일으킴으로써 일단락 됐다.

천리장성은 영류왕 13년인 631년에 시작하여 16년 만에 완성된 성이다. 천리장성은 농안을 출발지로 하고 현재 알려진 몇 개의 성들을 이어 가면서 요동반도 남단의 비사성을 종점으로 보는 것이 일반적인 견해다. 그러나 최근엔 길림 동북에 있는 변강邊崗시에서 요하의 종착점인 영구營口의 노변老邊까지 연결된다는 설이 유력해진다고 한다.

이 선은 1000여 리에 달하는데, 중간중간을 연결하는 곳에 '변강'이라는 지명이 많이 있다. 이러한 지역이 바로 천리장성의 거점이라고 한다. 이

수현梨樹縣에는 성벽이 남아 있는데, 예전에는 3m 정도의 폭으로 그 위로 마차들이 다닐 정도였다고 한다. 그러니까 천리장성은 성과 성을 연결한 것이 아니라 성 바깥으로 방어벽을 따로 쌓은 것으로 주장하고 있는 것이다. 나로선 놀라운 사실이다. 앞으로 계속 답사하겠지만 우리는 현실적인 여건상 몇 개의 중요한 성을 보는 수밖에는 도리가 없었다.

사평 역 앞에서 사람들의 눈치를 보며 떨어진 샌달 끈을 수선하고, 먹을

것을 산 다음에 일면성으로 찾아갔다. 역시 지도를 보며 예상했던 곳이다. 하지만 문물 관리소 직원이 말한 대로 전혀 흔적이 남아 있지 않았다. 지금은 고등학교가 있고, 주변에 조금 넓은 공터가 있는 것이 이 성의 흔적이라면 흔적이다. 사진만 찍고 막바로 심양으로 차를 돌렸다.

심양으로 가는 길에 흩뿌리던 비가 잠시 멈추는 듯하더니 무지개가 초록 들판 위로 뜬다. 내려서 바라보는데 옆으로 또 다시 하나가 뜬다. 쌍무지개다. 하늘의 뜻인가? 해모수가 타고 내려온 오룡거는 바퀴가 두 개 달린 쌍무지개인지도 모른다. 하늘의 상서로움이 저렇듯 무지개로!

우리 민족의 발자취를 찾아 일본 땅을 헤매다가 쓰루가의 한적한 해안에 닿았을 때이다. 그때도 바다에서 하늘로 무지개가 다리를 놓았다. 마치 일본 신화에 나오는 천부교처럼 하늘의 뜻이려니 했는데, 또 여기서 쌍무지개가……

저녁을 먹고 다시 심양으로 달렸다. 길가에서 아가씨들이 나와 손을 흔든다. 히치하이크가 유행하나 보다 생각했는데 계속되길래 이상해서 물어보니 식당에서 호객 행위를 하는 것이었다. 화장을 진하게 한 젊은 처녀들이 주로 운전기사들을 상대로 손짓을 해 대니 야릇한 느낌이 든다. 식당들은 숙식과 주차 공간을 확보하고 있었다. 중국은 확실히 빨리 변하고 있다. 심양 쪽 하늘이 번쩍번쩍거린다. 비가 내리나 보다.

신성
'고이산산성'으로 불리는 고구려성

 8월 10일 29#

초대소에서 묵었다. 밤에 들어갔는데, 약간 무더운 느낌이 들었지만 그런대로 잘 만했다. 아침부터 차량을 수배하느라 시간을 보냈다. 여기저기 연락을 하면서 값을 정하고, 여하간 시간만 갔다. 허름한 음식점에서 밥을 먹었는데, 주인이 순박하게 보인다. 맛있냐는 뜻으로 웃으면서 '오케이?' 한다. 나도 '오케이!' 했더니 좋아하고, 옆의 아줌마한테 으쓱거린다. 자기가 영어 할 줄 안다는 것이다. 그러더니 또 자꾸 웃으면서 '예스 예스' 한다.

'우리도 저런 때가 있었지……'

시내를 잠깐 나가 봤다. 본역은 허름하고 그리 번화한 것 같지 않는데, 북역은 현대식으로 새로 지은 데다가 거리도 번화했다. 사람들이 몰려 있는 데가 있어 구경을 가보니, 인력시장이 형성되어 있었다. 사람들이 직사각형 목판에 글씨를 써서 끈에 꿰어 목에 걸고 있다. 읽어 보니 자기가 할 수 있는 일의 종류를 붓글씨로 적은 것이다. 중국 어디나 거의 마찬가지이지만 생각보다는 고도다운 멋은 느낄 수가 없었다.

심양은 요녕성의 성도지만 동북 삼성 가운데서도 최고의 중심지이며 최고의 중화학 단지가 있는 공업도시이다. 큰 만큼, 중요한 만큼 복잡한 역사를 간직한 곳이기도 하다. 연의 영토였다가 고구려가 수백 년 동안 다스렸고, 그 후에는 발해 영토가 되었다.

그 후 이민족의 손으로 넘어가 요·금·명을 거쳐 청 때는 수도가 되었다. 이때 성경盛京으로 불렀으나 수도를 다시 북경으로 옮기면서 봉천부奉天府를 세웠다. 그 후 만주국의 수도가 된 곳이다. 그래서 여긴 다른 지역에 비해서 청조의 고궁과 유물들이 많다. 병자호란 때 끌려간 소현 세자, 봉림 대군 등 300여 명이 이 곳에 있었다. 그들이 고구려나 발해의 역사를 얼마나 알았는지 모르지만 기막힌 심정이었을 것이다. 효종의 북벌도 끝이 나고 우린 그 열등감을 능동적으로 털어 버릴 기회도 영 잃어버리고 만 것이다.

더운데 짜증도 나고, 차량은 수배도 안 되고 해서 터덜거리며 초대소로 돌아오는데, 손금 보는 할아버지가 길가에 앉아 있다. 찬찬히 보고 이것저것 보는데, 무려 반 시간을 보는 것 같다. 워낙 손금이 좋아 별것은 없지만 직업이 바뀔 것 같다고 하는 말은 좀 흥미를 일으킨다. 지금 내가 공부하고 돌아다니고 하는 것은 천직이니 바꿀 이유가 없기 때문이다. 다음 인연 때야 물론 다른 경험을 해야 되지만, 지금은 내 뜻을 굽히지 않으면서도 많은 일을 하고 경험을 해 왔다.

꼭 당원 같은 품을 내는 초대소 주인 아줌마의 눈치를 보며 로비에서 몇 시간을 끌었다. 차량이 도착하고, 김일경 교수가 도착하고 해서 정오가 넘

심양이 고조선 지역이었음을 알 수 있는 기후방정의 유물과 심양박물관에 있는 고구려인의 투구

어서야 출발을 했다.

무순으로 향하고 있다. 김일경 교수를 만나 일정을 짠 다음에 첫 목적지로 신성을 잡았다. 1시간 정도 걸리니 무순 시내가 나타난다. 해성과 무순을 혼동한 적이 있었는데, 크기는 무순 쪽이 큰 것 같다. 아무래도 요동의 중심권이니 그런 것 같다. 심양은 과거 청조의 수도로서 지금은 요녕성의 성도이지만 예전에는 요양이나 무순이 중심이었다.

요하를 건너서 동으로 오는 세력들은 반드시 이 지역을 통과해야 했다. 고구려 집안으로 공격해 들어가는 길은 남도·북도로 되어 있는데, 무순을 통과해서 신빈 혹은 청원을 지나서 통화나 환인으로 들어갔다. 적어도 요동반도 남단 길이 개발되기 이전인 404년까지는 이 길이 매우 중요했다. 그래서 무순을 지나 혼하, 소자하蘇子河를 따라 목기성木奇城 등 고구려의 산성들이 축조되어 있는 것이다. 연이나 돌궐 등 북방 세력들이 들어올 때도 이 길을 통과했다.

무순으로 들어왔다. 이제 본격적으로 천리장성을 답사하는 것이다.

고구려는 산성의 나라이다. '고구려' 란 명칭도 성을 뜻하는 '구루溝漊'에서 나왔다는 설이 있을 만큼 성은 중요하다. 고구려의 성은 단순한 군사 방어처가 아니라 행정의 처소로서 일종의 행정기관이었다. 《구당서》에 따르면 고구려는 60여 개의 성에 주와 현을 두었다. 큰 성에는 욕살褥薩을 임명하고 작은 성에는 도사道使를 두었다. 그런데 같은 《구당서》나 《삼국사기》에는 176개의 성이 있다고 한다. 그러니 대단히 많았음을 알 수 있다.

진대위陳大爲의 '요녕고구려산성초탐遼寧高句麗山城初探, 1985'에 의하면 요녕성에서 현재까지 밝혀진 것만 해도 87개나 있다. 산이 있고, 산을 활용할 수 있는 곳이면 어떠한 형태로든 산성을 쌓은 것이다. 고구려가 강력한 국가로서 오랫동안 존속할 수 있었던 것은 기마군단을 이용한 원거리 기동 습격 전술을 활용했고, 반면에 산성을 쌓아 거점을 확보해 가면서 일단 확보한 땅은 절대 빼앗기지 않고자 했기 때문이다. 유목민의 공격 방식과 농경민의 수비 방식을 조화시킨 국방 전략을 활용했기 때문이다. 따라서 고구려의 산성은 하나하나에 대한 연구도 중요하지만 지형 전략에 맞추어 각 성들의 연관 관계를 유기적으로 파악해야 한다.

혼하를 건넜다. 이 곳은 삼국 시대에 현토군이 있었던 곳으로서, 지금은 강 남쪽의 노동공원에 있다. 그 후 연을 거쳐 고구려가 이 곳에 현토성을 쌓았다. 고구려는 이미 모본왕 때인 49년부터 서진을 하여 북평北平, 어양漁陽, 상용上谷, 태원太原 등 현재 북경 근처까지 공격해 들어갔다. 그리고 다음 왕인 태조 대왕 때는 요서 지방에 10성을 쌓았다.

고구려의 요서 진출에 대해 의심을 하는 견해도 있지만 기마문화의 능력과 특성을 잘 활용한 군사적 능력으로는 충분히 가능한 일이었다. 기마군단을 활용하여 공격할 때는 순식간에 질풍노도처럼 장거리를 달려가 적을 치고 빠지는 유목민의 전술을 활용한 것이다. 이것이 바로 원거리 기동 습격 전술인 것이다. 당시 유목민들이 요동을 공격한 전법을 고구려라고 사용하지 않았으리라는 법은 없다.

한편 11년에는 현토와 갈등을 벌였는데, 이때 현토에게 복속하라고 했는지 통감, 현토에 복속하겠다고 한에 사신을 보냈는지《삼국사기》상반된 기록이 나타나고 있어 알 길이 없지만 분명한 것은 당시 고구려의 세력이 이미 이 곳에 미치고 있었다는 사실이다. 그러나 그 후는 현토에서 공격을 가해 왔다.

한족의 동방 침략 기지 역할을 한 곳이 바로 현토였던 무순이다. 121년에는 태조 대왕이 마한·예맥의 군사 1만여 기를 거느리고 현토성을 포위하였는데 부여의 위구대尉仇台 왕자가 구원군 2만 명을 보내 한군을 도왔다. 엎치락뒷치락하다가 고구려는 이 곳에 현토성 외곽의 산에다 신성을 쌓았다.

동천왕은 235년 요동 지방에 있었던 위와 갈등을 벌인다. 그리고 양자강 유역의 오나라와 해양 교섭을 한다. 관구검의 침입은 바로 이러한 배경에서 나온 것이다. 5호 16국이 되면서 요동은 유목민들의 영토가 되어 고

신성 남문. 신성은 많이 훼손되어 민가의 담장으로 사용하고 있다.

구려는 이들과 싸움을 하였다. 그런 과정 속에서도 고구려는 요동 진출은 물론 요서, 심지어는 이남까지 진격해 들어간 것으로 보인다. 신성도 이때 고구려의 영토로 편입된 것으로 보인다.

한편 1976년에 평남 덕흥리에서 영락 18년408년에 만들어진 유주자사 幽州刺使 진鎭의 무덤이 발견됐다. 북한 학계에서는 내부 벽화에 나타난 범양范陽, 북평北平, 상곡, 어양 등의 글자를 근거로 370년대 이후 한동안은 현재의 북경 근처까지 영토를 확대했다고 주장한다. 물론 진의 성격이나 지명의 위치 비정 등 여러 설이 있다. 광개토 대왕 때는 비려碑麗를 토벌하고 3개 부족 6700영을 공파한 다음에 수없이 많은 우마군양牛馬群羊을 노획했다고 기록되어 있다. 이때 요동과 동몽골 지역을 가로지르는 시라무렌 상류 유역까지 진출한 것으로 보인다유영수徐榮洙.

결국 요동은 고구려의 완전한 영토가 된다. 그러나 신성은 광개토 대왕 때인 400년에 연에게 빼앗겼다가 곧 회복한다. 이래서 고구려가 멸망할때까지 이 지역은 고구려 땅으로서 북도로 공격해 들어가는 적을 막았다.

신성新城은 지금은 '고이산산성高爾山山城'으로 부르고 관광지로 개발되어 있다. '고이산'이란 '고려산'이란 뜻이다. 신성은 일인들에 의해 '북관산성北關山城'이라고도 불렸다. 시내권에 들어서니 장군봉이 보인다. 비록 140m 정도의 낮은 산이지만 평원 위에 솟은 탓인지 높아보이고 전망도 좋을 것 같다. 산의 자연 지세를 그대로 이용한 만치 동성, 서성의 양성 구조이다. 성의 둘레가 4km이지만 산세가 복잡하기 때문에 방어망이 중첩되어 있고, 성벽 또한 다양한 구조물이 설치되어 있었다고 한다.

먼저 북문으로 갔다. 성 안, 그러니까 시내에서 넘어가는 고개는 길고 양쪽 절벽은 높은 벼랑으로 되어 있다. 당시에는 천연 관애의 역할을 했을 것이다. 지금 도로는 북문을 확장한 듯한데 절벽을 더 뚫었을 것이다. 마침 공안 차가 서 있어서 제대로 보지도 못하고, 길가에 있는 아이스크림 장사에게 아이스케키를 사서 먹는 시늉을 하면서 걸어 내려왔다. 우리는 매사 이런 식이었다. 환인과 집안에서의 쓰라린 경험이 있는 데다가 안내를 맡은 김일경 교수까지 노골적으로 몸을 도사리니 어쩔 수가 없었다.

북문에서 걸어 내려오면서 민가 몇 집을 통과하니 남문 앞에 안내비가 있다. 길을 사이에 두고 양쪽으로 능선이 펼쳐지고 있었다. 역시 자연 구조를 활용하고 앞부분은 흙을 돋워 올린 구조다.

민가로 들어가 텃밭이 되어 있는 성문 안쪽을 밟고 남문 위로 올라갔다. 잡초 수풀과 나무 속에서도 옹성 구조임이 분명히 드러나 보인다. 남벽은 길게 연결되지 않았다. 성 안에서 내려오는 수구문은 집들 사이를 통과하고 있는데, 크게 허물어뜨려 집들을 짓고 개천처럼 사용하고 있었다. 전에는 목책이 있었다고 하는데 우린 볼 수가 없었다. 주인에게 양해를 구했지만 의심을 살까 봐 중국인 행세를 하고는 숨어가면서 촬영을 했다.

동성 남벽의 동쪽을 보기 위해 산으로 올라갔다. 벽 부분은 길가 민가의 윗부분에 있어 고도는 높지 않다. 밭들을 지나 벽쪽으로 해서 올라가니 길가에서 고구려의 황색 기와편들이 굴러다닌다. 정말 야릇한 일이다. 천수백 년이 지났는데, 그것도 도시 한가운데의 민가 밭인데도 기와편들이 굴러다니다니······.

마도가 나타난다. 폭이 10m 정도인데 2단 구조로 되어 있다. 어찌 보면 그 이상의 다단 구조로 되었을 가능성도 배제할 수 없다. 특히 길림의 동단산성을 답사한 나로서는 다단 구조에 대해 미련을 버릴 수가 없다. 성의 동남 사면 쪽으로 길게 경사가 나 있는데, 이 역시 적의 침입이 쉽지는 않은 구조이다.

점장대를 보고 성의 구조를 알기 위해 공원 안으로 들어섰다. 시민공원이라 그런지 어린이 놀이터도 있고, 올라가는 데도 입장료를 받는다. 까마득히 높아보이는 계단을 올라갔다. 관음각이 나타났다. 무순 시내가 보이기 시작하더니 곧 전체가 눈에 차고, 강물과 주변 농토가 한눈에 보인다.

점장대는 이중 구조로 되어 있는 듯하다. 거의 자연산을 활용하였기 때문에 멀리서 보면 산봉우리인지, 사람이 쌓아올린 점장대인지 구분할 수가 없다. 토성에는 돌들이 섞여 있는 것으로 보아 판축版築 공법이었음을 알수 있다. 이 성은 1983년부터 몇 차례에 걸쳐 발굴되었다. 고구려 말기의 특성을 가지고 있으며 많은 도자기, 철기 등이 발굴되었다. 하지만 이 성은 고구려가 본격적으로 요동에 진출한 무렵부터 완벽하게 축성된 것으로 보인다.

광개토 대왕과 연과의 싸움도 있었지만, 그 후 수·당과의 전쟁은 아주 격렬했다.

고·수3차 전쟁, 즉 수의 2차 침입인 613년에는 수의 왕인공王仁恭군과 고구려군과의 공방전이 벌어졌다. 물론 이때 방어에 성공했다. 이후 당 태종이 645년에, 이어 고종이 계속 공격하여 치열한 공방전이 벌어졌다. 고구려의 요동 길목을 지켜 주던 곳으로서 이 곳이 격파되면 신빈을 거쳐 환인·통화 지역으로 적의 공격을 허용하는 것이다. 이른바 북로가 위험해지는 것이다.

마지막 전투는 멸망 직전인 667년 이세적군과의 싸움이었다. 2월부터 9월까지 무려 8개월간의 공방전이 벌어졌다. 대단히 치열한 전투였음을 알 수 있다. 8개월간의 포위 공격을 막아 낼 수 있을 정도라면 그 안에 식량은 물론 무기, 그리고 무엇보다도 다수의 군인과 주민들이 거주하고 있었다는 것이다.

그런데 우리가 보고 있는 신성은 그다지 커 보이지가 않는다. 당시 신성은 포위되어 있었다고 하지만 완벽하게 포위돼서 출입이 부자유로웠던 것은 아닐 것으로 생각된다. 당군에 상응하는 전력을 가지고 있으며 때로는 적을 공격하여 뒤로 후퇴시키거나 포위망을 풀게 하기도 하였을 것이다.

그러는 과정에서 주민들의 출입도 간간이 있었고, 식량 운반 등도 있었을 것이다.

그 긴박했던 순간들을 우리는 얼마나 느끼고 이해할까? 하긴 한국인의 대부분은 신성 전투에 대해서도 모르고 있으니, 그걸 기대하는 것은 불가능한 일이다. 안시성 전투가 유명하지만 신성 공방전은 정말 고구려 역사에서 특기할 만한 전투였다.

나이 든 아저씨가 숲속의 평평한 터에서 태극권을 연마하고 있다. 중국인들이 태극권을 하는 걸 볼 때마다 마음이 불편해진다. 생철냄비처럼 가볍고, 경망스런 한국인들이 어떻게 이들을 당할까 생각하면 앞날이 아찔하기 때문이다. 중국인들과 중국을 우습게 여기는 사람들이 적지 않지만 중국은 순서대로 착착 역사를 잘 발전시켜 온 것 같다. 모택동과 등소평 그리고 지금 사람들이 절묘하게 역할 분담하면서 말이다. 우리가 그들과 비교할 수가 있을까?

다시 심양의 호텔로 돌아왔다. 제대로 답사를 못 해서 마음이 우울하다. 저녁은 북역 앞에 있는 조선족 식당에서 불고기로 했다. 골목길을 걸어다니며 중국의 밤을 보았다.

청나라 도읍지 심양 고궁. 심양은 연, 고구려, 발해, 요, 금, 명, 청 등 여러 민족에 의해 다스려진 곳으로 역사가 깊고 복잡한 만큼 유적과 유물들이 많다.

개모성, 백암성, 요동성
고구려 최후의 보루성

 8월 11일 30#

오전 11시가 넘어서야 출발했다. 촬영팀이 시내 스케치를 하느라 늦게 돌아왔기 때문이다. 이 곳은 옛날 봉천이 아닌가. 만주국의 수도이고 청의 마지막 황제이자 만주국의 황제였던 부의가 살았던 궁이 있는 곳이다. 옛날 독립군 영화에서 얼마나 자주 나오던 지명인가. 서울에서 요녕성의 성 분포도를 팩스로 받았다. 환인에서 공안의 감시 때문에 자료를 다 찢어 버렸기 때문이다.

심양을 출발해서 소가둔구蘇家屯區로 갔다. 진상둔陳相屯에 있는 개모성을 찾아가는 길이다. 성 쪽으로 내려가는데, 산 같은 산은 안 보이고 들판과 야트막한 산들이 보인다. 요동은 거의 이런 지형이기 때문에 어제 신성 같은 성들이 중요한 역할을 하는 것이다.

'개모성'은 '탑산산성'으로 불린다. 절도 있었고, 성터의 뒷편 북쪽 정상에는 7층짜리 육각 벽돌탑이 한 채가 있었기 때문에 '탑산'이라고 불렸다고 한다. 하지만 이 탑은 이미 사라져 이름만 남아 있다. 그것도 고구려

채석장으로 변한 개모성. 당 태종은 645년에 건안성을 공격한 다음, 이세적과 강하와 도종으로 하여금 개모성을 공격하게 하였다. 이 전투에서 고구려는 1만 명이 포로로 잡히고 양곡 10만 석을 빼앗겼다. 그 후 이세적과 설인귀는 고구려를 멸망시키고 이 곳에 개모주를 설치하였다.

로부터 빼앗은 이름이지만 말이다.

　입구 근처에 오니 초록산의 반이 푹 파여 나가 회붉은 속살을 흉측하게 드러내고 있다. 산이 높은지 아닌지도 알 길이 없게 돼 버렸다. 질 좋은 화강암 산인 탓인지 채석장이 되었다. 지금은 공사가 끝난 듯 조용하지만 산이 흉측하기는 매일반이다.

　시급 문물보호 단위인데도 채석장으로 산이 반이나 뚝 잘려 있다니, 알 수 없는 노릇이다. 문화재를 보호한답시고 박물관에 전시는커녕, 심지어는 이런 산성들마저 못 가게 하면서 말이다. 역시 외국인들, 특히 한국인들이 자국 내에 있는 한국 관계 유물·유적을 보지 못하게 하려는 마음 때문이다.

옥수수밭, 녹두밭 길을 지나 양계장 앞을 통과해 산길로 접어들었다. 한 10여 분쯤 올라가니 능선에 닿았다. 길은 폭 5~6m 정도로 잘 닦여 있었다. 채석장 때문이다. 다만 요 며칠간 내렸던 폭우로 군데군데 길이 파여 있었다. 서쪽으로 도로가 빠져 나가고 산길로 접어드는 곳에 하얀 돌판이 있다. '탑산산성'이란 글씨를 안고서. 소롯길을 쫓아 올라가니 좌우로 흙담이 나타나는데, 산성의 흔적이란다. 왠지 분명하지도 않을 뿐더러 빈약하다는 느낌마저 든다. 중간중간에 고구려의 붉은 기와 부스러기가 눈에 띈다. 산릉선을 따라 흙으로 쌓은 토성이기 때문이다.

정상부에는 안쪽으로 그다지 넓다고 할 수 없는 평평한 공간이 나타난다. 물론 풀숲에 싸여 형체는 분명하지가 않다. 역시 약간 솟아오른 둔덕들이 있는데, 이것이 개모성의 흔적이라고 하나 이미 정상에 서서 산 전체의 모습과 주변 환경을 조망한 나는 납득할 수 없었다. 더군다나 성 주위가 2km에 달한다고 하는데, 정상부의 성 흔적은 100m도 채 안 되어 보인다.

건너편, 그러니까 점장대라고 할 만한 곳에서 능선으로 이어지면서 건너편 산과 연결되고, 그 사이는 계곡을 이루고 있다. 그러니까 깎인 개모성 남쪽과 반대편의 계곡인데, 그것도 성 안 같다는 판단이 든다. 앞쪽만으로는 성이 너무 적고, 뒤에 그런 공간을 놓아 두고 성을 쌓을 수는 없기 때문이다. 앞뒤로 좋은 골을 가진 쌍포곡식 산성이 아닌가 생각된다.

남쪽으로 사하가 흘러가는 게 실낱처럼 보인다. 작은 강인가 보다. 주변에서 산은 이 곳밖에 없다. 그러니 요하 이동에서 진공해 오는 적을 막을 만한 방어 시설이 될 만한 지형도 이 곳밖에는 없으므로 이 지역 전체를 방어하는 기능을 했다. 뿐만 아니라 이 곳은 심양 바로 남쪽에 있다. 따라서 무순의 신성으로 들어가는 길목에 있으므로 적은 무순의 신성을 거쳐 소자하나 청하길을 따라 통화로 들어갈 수 있다. 그런가 하면 남쪽으로 본계시를 거쳐 환인으로 해서 집안으로 쳐들어갈 수 있다. 그러므로 성의 규모는 작지만 요하 이서의 적이 집안으로 접근하는 데는 반드시 통과해야 할 중요한 곳이다. 그래서 당 태종은 645년 1차 침공에서 건안성을 공격한 다음에 이세적과 강하왕江夏王 도종道宗으로 하여금 공격하게 하였다. 이 전투에서 1만 명이 포로로 잡히고 양곡 10만 석을 빼앗겼다. 그 후에 이세적과 설인귀는 고구려를 멸망시키고 이 곳에다 개모주를 설치하였다. 이후 당인들이 발해를 갈 때 거치는 곳이 되었다.

개모성을 나와 근처 식당에서 식사를 했다. 도저히 식당이 있을 것 같지는 않았는데 가라오케 시설도 훌륭했고, 제철소 때문이라는데 아가씨들도 있다. 중국은 가라오케의 열풍이 너무 센 것 같다.

백암성 가는 길은 평지의 연속이었다. 성이 보인다는 말에 눈을 뜨니 평평한 풀밭만이 덮인 산에 사선으로 검은 선이 그어져 있고, 정상 부근에도 역시 검은 물체들이 있는 게 보인다. 산성이라고 해서 자세히 보지만 글쎄…….

점점 차가 가까워질수록 형태가 분명해지면서 점점 두꺼워지고 있다. 주변 환경이 이렇게 목가적일 수가…, 오랜만에 부여 지역의 초원을 다시 본 것 같다. 마을이 있고, 넓다란 풀밭 위에는 소 떼·양 떼 들이 점점이 색을 이루며 물가로 빠져들고 있다. 저녁 햇살에 희게 튀는 물줄기가 가슴을 뒤흔든다.

동네 어귀로 들어오니 벌써 성 냄새가 난다. 등탑현燈塔縣 대요향大窯鄉

성문구촌城門口村이다. 어디서나 마찬가지지만 담들이 모두 돌로 차곡차곡 쌓여 있다. 산성에서 뽑아다 쓴 돌로, 산성의 축성법을 그대로 흉내 냈으니 오죽했겠는가? 지금은 '연주성燕州城'이라고 알려졌는데, 이는 '엄주嚴州'란 말이 바뀐 것이다.

4시 반이니 꽤 늦은 시각이다. 풀밭에는 벌써 어둠 냄새가 배인 듯하다. 서문을 통과해 안으로 들어갔다. 장관이다. 삼태기 같은 골짜기는 초록 풀들을 담고 2km가 된다는 둘레를 하얀 돌들이 둘러싸고 있다. 물론 다는 아니지만.

북벽을 따라 올라갔다. 성벽 돌들이 모두 석회암이다. 북쪽 건너 골 아래 석회암 광산에선 지금도 채굴을 하는 모양이다. 몸이 하얗게 드러나 있고 먼지도 풀풀 날리고 있다. 성벽은 석회암을 잘라서 차곡차곡 쌓아서인지 거의 틈 하나 없이 맞물린 채로 그대로 있었다. 물론 인공적으로 사람들에 의해 무너지고 뽑힌 부분은 제외하고 말이다. 안쪽은 매끄럽지 않고 돌들이 삐죽삐죽 튀어나왔다. 견치석으로 쌓은 것이 한눈에 보인다. 바깥쪽은 얼마나 잘 쌓았는지 정교하게 다듬은 것 같다는 느낌을 줄 정도이다.

아름다운 폐허, 절망감·숙연함·패배감이 느껴지지 않는 폐허, 미케네 문명의 그 성, 장대하고 아름답지만 왠지 처연하고 무거움이 느껴졌다. 아크로 폴리스의 폐허, 아름답지만 순수함·맑음은 느껴지지 않았다. 그런데 이 기막힌 한을 간직한 돌성의 흔적이 투명하면서도 깊은 아름다움을 풍기고 있다니……. 국내성 서벽에서도 보았지만 규모나 크기, 그리고 보존된 상태가 비교가 되지 않았다.

성벽 폭은 2m가 넘었고, 높이는 바깥쪽에서 볼 때 6m 이상이다. 북벽

한눈에 적의 움직임을 파악할 수 있는 천혜의 요새 백암성 정상

에는 장대한 치가 분명한 형태로 남아 있었다. 다섯 개가 완전하게, 한 개가 반쯤 무너진 상태로 있다. 높이가 거의 10m 가까이 된다.

치는 재미있는 구조를 가지고 있다. 성벽을 사이에 두고 안팎으로 되어 있었는데, 일직선으로 마주 대하는 게 아니라 엇물리게 되어 있다. 바깥쪽의 치를 지탱하려는 공학적 기능을 한 것 같지는 않고, 전투의 효율성 때문인 것 같다. 안쪽 치 위에서도 많은 군사들이 서서 성벽 바깥쪽의 적을 공격할 수 있는 것이다.

또한 치를 쌓을 때 기단석을 따로 쌓았고, 기단석은 아래로 내려갈수록

바깥쪽으로 넓어지고 원형으로 감싸게 되어 있다. '굽도리 양식'이라 하는데, 치 무게를 효과적으로 떠받치기 위한 공법 같지만 돌의 차가움과 엄숙함을 부드러움으로 바꾸고 있다.

'첨성대의 그 선도 이 곳에서 배워 온 것은 아닌지……. 인간에게 가장 견디기 어려운 긴장 관계가 연출되고, 생과 사가 결정되는 성벽을 이렇게 아름답게 꾸미다니!'

서구의 성들처럼 호화스러운 장식이나 색깔을 칠한 것도 아닌데, 푸근하면서도 말끔하고, 날카로우면서도 부드러움을 동시에 풍기고 있다. 고

고구려의 전형적인 산성 모습을 보여 주는 백암성. 견치석으로 쌓았다.

구려인들은 어떤 정신을 가지고 있었던 것일까? 인디언 전사들의 용맹함과 고결함이 결코 낯설지 않았던 것은 바로 이런 고구려인의 정서를 우리가 간직하고 있었기 때문이 아닐까?

그런데 내부에는 잡석으로 채워져 있고, 넓적한 돌들을 중간중간에 사용했다. 놀랍게도 석회를 뿌려서 접착제 구실을 하게 했다. 석회의 성격을 알고 성벽 구축에도 활용한 것이다. 무용총, 각저총에 소석회를 바르고 그 위에 그림을 그린 고구려인들이지만 정말 얼마나 놀랐는지…….

하지만 성벽 전체가 그렇지는 않은 것으로 보아 개축할 때 보안했을 가능성도 있다. 《삼국사기》에는 양원왕陽原王 3년 547년 7월에 백암성을 개축하였다는 기사가 나온다. 그런데 다녀보다가 이상하게도 북벽 치에만 외성 바깥에 또 하나의 성벽 내지 외벽이 있었던 흔적을 발견하였다. 폭 3m

정도로 30m 정도의 돌길로 이어지는데, 일부에는 1m 높이의 담이 남아 있다. 혹시 성벽 돌을 사용하기 위해 중국인들이 무너뜨린 게 아닐까 하는 생각도 해 봤지만 그렇지는 않은 듯하다. 폭이며 두께가 질서정연한 데다가 윗면도 고르게 되어 있었다. 어떤 기능을 하였는지 알 수가 없다.

성벽 위 길에 들꽃들이 피어 있다. 사람의 발길이 사라지고, 돌덩이 위에 풀이 자라고 꽃이 핀 것이다. 아주 잔잔한 들꽃들이 말이다.

동벽으로 가까워지니 어둠과 함께 경사가 급해진다. 치가 필요 없는 지형이다. 멀리서 봐도 남벽은 깎아지른 절벽이 태자하 물 속으로 내려꽂히고 있어 적의 공격이란 불가능하다. 《구당서》에는 "성은 산을 등지고 물가에 접해 사면이 험하고 가파르다."라고 기록되어 있다.

서쪽으로 문이 있고 북과 남으로 타원형인 데다 동은 정상 부근 맨 끝에

석회암으로 쌓아서 하얗게 보이기 때문에 '백암성'이라는 명칭이 생겼다고 한다. 백암성 북쪽으로는 개모성, 남쪽으로는 안시성, 서쪽으로는 요동성이 있다. 이 네 개의 성은 서로 연결되어 있어서 적군은 어느 한 쪽만을 일방적으로 공결할 수 없는 구조로 되어 있다.

점장대가 있었다. 산 둘레에 외성이 있고 점장대 부근에도 내성이 있는 이중 구조. 꾸불꾸불 하얀 몸뚱이가 용처럼 살아서 올라가다 점장대에서 만나 대가리를 이루고 있다. 석회암을 사용했기 때문에 성이 하얗게 보이고, 그래서 '백암성'이란 명칭이 붙었다.

돌아서 무너진 돌들을 넘어 내성으로 들어섰다. 폭은 5m, 높이는 4m 정도의 돌성이다. 안쪽에는 건물 하나 없이 풀밭이 초록만을 채우고 있다. 성이 아니라 종교의 성소 같은 모습이다. 인간은 저런 비어 있으면서도 꽉 차 있는 공간을 보면서 자신을 비우고 또 채운다.

초록물이 든다. 안으로 걸어 들어가니 다시 내벽이 가로막는다. 점장대다. 남아 있는 벽의 높이라야 2m 남짓에 폭 역시 2m 정도인데 주위가

50m 정도이다. 35㎡라고 한다. 그 안에 병사들이 주둔해 있고 장수가 지휘했던 장대는 더 높이 돌로 쌓여 있다.

최후의 일인, 최후의 일각까지! 그들은 성이 점령될 경우에 이 곳에서 장수를 보호하며 마지막 항전을 한다. 장수도 역시 칼을 껴안고 죽는다. 벅찬 감동에 가슴이 뻐근해 온다. 고구려인의 모습이 실존으로 다가온다. 적에게 포로로 끌려가길 거부하고 죽음으로써 자기를 지키는 숭고한 정신. 내가 논문에서 말하고 싶었던 고구려인들의 정신은 바로 '자유의지'이다. 그 자유인들의 모습을 이 성벽들과 구조에서 나는 지금 만지고 껴안고 있다.

엄청난 규모의 고구려 산성들을 보고 지배 계급이 인민들을 혹사해 만든 것이라 말하기도 한다. 고구려의 전쟁은 민족전쟁이었다. 그렇기에 성 구조가 모두 다 살기 위한 구조였고, 모두가 함께 결사 항전할 수 있는 구조였던 것이다. 지면 다 죽고 다 포로가 되는 민족전쟁, 이민족과의 전쟁, 자유를 위한 투쟁에서 승리하기 위한 성이었다.

중국인들이 두려워하고 있는 건 고구려 영토를 탐내는 우리의 마음이 아니라 고구려인들의 정신이다. 그것을 알고 배울까가 두려운 것이다.

백암성은 북으로 개모성, 남으로는 안시성, 그리고 서로는 요동성이 있다. 요동을 방어하는 전략상 매우 중요한 요충지이다. 이 4성은 서로 연결되어 적군은 어느 한 쪽만을 일방적으로 공격할 수 없게 되어 있다. 특히 백암성은 태자하를 보호하기 위한 목적도 있었다.

이 성의 성주 손벌음은 결국 당과의 전쟁에서 몰래 항복을 청하고 당기를 성 위에 꽂음으로써 군사와 백성들이 이미 성이 점령당한 듯이 속게 하

백암성을 감싸고 도는 태자하. 천혜의 지형을 이용해 쌓은 난공불락의 성이다.

였다. 그리고 굴욕적인 항복을 하고 만다. 이런 성을 두고 항복하다니, 차라리 자결을 하였다면 후세에 치욕은 안 남겼을 텐데…….

6시가 다 돼 늦은 시각이고 해가 떨어져 내려가야 하는데도 감동 때문에 움직일 생각들을 않는다. 사진 찍는 것은 이미 포기해 버렸다.

점장대에서 바라보는 태자하, 왜 그리 구비구비 흘러 우리의 마음을 저리게 하는지……. 어둠이 스며든 강 위로 한 척의 배가 건너 마을인 강만촌으로 건너가고 있다.

지금 남아 있는 모습만 보아도 대단한데 축성 당시나 한창 때의 모습은 어땠을까? 몇십 리 밖에서도 보일 정도로 장대한 데다가 하얀 석회암으로 쌓았으니 얼마나 아름다웠을까? 더구나 태자하의 유장한 물결이 성 밑을 굽이쳐 흘러 멀리 평원 밖으로 빠져 나가고 있으니…, 오늘처럼 보름달이 떠있는 날엔 얼마나 아름다웠으랴! 우리는 이 마을에서 하루 자거나 성에서 텐트 치고 자는 게 어떻냐는 말까지 했다. 하지만 중국인들의 눈길을 피해 답사하는 우리로서는 그것은 먼 훗날을 기약하는 바람이었다.

풀빛이 달빛을 머금어가고, 태자하의 물결 위로 어둠이 스며들 때 천천히 성 안길, 산길을 걸어 내려왔다.

차가 달린다. 요양으로 달린다. 요동성이 있었던 그 요양 땅으로!

'고구려는 어떤 나라인가? 고구려인은 어떤 사람들인가?'

어스름 속에서 요양을 통과해 안산으로 달렸다. 요동성을 보고 싶다. 난 이상하게도 어린 날부터 안시성보단 요동성이 더 기억에 남았다. 치열한 전투 상황도 감동적이었지만, 그 영웅인 성주의 이름을 알 수 없다는 것이 여러 가지 마음을 일으켰기 때문이다. 사실 이 전투만큼 치열했고 감동적인 것은 흔하지 않다. 강의를 할 때도 이 부분에선 각별히 언급을 하곤 했다.

수 양제는 113만의 병력을 거느리고 수륙 양면으로 공격해 들어왔다. 특히 30만의 친정군을 거느리고 있었는데, 이 수 양제의 친정군이 요동성을 공격하기 시작한 것이다. 20여 일 동안 공방전이 벌어졌는데, 여기 동원된 무기만도 대단했다. 공중에서 성 안을 공격하게 만든 비루飛樓, 성벽을 깨는 동棟, 사다리인 운제雲梯, 땅굴[地道] 등이 동원되었다.

운제는 막대기 끝이 15장이나 되는데, 적들은 그 곳에 올라가 공격하였다. 물론 고구려군의 무기도 상당했을 것이다. 노포, 포노, 화살 등 공격용 무기가 있었을 것이다. 그리고 부녀자들, 노약자들은 돌과 끓는 물을 나르거나 직접 적에게 던지기도 하였다.

공방전이 심하게 벌어지자 수 양제는 다른 작전을 썼다. 즉 어량대도魚梁

아직도 견고한 모습으로 남아 있는 백암성 치. 백암성의 치는 서벽을 사이에 두고 안팎으로 연결되어 있는데, 일직선으로 마주 대하는 게 아니라 엇물리게 되어 있다. 백암성의 치는 기단석을 따로 쌓았는데, 아래로 내려갈수록 넓어지고 원형으로 감싸는 굽도리 양식을 하고 있어서 아름다움과 견고함이 조화를 이루고 있다.

大道라 해서 포대에 흙을 담아 수백만 개를 쌓았다. 높이가 성까지 이르고, 넓이가 30보나 되었다. 평지에 인공산이 만들어진 것이다. 거기다가 성벽보다 높은 차인 팔륜루차八輪樓車를 만들어 세워 놓으니, 성 안을 바라보며 공격할 수 있게 하였다. 그러나 함락시키지 못하며 시간을 끌다가 양제는 철수했다. 그런데 그 이유를 수 내부에 반란이 일어난 것으로 돌리고 있다. 고구려군은 추격하여 수군 수천 명을 사살하였다. 이렇게 해서 그 유명한 요동성 공방전은 고구려의 승리로 끝을 맺은 것이다. 요동 방어의 핵심인 요동성이 점령당했을 경우 고구려는 상당히 위태했을 것이다. 이러한 세계사상 찾아보기 힘든 대전과에도 불구하고 우린 그 성주의 이름을 모르고 있는 것이다. 그러니 이 나라 이 민족이 중국과 일본의 식민지 노릇을 한 건 당연한 일이 아닐 수 없다.

살수대첩에서 승리한 을지문덕 장군은 이때 양제가 아비를 죽인 죄를 물어 수를 공격하자고 했다. 그때 고구려가 수의 심장부를 공격했다면……. 을지문덕은 한강변 아차산성에서 비운의 죽음을 당한 온달 장군의 부하였다.

이 요동성도 결국은 그 후 645년 당 태종군에게 패배하고 말았다. 12일 동안 밤낮없이 공격하였는데, 300보나 날아가는 포차를 동원하여 공격하였다. 격전이 벌어지는 동안 사람들은 위급할 때는 성 안에 있는 주몽사당에 가서 빌었다. 그 안에는 쇠사슬 갑옷·창이 있었는데, 아마도 고구려인들이 모신 군신의 일종이 아니었을까 생각된다. 주몽은 군신의 역할까지도 한 것이다.

그런데 공방전이 한참 벌어질 때 불운하게도 남풍이 불어왔다. 당군은 이 바람을 이용하여 서남루에 불을 질러 혼란하게 한 다음에 성을 공격했다. 이렇게 해서 그 유명한 요동성은 함락당하였다. 이때 만여 명이 죽고 만여 명이 포로로 잡혔다고 한다. 그리고 남녀 4만 명을 잃고 양식 5십만 석을 잃었다고 한다. 지금은 박물관이 들어섰다고 하는데, 이 지역이 평지이고 요동성도 평지성이란 사실을 알고 더욱 놀랐다.

대체 이 성을 지킨 사람들은 누구이고 항복한 사람들은 누구이며, 나라를 빼앗겨 식민지가 되고 이 성의 성주와 역사를 잊어버린 사람들은 누구인가? 모두가 같은 우리 민족이란 말인가! 그런가, 역사는 이렇게 한 민족의 극단적인 면을 다 보여 주는 것인가?

안시성
양만춘 장군의 혼이 깃든 성

 8월 12일 31#

안산에서 안시성을 향해서 출발 중이다. 안산은 제철소로 유명하다. 요녕성에서 다섯 번째로 큰 도시라고 하는데, 인구는 100만, 주로 40만이 안산제철과 관련이 있다고 한다. 이 지역이 제철과 관련이 있다는 것은 고대에도 철광산이 있었다는 것을 의미한다. 따라서 고구려 요동 진출의 한 원인은 바로 이 안산, 해성 지역에 있는 철 생산지를 확보하기 위한 것이라는 설을 과거 이용범 선생이 내놓은 바 있다. 그 강의를 들으면서 오늘 이곳을 지나게 될 줄을 누가 알았겠는가? 성으로 가는 길에 오른쪽으로는 '서안산', 왼쪽으로는 '마안산'이라고 하는데, 동쪽 마안산은 흑빛으로 드러나 있다. 전체가 노천광이기 때문에 모두 까버렸다고 한다.

'안시성의 꽃송이'라는 시를 쓴 적이 있다. 20년 가까이 된 것 같은데, 그 성을 이제야 나는 찾아가고 있다. 세월은 흐르고 변화를 가져오는가 보다. 날씨가 흐려서 그런지 아침이 선선하다. 바람도 시원하게 불고 있다. 기분이 매우 상쾌하다.

당 태종군은 개모성, 백암성을 점령하고 다시 남쪽으로 진격해서 안시성에 도달했다. 우리처럼 이 길을 따라 10여 만의 당 태종군이 전진을 한 것이다. 지금은 번듯한 도로가 되어 남색 빛깔을 한 트럭들이 열지어 있다. 오토바이, 자전거, 노새가 끄는 마차, 오토바이 인력거 등이 지나가고 있다. 그 긴박한 순간에 안시성의 백성들과 군사들은 어떤 생각을, 어떤 일을 하고 있었을까?

해성시를 빠져 나와 동남쪽으로 향했다. 해성교를 지난다. 해성강은 생각보다 크지는 않다. 유하로 흘러 들어가는데 폭은 비교적 넓어서 50~60m 가량 되지만 현재 상태로 봐서는 물이 많이 흐르는 것 같지는 않다. 이 곳은 전략적으로 아주 중요한 지역이다. 해성하를 통해서 요하와 연결되어 요하구를 통해 북상해 들어온 적을 방어하는 곳이다. 뿐만 아니라 동으로는 수암岫岩을 거쳐 봉성鳳城으로 해서 단동丹東 국내성으로 진격하는 길목이다. 바로 아래의 건안성과 위의 요동성과 네트워크를 이루며 방어망을 구축하고 있다.

팔리향에서 수암 쪽으로 처음으로 보이는 큰 도로에서 왼쪽으로 접어들어서 영성자둔으로 들어와서 정면을 향해서 간다. 여기에서 보기에는 그다지 높은 산 같지는 않다. 잘 해야 해발 200m? 산의 경사도가 상당히 완만하다. 현재까지 봐서는 10만 군을 막아 냈다는 사실이 믿어지지 않을 정도다.

마을에 들어오니 어김없이 돌담이 줄을 지어 있다. 100여 호가 살고 있는 동네이다. 좁아진 산 틈으로 차가 들어간다.

찻길은 예전에 성벽이 있었던 곳인데, 그 사이에 물이 흐르고 있다. 수구문이다. 이 수구문 옆에 평평한 지역이 바로 옛날 정문 길이다. 현재 성벽이 좌우로 남아 있지만 북쪽에는 흙으로 쌓은 흔적이 분명하다. 밑변 30m, 높이가 20m 이상 되는 삼각뿔 모양으로 된 상당히 안정된 형태이다. '영성자산성'이란 팻말이 풀 속에 숨어서 우리를 맞는다.

안시성의 위치에 대해서는 요양시가 안시성이란 견해, 봉황산성이 안시성이라고 주장하는 등 여러 설이 있다. 그만큼 역사에서 중요한 역할을 했기 때문이다. 하지만 지금은 이 곳 영성자산성이 안시성이라고 주장들을 한다.

생각보단 성의 규모가 상당히 작은 데다, 토성이기 때문인지 성이라고 볼 만한 흔적은 없다.

성 안에 마을이 있다. 안으로 들어가니 평지가 나타나고 복숭아 과수원, 호박·옥수수 등 채소밭이 많이 있다. 사람들이 충분히 장기 농성전을 펴면서 경작할 수 있음을 의미한다. 안시성 내부가 살기에 좋은 조건이라는 사실을 발견한 것은 대단한 수확이다. 지금은 20여 호 남짓한 농가가 있다고 한다. 요동 지방의 산성들은 정문이 서쪽인 경우가 많다. 그것은 자연 지형인 탓도 있겠지만 주로 방어하는 적이 서쪽에서 침공해 들어오기 때문에 성의 정면, 주요 방어 위치를 서쪽에다 잡는 것이다.

개울(?)의 폭은 2~3m 정도인데, 주먹 하나 간신히 잠길 정도로 얕다. 나뭇잎 그림자가 물 속 돌 위에 붙어 있는 듯이 보일 정도다. 위로 올라가는 길은 여름임에도 불구하고 분명하게 나 있다. 좌우에는 아카시아나무, 싸리나무, 들국화, 잡초 들이 우거져 있고, 한편에는 고구마밭도 있다. 한국의 산천과 거의 흡사한 느낌을 준다.

안시성의 정식 발굴은 이루어지지 않았다. 현재까지 알려진 유물들은 농부들이 주로 성 안의 밭들을 일굴 때 자연적으로 출토된 것들이다. 고구려의 홍갈색 기와, 쇠칼 등의 무기, 화살촉 등이 발견되었다.

능선에 닿으니 문의 흔적이 나타난다. 남문이라고 하는데, 토성이 어디나 그렇듯 분명하지가 않다.

다시 10여 분 걸어 올라가니 점장대권으로 들어선다. 20~30m 앞이 점장대의 정상이다. 인공적으로 높게 구축한 흔적이 분명히 나타나고 있다. 점장대로서 토산을 높였겠지만 동남쪽에 있는 당의 토산을 제압하기 위해서 더 높였을 가능성도 많다. 지금 걷고 있는 성벽의 폭은 평균 1.5~2m 정도이다. 점장대에 도착하니 작은 밭들에 도라지꽃들이 무더기 무더기 피어 있고, 사이사이에 옥수수밭이 있다. 우리 겨레의 꽃, 민중의 꽃이라는 도라지꽃이 안시성 점장대에 있다는 것은 묘한 일이 아닐 수 없다. 양만춘, 그 위대한 역사의 영웅, 한민족의 영웅이 여기서 지휘를 한 것이다.

안시성 공방전이 벌어질 때 연개소문은 북부 욕살 고연수 高延壽와 남부 욕살 고혜진 高惠眞에게 말갈병을 포함한 15만의 병력을 주어 돕게 했다. 요동의 다른 성들은 건안성을 빼놓고는 이미 다 함락당했고, 만약 안시성마저 뚫리면 요동은 당군 손에 들어가기 때문이다. 이들은 결국 당군에게 패하고 3만 6800명을 거느리고 항복하였다. 이때부터 고립무원 속에서 안시성의 위대한 항전이 시작된 것이다.

당 태종은 양만춘이 항복하지 않자 나중에는 도종 道宗을 시켜 성의 바로 동남쪽에 토산을 구축하기 시작했다. 60일 동안 50만의 병력이 쌓은 것이다. 이 토산에서 공격을 하니 성 안에서는 성을 덧쌓아 대항을 했고, 충차로 돌을 쏘아 파괴하면 성 안에서는 무너진 곳에 목책을 세워 다시 싸움을 했다. 그래서 성벽 위에서 돌포탄들이 발견되기도 하였다. 《삼국사기》는 이때 하루에도 6~7차례씩 싸움을 했다고 기록하고 있다.

점장대 바로 동남쪽 아래로 당 태종이 쌓은 토산이 보인다. 여기서 관측하기에는 전체 길이가 100m, 평균 높이는 30m~50m로 차이가 나는 것 같다. 정동에서 가깝다. 거의 85°, 놀랍게도 토산 위에는 돌 흔적이 보인다. 바위 흔적 같기도 한데, 아마 토산을 구축할 때 돌을 섞었던 흔적인 것이다. 현재 남아 있는 토산은 이미 당 태종과 안시성군과 싸울 때 윗부분이 무너져 내린 것이다.

점장대와의 고도 차는 30m 이상이다. 지금 형태로 봐서는 토산을 구축할 때 중간중간에 바위 내지는 돌을 섞어서 쌓은 것 같다. 그리고 토산 쪽, 다시 말해서 정동을 중심으로 양쪽, 남북으로 산이 둘러싸여 있다. 당 태종, 적장의 최고 지휘관은 바로 동남방에 있는 산보다는 오히려 정동 방향, 그러니까 여기보다 해발이 평균 100m는 높았을 것 같은 산 정상에 있었을 것이다. 그리고 동남 방향에 있는 산 정상부에서는 이세적이 지휘하고 있지 않았을까 하는 생각이 든다.

토산 남쪽으로는 경사가 급하고 북쪽으로 경사가 완만하여 적들은 완만한 능선을 타고 정상 부분에서 안시성을 내려다보며 공격했을 것이다. 그러다가 토산이 무너져 성을 덮치고, 이때 고구려군은 성을 넘어 토산에 올라가 점령해 버렸다. 이렇게 해서 고구려군은 승리를 할 수 있었다.

안시성은 아래에서의 예상과는 달리 위에서 보니까 환도산성보다 내부의 면적도 좁고 평평한 면적도 환도산성에 비해 훨씬 못 미친다. 그리고 주

해성 도로 변에서 멀리 바라본 안시성이 있는 산 아래 마을 전경. 오늘날 안시성은 외부인의 출입이 금지된 상태이다.

안시성 내부. 잡초가 우거져 있어서 을씨년스럽다.

당 태종이 쌓았다는 토성의 정문 흔적

변의 둘레도 4km로서 역시 환도산성과는 비할 바가 아니다. 서쪽·동쪽을 제외하고, 남쪽·북쪽의 경사도도 역시 환도산성에 비해 훨씬 난이도가 약하다.

'이 성이 정말 그 안시성일까?' 하는 의문이 생긴다. 사료의 기록을 대비해도 그렇고, 특히 당 태종이 쌓았다는 토산이 바로 옆에 있기 때문에 부정할 수가 없다. 그렇다면 또 다시 반복되는 의문이지만, 3만~4만의 군사와 백성들이 이 성 안에 머물러 있다는 것도 어려운 일이다.

점장대에서 보면 성 안 전체가 한눈에 보이고 성 안의 백성들과 군사들 역시 점장대의 움직임을 관찰할 수가 있다. 따라서 각 군대 혹은 지역 간의 신호 연결이 용이하고 병력의 배치와 신속한 이동과 변동이 용이하다. 그 외 안시성은 치나 옹성 구조, 적대 등 특별한 구조물이 없다. 그럼에도 가장 뛰어난 전과를 올린 것이다.

이러한 방어 시스템을 가지고 이 성 안에서 당 태종의 10만 친정군을 3개월 동안이나 막아 냈고 승리했다는 사실은 믿어지지가 않는다. 기적이란 표현이 적당할지도 모르겠다. 도대체 고구려인들을 그렇게 만든 것은 무엇일까? 방어 체제일까, 군사동원 체제의 효율성 때문일까, 민족정신 때문일까, 그것도 아니면 자유를 지키려는 자유의지 때문일까? 놀라운 일이다.

'고구려의 시대 정신'이란 논문에서 내가 말하고 싶었던 것은 바로 이러한 고구려인들의 자유의지였는데, 이것을 나는 현장에서 확인하고 있는 것이다. 결국 나의 판단, 나의 믿음이 옳았다.

안시성은 고구려가 멸망한 후 669~671년까지 끝까지 저항한 성 중의 하나이다. 개모성, 신성, 백암성, 안시성, 요동성, 건안성 등 최소한 이 여

해성교에서 바라본 요하. 물안개를 비집고 저 멀리서 당군이 안시성을 공격하기 위해 나타날 것만 같다.

섯 개의 성은 하나의 방어 시스템으로써 유기적인 체계를 갖추고 있었다고 보인다. 따라서 하나의 성이 무너질 경우 나머지 다른 성들의 위치는 상당히 불안정하게 된다. 그리고 한 성이 점령당했을 경우는 나머지 성들은 사방에서 공격받을 그런 가능성이 커진다.

안시성 안은 왜 이렇게 조용한지 모르겠다. 사람이라곤 우리밖에 없고, 하늘거리는 바람소리, 그리고 여치소리뿐이다. 1350년 전에 민족의 운명을 걸고 격돌한 대전장터가 조용하고 한적한 시골 마을이 되다니, 역사란

참…….

백암성은 왜 항복을 했을까? 이세적군에게 항복했는데, 만약 백암성이 조금만 더 버텨 주었다면 전투의 양상은 달라졌을 텐데. 안시성은 보다 쉽게 적을 물리쳤을 것이고, 그 남은 여력으로 당을 침공하여 어쩌면 당에게 심각한 위협을 가했을 가능성도 있다. 한 사람의 지도자란 게 얼마나 중요한가! 그런가 하면 고연수·고혜진의 15만 군은 맥없이 당군에게 항복했다. 내가 기억하기로는 3만 8000, 거의 4만에 가까운 병력이 포로로 잡혔다고 한다. 이런 어처구니 없는 일들이 벌어지고 있으니, 포위당하고 있었던 양만춘은 얼마나 참담했을까? 그런 상황 속에서도 끝까지 저항한 그 사람은 고구려인이다.

도대체 우리 민족은 뭘 했을까? 고구려의 멸망 후, 신라·발해·고려·조선 그리고 현재까지 이 땅에서 이러한 전과를 올렸고, 이것이 바로 우리

도로 변에서 본 요택. 수·당군이 후퇴하다가 진흙뻘에 갇혀 무덤이 되었던 장소이다.

의 삶의 터전이었는데, 그리고 여기서 비참한 최후를 마쳤는데, 그런데도 우리는 이런 사실을 너무 몰랐다. 아니 알기 두려웠기 때문인지도 모르겠다.

'당나라, 중국 세력이 무서웠기 때문이겠지. 신라, 너는 정말 문제로구나.'

지금까지도 안시성이 이 곳이라는 것이 우리 학자들에 의해 밝혀진 것은 아니다. 안시성뿐만 아니라 고구려의 많은 성들이 그렇다. 아무리 우리 땅이 없어졌다 하더라도 이건 너무하다. 그리고 이제서야 불과 2, 3년 전부터 우리 학자들이 이 곳 고구려 땅에 오기 시작했다. 이 성을 찾은 학자는 몇 명이나 될까? 5명, 10명? 그 이하가 될 것이다. 이런 식으로 나가면 도대체 우리 민족은 살아 남을 수 있겠는가!

우리는 다시 해성으로 나갔다. 도로변에서 바라다보이는 안시성은 길가 어디서나 볼 수 있는 야트막한 야산에 불과하다. 그런데 그것이 고구려를 지킨 것이다. 한국에 돌아가면 학생들에게 어떻게 설명해야 할지…….

해성 시내를 통과하는 데 장례 행렬이 나타났다. 유족인 듯한 사람들은 베로 만든 수건을 썼는데, 우리 같은 건 아니다. 시체는 없었고, 색종이로 말 모양과 수레 모양을 색색으로 만들어서 끌고 가고 있었다. 저승갈 때 편하게 타고 가라는 의미라고 한다.

안시성에서 시간을 많이 잡아먹어 계획을 수정했다. 비사성으로 가는 대신 영구로 향했다. 천리장성의 종점인 노변을 답사하고, 요하구인 영구를 관찰하기 위해서다.

노변에 왔다. 천리장성의 기점과 종점, 그리고 위치와 형태에 대해서도 역시 많은 견해가 있다. 우리는 보통 요동반도 남쪽으로 보고 있는데, 중국인들은 영구나 노변으로 보고 있다. 특히 노변설은 최근에 제기되고 있다. 즉, 길림 북방에서 영구의 노변까지는 중간중간에 '변강'이란 지명을 가진 곳이 많이 있다. 이러한 지명을 이어보니까 천리장성으로 알고 있는 위치와 유사하다. 그래서 이 노변을 천리장성의 제일 남쪽 노변, 즉 종점으로 본다는 것이다.

도시는 상당히 적고 변화하지도 않다. 유적으로 남아 있는 것도 전혀 없다. '노변성장'이라는 건물 앞에서 늘 그렇듯이 증명 사진을 찍었다.

영구는 가까웠다. 예상보단 깨끗하고 큰 도시다. 아마 공단이 들어서고 한국과의 교역이 활발해지기 때문인 것 같다. 강변에 있는 공원 안에 들어가서 잠시 산책하였다. 저녁 무렵이라 그런지 사람들이 많이 나와 있었다. 애들도 어른들과 함께 물 구경, 사람 구경을 한다. 중국은 참 자유롭고 여유 있다는 생각이 든다.

요하구는 생각보다는 폭이 상당히 넓다. 중간에는 하중도가 있는데, 안이 넓은지는 현재 확인할 길은 없고, 푸른색만이 보인다. 그리고 중간중간에 나무숲이 있다. 현재 시간은 6시인데 밀물 때인 듯 하구 쪽에서 계속 물이 밀려 들어오고 있다. 여기서 보이는 영구항은 굉장히 크다. 적어도 생각했던 것보다는 요하가 큰 강이라는 것을 알 수 있다.

보통 우리가 말하는 '요하구'란 바로 이 영구로 흘러오는 소요하의 종점을 말한다. 요녕성의 모든 강, 태자하, 혼하 등등이 모두 요하가 되어 이리로 모여든다. 반대로 바다에서 요하구로 들어오면 물길을 타고 요동 지방으로 갈 수 있다는 것이다. 이러한 지리적 이점은 군사적 목적으로 이용,

영구항. 작고 변화가 없는 듯 시골 어촌 풍광이 남아 있다.

또 바다와 강을 통한 교역에도 이용됐다. 현재도 요하구에서 요양까지 배가 통할 수 있다고 한다. 배가 어느 정도의 크기인지는 모르겠지만 우리가 흔히 얘기하는 고대의 조그만 배, 군선 정도는 가능할 것 같기도 하다.

요동만, 발해만 역시 우리에게는 상당히 의미가 있고 중요한 만이었다. 요하를 사이에 두고 우리 민족과 한족의 대결은 끊임없이 있어 왔다. 안시성에서 대패한 당 태종군이 퇴각하다 빠져 전멸할 뻔한 지역이 바로 요하 하구 유역의 소택 지대이다. 결국 우리의 패배로 끝났지만 앞으로 시간이 흐르면 어떻게 될지는 아무도 장담할 수가 없다.

요하 하구에서 모터 보트를 탔다. 가능한 한 목선을 타고 싶었지만 시간이 없었다. 요하와 바다가 만나는 지점을 향해서 갔다. 바다 쪽으로 나가다 보니까 왼쪽에 연구시가 있고, 오른쪽은 섬이 아니라 육지라고 한다. 강 하구가 완전한 S자 형으로 되어 있어, 공원 쪽에서 보면 반대편 땅이 꼭 강 한

요하 하구. 바다처럼 강폭이 넓고 갈대가 우거져 있다. 요녕성의 모든 강, 태자하, 혼하 등등이 모두 요하가 되어 바다로 가기 위해 모이는 곳이다.

가운데 있는 섬으로 판단되는 묘한 구조이다.

현재 영구 중심지에서 요하의 폭은 400~500m 정도, 나아갈수록 점점 커지고 있다. 3000t급 화물선들이 만 안에서 닻을 내리고 있다. 이 정도로 볼 때 수심은 평균 20m 이상은 될 것 같다. 보급항이라 그런지 항 내부에는 외국 깃발을 단 화물선들이 몇 척 닻을 내리고 있다.

저녁 6시 40분 현재, 정확히 요하구 끝에 와 있다. 모터 보트가 엔진을 끄기 시작한다. 여기가 바로 요하구, 요하와 바다가 만나는 곳이다. 생각했던 것보다 엄청나게 큰 그리고 폭이 넓은 바다다. 폭이 4km 정도 돼 보인다.

인공적인 시설은 거의 되어 있지 않고 항구는 안 깊숙이 들어가 있다. 이 하구는 거의 바다와 동일하기 때문에 고대 선박 수만 척이 이 안에 포진해 있더라도 전혀 문제 될 것이 없다. 더구나 요동만 자체가 내항적 성격을 가진 데다가 다시 요하구로 들어온 지역이기 때문에 파도를 전혀 느낄 수가 없다. 그리고 또 하나, 놀라운 사실은 지금이 장마철이라 민물이 많이 내려온 탓도 있겠지만 바다와 바로 합류하는 끝 지점에 와 있는데도 바닷물은 짜지가 않다.

6시 47분에 배를 돌려 만 안으로 들어갔다. 이 물들이 모두 요녕성 지방에서 모여든 물이다.

옛날 고구려군·선비·한족·거란, 그들이 마시던 물, 그들이 발을 담그던 물, 그들이 씻던 물, 하다못해 그들이 군량미를 씻던 물, 그 물이 모두 이 곳에 모여 있다. 모두가 달라도 이 강에선, 이 바다에선 결국 하나가 된다. 지금 우리 배에는 나와 안동주, 지금은 중국 국민이 된 조선족 교수, 또 모터 보트를 운전하는 한족이 있다. 우리들은 말 그대로 한 배에 타고 있는 것이다. 요하, 이 거대한 물줄기 속에서 요동은 하나가 되고 있다.

날씨가 흐리다. 어두워지기도 했지만 하늘이 구름으로 가득 찼다. 비가 내릴지도 모른다는 생각이 든다. 지난번에는 뱃길로만 해서 세계를 일주했었는데, 얼마나 많은 항구를 드나들었는지 모른다. 요하구에서 우리가 보트를 탄 공원까지 20분 걸렸다. 내 생각엔 여기서도 똑같은 거리로 더 가야지 항구에 닿을 것 같다.

건안성
고려성촌을 품은 성

8월 13일 32#

영구의 밤이 흐르고 우리는 바닷가에서 아침을 맞았다. 식사는 오랜만에 양식으로 했다. 그래봐야 아침이니 빵과 잼, 검은빛 도는 노란 중국 버터, 그리고 뜨거운 우유와 커피 등이다. 천천히 꾸역꾸역 먹고 8시 30분에 문을 나섰다. 부두를 관찰하려고 나갔는데, 차가 방향을 잘못 잡은 데다가 분위기도 안 좋아 실패했다.

청석관보를 향해 가는데, 길가에 '고려성촌'이란 빨간 글씨로 쓴 돌비가 보이고 개천이 흘러 나오고 있었다. 차를 돌려 좁은 길을 따라 산 쪽으로 들어갔다. 얼마 안 가 마을이 나타나고 표시판에는 '고려성촌'이라고 쓰여 있다.

난 사람들이 자기 고향 이름을 어떻게 생각할까에 대해서 여러 번 생각했다. 일본은 우리의 원수 나라였다. 그런데 자기 동네가 일본인들의 집단 거주지였고, 이름도 왜관이니 얼마나 이상한 감정을 느꼈을까? 그런데 중국에 오니까, 특히 만주 지역에 오니까 고구려란 이름이 너무나 자주 여러 군데에서 사용되고 있었다. 이긴 자의 오만이나 너그러움 때문일까?

개천을 따라 건안성이 있는 바로 밑 마을에까지 도착했다. 여기서 보는 건안성은 현재 석벽이 분명한 형태로 보이고 산들은 원만한 구릉으로 되어 있다. 나무는 하나도 보이지 않고 오로지 군데군데 커다란 바윗돌, 그리고 풀숲으로 되어 있다. 점점 가까이 다가갈수록 묘한 모양을 띠고 있다.

고려성촌을 알리는 표지석

비가 내리기 시작한다. 이번 답사는 비와 인연이 매우 깊은 모양이다. 건안성 아래에 도착하자마자 비가 아주 세차게 내렸다. 방풍 점퍼를 꺼내 김일경 교수께 드리고 난 얇은 옷을 걸쳤다.

마을에서 성내로 올라가는 길을 찾아 헤맸다. 개울을 가로질러 가니 옥수수밭과 수수밭이 빗속에서 퍼런 줄기를 내놓고 있다. 옛날 외할머니집 뒷밭에 수숫대가 있었는데, 외갓집에 가면 삶은 수수를 먹는 게 아주 재미있었다. 동네의 무서운 어른이었는데, 지금은 어디에 계실까? 할머니와 외할머니, 두 분의 돌아가심은 내게 한 시대 혹은 한 문화의 종말을 의미했다. 그분들이 뿌린 씨앗이 어떻게 개화되고 있는지 알고나 계실까? 언젠가 그분들의 자리를 찾아드릴 수 있을 거라고 생각한다.

풀이파리에 묻은 빗물들이 바지를 흠뻑 적신다. 평야에서 불어오는 바람이 빗물을 안고 머리칼을 날린다. 북벽 아래로 고려성촌의 일부와 저수

건안성 북벽. 건안성은 다른 고구려의 성들과는 달리 자연석을 깨서 그대로 쌓은 성으로, 요동반도 남쪽에서 비사성·요동성·안시성을 향해 진격하는 적을 방어하고, 영구로 상륙한 적이 안시·요동으로 빠지는 것을 막기 위해 쌓은 것으로 판단된다.

지가 있다. 좌우, 동서로 역시 그보다 높은 산이 솟아 있다.

북벽은 바깥쪽에서 완벽하게 남아 있다. 마을 안쪽으로 올라온 안 형 일행의 빨간색, 보라색의 비닐 비옷이 젖은 초록 속에 묻혀 있다. 북벽 위를 걷고 있다. 상당히 무너져 내려서 내부의 황토색 돌들이 드러나 있다.

벽 자체의 평균 높이는 정확히 측정할 수 없는데 지금 걷는 길은 평균 1.5m, 약간 파진 곳까지 계산하면 약 2m가 된다. 여기 사용된 돌은 다른 고구려 성들과는 달리 돌을 정교하고 각지게 다듬어서 쌓은 것이 아니라 자연석을 그대로 깨서 쌓은 모습을 보이고 있다. 물론 견치석들도 보여 다 그렇게 쌓은 것은 아니란 것을 알 수 있다. 현재 남벽은 정확히 알 수가 없으나 건너편 높은 정상 바깥쪽으로 있다고 봐야 될 것이다.

북벽을 지나서 대원들과 합류하여 서벽을 걸어갔다. 능선으로 내려서자 곧 조그만 문이 있다. 토성은 무너졌지만 옹성 구조란 것이 확실히 드러난다. 외부에서 안으로 올라오면서 우측 방향으로 자그만 언덕 모양의 각루가 있고, 왼쪽으로는 높게 각루가 있다. 표고 차는 한 50m 정도다. 각루 사이를 돌아오면서 성문이 2m 높이로 둔덕처럼 쌓여 있고 문으로 돌아서 좁은 곳, 폭 3m~4m 정도의 서문 흔적이 있다. 들어오면서 왼쪽에 바윗덩어리가 있다. 서소문은 토성으로 잔디 동산 같은 데다가 적어서 앙증맞은 느낌이 든다.

서소문을 지나서 능선을 타고 아래로 쭉 내려가다 움푹 들어간 곳, 마을로 들어가는 도로와 만났다. 폭이 7m 가량 돼서 서문인 줄 알았지만 실제로 지나고 보니까 수구문 자리였다. 원래부터 있던 성문 길이 아니라 산, 즉 토성 벽을 까내려서 만든 길이었다. 길을 건너 남으로 계속 걸어갔더니 서소문과 수구문에서 보이질 않던 곳, 가장 높은 능선 바로 밑이 바로 서문 정문이었다. 폭은 10m 이상, 그리고 서문의 문 자리는 무너져 내려 머리통만큼씩한 돌들로 무더기를 이루고 있어 토·석 혼축 성임을 알 수 있다. 폭이 10m 정도이고, 성문의 두께는 무너져서 계측이 곤란하지만 5m 정도이다.

서문에서 수직 60° 각도의 직선으로 산봉우리이다. 따라서 여기서부터는 굳이 성을 쌓을 필요가 없이 자연 지형을 그대로 이용하였다. 비가 내려서인지 올라가기가 여간 힘이 드는 게 아닐 정도로 가팔랐다. 장수하늘소 비슷한 벌레들이 세 마리가 엉겨서 서로 싸우고 있다. 이 성 안에는 이런 벌레들이 많이 눈에 띈다.

위에서 보니까 서쪽에 있는 수구문과 서문 사이에는 흙으로 쌓은 치 형

건안성 서문 자리. 건안성 서문은 성이 옹성 구조로 축조되었음을 보여 주고 있다. 서문 끝으로는 수직 60° 가량의 산봉우리가 이어져 있어 성을 쌓지 않고 자연 지형을 이용했다.

태로 추정되는 것이 두 개, 형태가 희미한 것이 한 개 해서 총 세 개가 보인다. 그리고 수구문에서 북벽을 향해서 뻗은 언덕은 지금 흙을 대규모로 퍼 냈기 때문에 치가 있었는지 없었는지는 확인할 수가 없다. 산의 각도라면 최소한 한 개의 치가 있었을 것으로 보인다.

한편, 서문 바깥쪽으로 완만한 경사의 구릉이 연결되고, 중간에는 용도가 의심스러운 집 한 채가 홀로 있다. 그 집 아래로 넓은 평원이 펼쳐져 있는데, 사방이 산으로 가로막힌 지형이다. 건안성은 당군과 성 바깥에서 전투를 벌이다 수천 명이 전사했다고 하는데, 이 지역은 성문 바깥이면서도 성 안 같은 모습을 하고 수만 명이 접전을 벌일 수 있을 정도의 분지성 평원이다.

서벽을 더 올라가 성 안 서벽 바깥쪽, 성동의 산군들을 살펴본 우리는 잠정적으로 색다른 결론을 내렸다.

건안성은 하나의 성이라기보다는 2성 내지는 3성 체제로 되어 있는 것으로 판단된다. 중간에 현재 알려진 건안성을 중심으로 좌우로 몇 개의 산이 둘러싸여 성 내부를 이루고 자연적인 방어 구실을 한다. 따라서 양쪽에 관애를 설치하고 산성의 미약한 부분에 조금만 토성을 쌓는다면 광활한 3성구조가 될 수 있다고 생각한다. 북벽 바깥쪽은 광활한 넓은 평야 지대이고, 특히 바깥쪽 벽에는 수천 명 내지는 수만 명이 한꺼번에 동거할 수 있는 넓은 평원으로 되어 있으며, 바깥쪽으로 높은 산들이 불쑥 솟아서 길을 막고 있으므로 성일 가능성이 매우 높다.

현재까지의 견해로는 건안성은 1성 구조로 되어 있기 때문에 그다지 크지 않은 것으로서 둘레가 5km에 불과한 것으로 이해되고 있다. 그러나 우리가 답사한 바 대로 만약에 3중 구조로 되어 있다면 이것은 상당히 큰, 고구려 산성 중에서도 가장 큰 산성 중의 하나가 될 것이다. 그리고 서쪽과 북벽이 만나는 곳 두 개의 산, 능선이 마주치는 곳은 평평한 반면 굉장히 좁게 되어 관애가 설치되었을 가능성이 크다. 그 길을 따라서 바깥으로 나갈 경우 청석령관애가 되지 않을까 생각한다. 현재까지 중국인들은 정식으로 발굴하지 않고, 보고서도 나오지 않은 것으로 알고 있다.

한편 건안성 북벽에서는 강이 보이고, 더 멀리로는 바다가 있다고 한다. 비가 많이 온 탓에 시야가 흐려서 보지 못했지만 서쪽 성에 있으면 바다가 보인다고 한다. 따라서 건안성의 축성 목적은 두 가지, 첫 번째는 요동반도 남단에 상륙해서 비사성을 격파하고 요동성·안시성을 향해서 오는 적을 방어하기 위한 역할, 두 번째는 영구, 즉 요하구로 상륙한 적이 안시 · 요동으로 빠지는 것을 막기 위한 역할을 한 것으로 판단된다. 즉 요동만과 발해만 양쪽을 지키는 해양 방어 체제의 일환으로서 구축되었을 가능성이 크다. 거기다가 안시성을 지켜 주는 외곽 방어 역할도 하고 있다.

성 안 서문에서 조금 내려오면 평평한 대지들이 몇 개 보인다. 옛날 건물 터였던 것 같다. 그리고 우물이 하나, 우물 옆에는 얼마 전에 세운 중국인의 묘지가 특이한 모습을 하고 있다. 고구려의 영향을 받은 탓인지도 모른다. 그리고 성 내부에는 풀밭과 함께 배나무 과수원이 넓게 있다. 그리고 그 밑으로 내려가서는 역시 100여 호 정도의 마을이 형성되어 있다.

비가 억수같이 쏟아져서 옷은 물론 카메라가 젖고 빗물이 배어들어 엉망이다. 풀숲을 그대로 통과하고 진흙에 미끄러지고 하면서 아래로 달려 내려왔다. 왠지 산에 온 듯한 느낌이 든다. 산성 답사는 적성에 딱 맞는다는 생각이든다.

빗속의 성과에 흡족해하면서, 건안성을 출발했다. 옷의 물기를 짜서 입었지만 한기가 스며든다. 잠시 쉬고 싶다. 청석령을 통과하면서 잠시 차에서 내렸다. 돌비를 세워 놓았는데, 역시 우리가 통과한 길은 최근에 뚫은 길이다.

이 근처에는 박씨촌이 있다고 한다. 금의 요청을 받아 조선에선 강홍립 장군을 명 토벌전에 파견했는데, 이때 일부가 포로가 돼서 정착했다고 한다. 이들의 후예 가운데서 최씨, 이씨 등은 성을 포기하고 중국화되었지만 박씨는 성을 고집하여 지금도 본계나 신빈 등에 집성촌을 이루고 살고 있다고 한다.

박씨촌을 방문하려고 했으나 비가 너무 쏟아지고 평소에도 자전거길이라 하여 포기했다. 우리 승합차는 아예 포기하고 동네 경운기나 오토바이를 알아봐도 고개를 절레절레 흔드니 포기할 수밖에 없다.

나둔 휴게소에 와 있다. 이 휴게소의 12km 못미처 왼쪽으로 보란점시다. 고속도로 변에서 적리산성이 보인다. 멀리서도 형태가 완연한 것으로 보아 아주 잘 쌓은 산성임을 알 수 있다. 산성이 포곡형으로 숨어 있는 것들도 있지만, 이렇게 산 정면에 길가에서 보이게끔 만든 것도 있다.

휴게소를 통과해서 1km 정도 가자마자 도로에 좌우로 끝이 뾰족한 거대한 절벽과 벼랑들이 파도처럼 연결되어 있다. 좌우측으로 길게 몇 단으로 되어 있다. 환인의 오녀산성과 유사한 느낌을 주지만 규모는 훨씬 몇 배 더 크다. 성벽이라기보단 하나의 관광 명소처럼 보인다. 고구려인들은 이 자연적인 지형 지세를 이용해서 방어 진지를 구축했을 것이다. 오른쪽은 보란점시에 속하는데, 넓은 개활지가 있고 그 너머로 바닷물이 보인다.

좌우로 커다란, 바다가 연결된 강 위 다리를 통과해서 시로 진입하는데, 만이 넓고 염전이 많이 발달해 있다. 요동반도 아래쪽에서 소금이 많이 생산됐다는 《한서지리지》, 《한서》의 기록과 일치하고 고구려의 요동반도 진출이 염전 확보와도 관련이 있음을 의미한다.

이제 어느 정도 보았으니 고구려 산성의 성격에 대해서 차근차근 정리해 본다.

첫째, 성의 기능을 고려해 볼 때, 고구려의 성은 치수 중심지었는가, 아니면 군사 방어상의 목적에 의해서 건설되었는가, 아니면 경제·문화·교역의 중심지로서의 역할을 했는가? 물론 이 세 가지 요인이 복합적으로 작용했을 가능성이 크다. 그러나 전반적으로 볼 때, 우리가 돌아본 산성들은 비교적 고구려의 산성 중에서도 컸지만 내부 구조가 그렇게 넓다거나 또는 평평한 지역이 많지 않았다. 이것은 그 안에 많은 사람이 평상시에 거주할 수 없었고, 많은 건물이 들어설 수 없음을 의미한다. 평상시에는 수백 명의 사람이 거주하기 힘들 정도였으며, 건물도 큰 건물 10여 채 이상은 불가능했다는 생각이 든다. 물론 우리가 본 산성 중에서 건안산성 같은 경우는 상당히 넓고 크다. 그러나 그 외에 안시성, 백암성, 고려성, 신성 등 이런 성들은 그다지 넓지 않았다.

또 한 가지는 경제 교역의 중심지로서의 역할이다. 성 바깥에서 성시가 열리고 많은 사람들이 모여들어서 물건을 교역했을 가능성이 있다. 그러나 성 안이라는 것은 거의 힘들지 않았을까 하는 생각이 든다.

문화의 중심지 또는 농업의 중심지로서의 역할, 이는 충분히 가능성이 있다. 왜냐하면 고구려의 산성들은 산 속 가운데 있는, 라통산성 같이 산 속에 있는 경우도 있겠지만 대부분 구릉 지대에 있기 때문에 주변에는 그 같은 넓은 개활지, 즉 넓은 농토의 한가운데 있는 경우가 많다. 따라서 농업 생산지의 중심 역할을 했을, 또는 농민들을 다스렸을 가능성이 크다. 몇 개의 성들은 해안 방위와 관련이 있기 때문에 해로 또는 수로를 관장하는 역할을 했을 것이다. 그 또한 가능성이 있다.

이상과 같은 여러 가지를 종합해 볼 때, 고구려의 산성들은 역시 다분히 군사적인 목적에서 건설되었음이 거의 틀림없다.

둘째, 성의 형태를 살펴볼 때, 지금까지 우리가 본 성은 대부분 성의 자연 지세를 이용해서 인공적으로 축성한 것이 대부분이었다. 평지성은 국내성 외에 길림에 있는 예성이라고 알려진 곳, 그리고 요동성이 있다. 그 나머지는 대부분이 구릉에 또는 산 정상부에 있었다. 대다수를 차지한 것은 성 안에 능선과 구릉, 계곡을 이용한 포곡식, 고도봉형 산성이 대부분이었다.

석성과 토성이 다양하게 있었는데, 역시 고구려인들은 돌을 다루는 솜씨가 뛰어났던지, 석벽들이 많이 있었다. 그러나 안시성·건안성의 일부 벽, 또 환도성의 일부 벽 등 백암성을 제외한 거의 대부분의 성은 역시 부분적으로는 석성, 부분적으로는 토성인 혼합식으로 이루어져 있었다.

그리고 성의 방위에 관해서는 남쪽에서는 환도산성 같은 경우는 남문이 정문인 경우가 많았으나, 북쪽에 올랐을 경우는 정문은 오히려 적이 들어오는 방향, 다시 말해서 서쪽이라든가 북쪽 아니면 남쪽에 있었다. 요동성·안시성·신성 이런 부분들은 역시 서쪽의 적을 방비하기 위해서, 밑으로 내려와서 건안성·비사성 같은 성들은 역시 남쪽에서 올라오는 적을 막기 위해서 남쪽 혹은 서쪽에 정문인 경우가 있다.

성 내부는 거의 비슷하다. 이를 테면 각 전장대가 있고, 토성이건 석성이건 간에 군데군데 적이 들어올 만한 곳, 경사가 얕은 곳 같은 경우에는 치를 일정한 간격으로 쌓아서 방어하기 좋게 되어 있다. 내부에는 우물 몇 개, 저수지 겸 음마지 이런 것들이 있다. 사용된 돌에 관해서는 일반적으로 화강암을 쓴 것으로 알려져 있었으나 이 외에도 석회암을 쓴 경우가 있었다.

그리고 돌을 쌓는 방법은 초기에는 주로 견치석을 많이 사용했다고 하나, 후기로 내려갈수록 견치석 사용율이 적다. 그러나 오늘 건안성에서 견치석 일부를 발견하고 환도산성에서도 견치석을 발견한 것으로 보아 그것이 일정하지만은 않았음을 알 수 있다. 성은 안과 밖의 겉벽을 잘 다듬은 돌로 질서정연하게 쌓았고, 내부에는 조그만 자갈돌들 혹은 부서진 돌들을 채워 넣는 형식을 취했다.

중국이나 북방의 유목 민족과 전쟁을 해 온 나라, 그리고 수나라가 성립된 이후 멸망하기까지 약 70년간 거의 끊임없이 대국과의 전쟁을 치뤘는데, 이처럼 오랫동안 전쟁을 수행할 수 있게 한 능력은 대체 어디에서 나온 것일까?

여기 와서 본 바로는 의외로 동북 평원이 농경에 좋은 조건을 가지고 있다는 것이다. 물론 벼농사는 적합하지 않지만 그 외의 잡곡 농사에는 적합한 토양이다. 그것이 상당히 작용하지 않았을까, 그런 생각도 든다. 그리고 동북 지방의 수로망은 의외로 발달해서 내가 생각했던 것 이상으로 많은 물줄기가 서로 연결되어 있었다. 이런 강줄기 때문에 요동반도와 동북 산성은 강으로 연결되면서 수로망이 잘 발달되었다. 따라서 내부에서의 물자 교환은 물론 대외 교역도 적잖이 있었을 것으로 추정된다.

드디어 금주 톨게이트에 도착했다. 이 곳에서 대련까지는 약 20km가 조금 넘는다. 갯벌의 짠 냄새가 차 안으로 스며 코를 찌른다. 드디어 바닷가에까지 온 것이다. 산동반도에 도착해서 장춘으로, 동몽고, 집안을 거쳐 다시 흑룡강까지 올라갔다가 요동반도 끝에 온 것이다. 바다를 본 것이다. 고구려의 해양 활동, 이것이 오늘부터 앞으로 며칠간 내게 주어진 과제이다.

비사성
천리장성의 시작과 끝

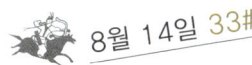 8월 14일 33#

아침 7시, 비사성을 향해서 출발했다. 어제는 금주 외곽에 도착해서 잠이 드는 줄도 모르게 잤다. 따지고 보면 하루하루가 무리한 행군이다. 하루 종일 운행하고 신경 쓰고, 늦게 도착하면 자는 시간이 새벽 1시, 2시가 된다. 하루 일도 점검하고 일지도 써야 하고……. 그뿐이랴, 학술 자료 준비하고 내일 일정을 나름대로 계획해 놓지 않으면 안 되기 때문이다. 그러니 잘 자면 5시간이고 못 자면 4시간 정도로 만족해야 했다. 피곤하지만 그래도 중요한 일이니 게을리 할 수도 없고, 한편으론 내 체력이 이 정도라는 것에 대해 안도감도 생기고 기분도 좋다. 썩어도 준치가 아닌가.

비사성은 호텔 방 안에서 흑구산만이 아니라 산성의 형태도 보인다. 특히 정상 부근에 있는 두 개의 안테나는 방송용 안테나라고 하는데, 어찌나 또렷한지 어디서나 보일 것 같다. 시내를 빠져 나가 곧장 대흑산으로 접어들었다. 산을 바라보면서 우리는 서남 방향으로 들어갔다. 산 전체가 기암

절벽으로 이루어졌다. 100m가 훨씬 넘는 벼랑의 병풍이 둘러쳐져 있으니 어디가 입구가 될 것인지가 분별이 안 될 정도이다. 지형상으로 보아 동북면도 마찬가지이리라.

관광지로 개발한다고 하는 말들이 실감난다. 입구에 붙은 대흑산 지역 안내도는 완전히 새빨갛게 녹이 슬어 글자가 온전하게 보이지 않는다.

자전거를 탄 중국 여인이 막 언덕을 넘고 있다. 저 언덕을 끌고 올라왔을까? 치마 한끝을 말아쥐고 기어도 없는 자전거를 능숙하게 타는 중국 여인들을 보면 다리가 참 튼튼할 거라는 생각이 든다.

조양사 앞에서 오른쪽으로 차를 돌려 급경사된 언덕으로 몰았다. '당왕전'이란 팻말이 보인다. 산성 안에 있다고 하는 절인데, 전설에 의하면 비사성을 물리친 당 태종이 머물던 곳이라고 한다. 하지만 당 태종은 이 곳에 온 적도 없고, 고구려와 싸운 적도 없다.

서쪽으로는 역시 경사가 비교적 완만해서 성으로 올라갈 수 있는 유일한 길이다. 하지만 미니 버스가 올라가기엔 쉬운 길이 아니다. 중국인 운전사는 엄살을 부리다가 시동을 꺼버렸다. 다른 때 같았으면 소리를 쳐서라도 끌고 올라갔을 텐데, 오늘은 왠지 내가 힘이 들어 잠시 멈칫했다. 아마 아침을 못 먹어서인가 보다. 탐사하면서 식사를 거른다는 것은 좋은 일이 아닌데, 일이 그렇게 되어 버렸다. 중간 부분부터 걸어 올라가는데 힘이 들지는 않았지만 시간이 너무나 아까웠다.

올라갈수록 비사성이 험준한 요새라는 것이 실감난다. 유일한 길인 서쪽인데도 꾸불꾸불 올라가야 하고, 계곡은 깊게 파여 있다. 거기다가 양쪽을 감싸고 있는 능선은 높고 경사가 급해 적들이 올라 붙기도 힘들 뿐더러

고구려 천리장성의 시작 비사성 전경. 한눈에 보아도 천연 요새임이 틀림 없다. 당군이 비사성을 공격하는 기록화를 보면 당시엔 비사성 아래까지 바다였을 것으로 보인다.

위에서 어떤 형태로든 공격해서 방어할 수가 있었다. 《삼국사기》 '보장왕 4년조'에는 "성의 사면은 절벽으로 되어 있고, 오로지 서문만이 가히 오를 수 있다 城四面懸絶 惟西門可上."라고 기록하고 있다. 더군다나 정상에 가까워질수록 시내가 한눈에 보여 적의 움직임을 쉽게 관찰할 수 있다. 바다도 보인다고 하니 적선의 상륙이나 이동 등을 정확히 관찰할 수가 있을 것이다.

성문 가까이 가니 왼쪽 위로 중국인들이 세운 건물들이 보인다. TV 송신탑과 그 부속 건물들이다.

언덕 위로 들풀들이 무성하다. 도라지꽃이 남색 꽃잎을 하늘거린다. 안시성에서 보았는데 비사성에서 또 만나는구나! 궂은 날씨라 그런지 남빛이 하늘처럼 투명하게 보인다.

　서문 앞에 와 있다. '대흑산성'이란 안내판이 있다. 정문을 중심으로 해서 좌우로 뻗은 성벽은 완벽하게 돌로 축성되어 있다.

　돌로 봐서 당시에 쌓았다기보단 최근에 개축한 것으로 보인다. 쌓은 것도 조잡해 겉보기와 달리 돌과 돌을 이은 곳도 엉성하고, 특히 성벽 위에 올라가 보니 돌들을 그저 쏟아 부었다는 느낌밖에 안 들 정도다. 고구려인들은 다듬은 돌을 하나하나 치밀하게 쌓고, 꼭 끼게 했을 뿐만 아니라 심지어는 회를 섞어 접착시키기까지 했는데 말이다.

　여기서 바라다보이는 서쪽 골짜기는 양쪽으로 두 개가 있는데, 계곡을 통해서 올라가는 길밖에 없어 양쪽 능선에서 공격한다면 거의 접근이 불가능하다. 서문은 폭이 3m, 높이는 1.5m 정도로 일정하다. 좌우로 연결되는데, 왼쪽은 북 방향으로 조금 연결되다 없어지고, 오른쪽은 200m 정도 이어지다 벼랑에서 끊어진다. 평평한 길로 나 있어 따라가 보니, 절벽 바로 윗부분이 불룩하게 튀어나와 있고 위가 평평하다. 점장대 자리였을 것으로 추정된다.

　성 내부에는 깊숙한 골짜기가 있고 주변에도 산으로 둘러싸여 있다. 갈매기들이 골짜기 가운데에서 눈 아래로 보인다.

　성벽은 길이가 5km라고 하는데, 산군 전체가 하나의 덩어리로 되어 실제 산성의 범주는 크고 길이도 더 길었을 것으로 판단된다. 오녀산성을 보고 감탄했었는데, 여기는 그런 성이 여러 개 겹쳐져 있다는 느낌을 준다.

　날씨가 흐리더니 결국은 빗방울이 후두둑거린다. 행여나 금주만을 볼까 하고 서성거리지만 끝내 날은 개지 않는다. 멀리서 어른어른거리는데, 그

비사성 정문. 천리장성의 첫 성의 정문치고는 왠지 규모가 작고 개축도 어설퍼 보인다.

게 금주만이라고 한다.

　비사성이 노철산 수도가 시작되는 여순에 있지 않고, 이 곳에 있는 이유를 알 것 같다. 이 곳은 금주만과 대련만, 두 개의 만을 동시에 관측하고 방어할 수 있기 때문이다. 즉 동서 양 방면에서 들어오는 적을 방어할 뿐 아니라 북상하는 적을 저지하기에도 적합한 지역이기 때문이다. 내 상식으로는 건안성, 비사성 등처럼 고구려의 해양 방어 체제가 발해만으로도 구축되어 있었다면 고구려의 해양 활동 역시 발해만에 미쳤을 것으로 여겨진다. 해양은 공유하는 것이다. 특히 육지와 연접한 해양은 해당 육지의 세력권에 포함되는 것이 당연하다. 그렇다면 그 해안 내지 해양을 방어하는 수군

대련 발해만 전경. 노철산 수로의 중요한 지점이다.

의 존재란 필수적이다. 고구려 수군들은 도대체 역사의 어느 한 귀퉁이에 숨어 있는 것일까? 이 바다를 뒤져 본다면 뭔가 그 흔적이 나타날 텐데…….

그런데 비사성의 '비사' 란 바다와 관련된 무슨 특별한 의미를 가진 것은 아닐까? 광개토 대왕릉 비문에는 비성이 한강 하류 유역에도 있었음을 기록하고 있다.

요동반도는 화북 지방 혹은 산동반도와 한반도 북부를 연결하는 중요한 지역이다. 산동반도 등주에서 요동반도 끝인 여순까지는 묘도군도가 점점이 이어지고 있어 '노철산 수도'라 한다. 불편한 육로 교통 대신 수로를 사용해서 인간과 문화의 이동이 이루어졌다. 요동반도에서 해안을 따라 이어지다가 압록강 하구와 만나는 곳에 서한만이 있다. 여기까지 오면 그 다음부턴 한반도의 남쪽까지 또 해안으로 이어진다. 벼농사 문화, 고인돌

문화 등이 모두 남방에서 해안선을 따라 이 지역을 통과해 우리에게 전파된 것이다.

요동반도는 해양문화가 발달하여 6000년 전의 선박 유적지가 근처 대장산군도에서 발견되고 있다. 중국 학자들은 5000년 전 무렵에는 산동반도와 요동반도 사이에 해운업이 발달했었다고 한다. 뿐만 아니라 이 곳은 벼농사도 발달하였다.

고인돌도 여러 군데 분포되어 있다. 고인돌은 남방에서 전파된 풍습이다. 인도 남부에서 동남아 지역, 중국의 황해 연안과 요동반도, 그리고 한반도 황해 주변의 전지역에 분포되어 있다. 이 문화는 해양을 통해서 남중국에 상륙했고, 다시 해안을 거쳐 북부로 올라갔다가 한반도 황해안을 타고 남하했다. 또한 황해 남부를 직항해서 한반도 남부 해안으로 상륙했을 가능성도 있다. 동일한 자연 조건이 작용했기 때문이다. 사실 고인돌은 길림의 유화, 매하구, 통화 등에도 많이 분포되어 있지만 역시 이 곳 요동반도가 유명하다. 특히 우리가 그제, 어제 통과해 온 와방점瓦房店 보란점普蘭店시, 그리고 내일 통과하게 될 장하 등 요동반도 남부 해안지대에는 상당수의 고인돌이 있다. 역시 이 지역은 우리가 북방식이라고 부르는 탁자형이다.

요동 지역은 고인돌뿐만 아니라 무덤 등도 고조선과 관련이 있다. 정가와자鄭家窪子 유적지들은 대표적이다. 그런데 이 대련 지역은 고조선 시기의 무덤인 강상·누상무덤도 있고, 요녕식 동검의 분포지이기도 하다. 북한에선 이 곳이 바로 고조선의 중심지였으며 왕검성도 역시 이 곳에 있었다고 주장을 해 왔다. 물론 요즘에야 단군릉의 발견을 계기로 평양설을 주장하고 있긴 하지만 말이다.

　나는 황해의 지중해적 성격을 강조하면서 요동반도야말로 이 지중해를 연결하는 중요한 센터 가운데 하나라고 주장했다.

　산동반도와 이 요동반도 끝을 연결하는 것은 '노철산 수도'라고 해서 중간에 섬들이 징검다리처럼 놓여 있다. 그러니 선사 시대부터 항로가 되었음은 말할 필요조차 없다. 그리고 발해만과 황해 북부를 연결하는 길목이기도 해서 전략적·경제적으로 매우 중요한 지점이었다. 그러니 어느 시대나 이 지역을 장악한 정치 집단이 있어 왔을 것이다.

　고조선 이후에는 한인들과 북방인들이 서로 이 곳을 차지하면서 싸웠다. 공손 씨가 요동 지역을 장악하고 있었을 때, 오늘날 남경 지역에 거점을 둔 손권의 오나라는 배로 중간의 위 지역을 통과해 교섭을 맺었다. 당시 마필 교역들이 이루어진 것이다. 이 교섭은 오래 가지 못했지만 결과적으로 고구려와 오의 외교 관계를 맺게 하였다. 이후 고구려와 오는 해로를 이용해 교섭 및 무역을 했는데, 이때 항구는 압록강 하구 유역인 서안평이었다.

　그 후 미천왕 때 후조와 고구려는 중간의 연을 놓고 협공을 했다. 이때 양국은 해로를 통해서 군수 물자를 운반했다. 즉 고구려는 싸릿대 화살인 고시 등을 보냈으며, 후조는 석호石虎가 선박 300여 척에 쌀 30만 곡을 보낸다. 반면에 연은 이러한 고립을 타개하기 위하여 남쪽으로 도망간 동진과 교섭을 했는데, 이때 연의 배가 출발한 항구가 바로 이 요동반도 끝의 마석진馬石津이었다.

　고구려가 요동반도를 장악하면서 이 곳은 고구려 해양 방어 체제의 핵심 역할을 하게 되었다. 북위를 피해 양자강 유역의 남조 정권과 교섭하기 위해서는 요동반도의 완벽한 장악이 필요했고, 반대로 침입을 방어하기 위해서도 이 지역은 매우 중요했다.

특히 수나라가 통일한 이후 한족은 우수한 해양문화를 바탕으로 수로군 체제에 비중을 두었다. 수군이 요동반도에 상륙하여 북상하거나 아니면 그대로 통과해 압록강 하구 혹은 대동강 하구까지 공격을 시도했다. 그러므로 요동반도 남단의 해양 방어 체제는 고구려에게 있어서 사활이 걸린 중요한 문제였다. 고구려의 해양 방어 체제는 가장 위쪽으로 영구, 건안성에서 시작하여 비사성, 대산도, 해양도, 석성 등 요동반도와 압록강변의 서안평성, 구련성, 박작성, 대행성 등으로 이어질 것이다.

고구려군은 598년에 요서의 해안 지방을 선제 공격해서 해안 방위 시설을 빼앗는다. 이후 수의 주라후군은 동래(현재의 등주)를 출발하여 황해를 건너 평양성을 공격하고자 하였으나 중간에 풍랑을 만나 돌아갔다. 나는 논문을 통해서 당시의 전황과 해상 개황으로 보아 주라후군은 고구려 수군에 공격을 받았을 가능성이 크다고 주장한 적이 있다.

수 양제는 본격적으로 수륙 양면 작전을 실시하였다. 그래서 래호아來護兒군이 황해를 직항해서 평양성을 공격하였으나 평양성 60리 밖에서 건무建武 장군(후에 영류왕이 됨.)에게 대패하였다. 당시 수 양제의 613년 1차 침입이 요동성 전투의 패배로 실패한 것은 잘 알려져 있다. 그 다음 614년 공격에서 래호아군은 수로군을 이끌고 비사성을 공격한다. 비사성은 그 후에도 당군의 공격을 끊임없이 받는다.

645년에 장량張亮의 수로군은 등주를 출발해서 비사성을 공격하기 시작한다. 정명진程明振 등이 야간에 서문으로 급습해서 마침내 점령당한다. 그

해 5월의 이 전투에서 8000명이 죽음을 당했다.

바다 쪽을 바라보지만 날씨 탓인지 흐릿하게 보인다. 그래도 내 눈엔 바다가 희미하게 보이는데 다른 이들은 전혀 안 보인다고 한다. 빗발이 오락가락하더니 이젠 심하게 내리친다.

'서둘러 내려가야지. 차가 올라올 수 있었는데, 그 음흉한 중국인 운전사 때문에 제대로 보지도 못하고 내려가야 한다니…….'

차 있는 데로 돌아오니 11시 30분이다. 대련을 향해서 출발했다. 완전히 현대화된 도시이다.

사실은 여대旅大, 뤼따 시란 표현이 맞는다. 대련과 서쪽의 여순시를 합하고 장하와 와방점·보란점시, 그리고 장해현을 관할하고 있는 대 행정도시이기도 하다. 청일전쟁 후, 러시아가 조차하여 대련에 상항을 설치하고 여순에는 군항을 만들었다. 부동항이 없었던 러시아로선 아주 중요한 항구였다. 그러나 러일전쟁 후, 일본이 다시 차지하여 만주 침략의 거점 항구가 되었다.

이러한 국제성을 띠고 있기 때문에 공업 시설도 발달했고, 다른 곳에 비해 여러 가지 문화시설도 많다. 유명한 호텔들도 들어서 있고, 은행이나 상가 등 오히려 심양보다 더 도시화된 것 같다. 오래 전부터 국제항 또는 만주와 산동을 잇는 항로의 기점이기 때문에 교통이 매우 발달할 수밖에 없었다. 산동에 가면 만주 사람들이 많다. 왜냐하면 배를 타고 이주하거나 장사 등을 하면서 서로 섞였기 때문이다. 근대에 와서는 일본에 의해 조차되어 시모노세키와 연결되기도 하였다. 최근에는 한국 기업들이 진출해서 점점 번창하고 있다. 인천에서 정기 여객선이 개설되어 한국 여객선이 오고 가기도 한다.

　시내 외곽을 돌아보고 강상무덤을 찾아 감정자구甘井子區의 후목성역后牧城驛 부근으로 갔다. 누구나 다 알 것 같았는데 우리도 몰랐고, 중국인들도 몰라서 물어보고 또 물어보고 하면서 힘들게 강상무덤을 찾았다.

　동네에서 들길로 접어들어 바다가 가까이 보이는 들판의 한가운데에 도톰한 언덕이 있고 그 위에 무덤이 있다. 우리는 언덕 위에 위치하는 무덤으로 알고 있었다. 그런데 막상 보니 무덤이 언덕을 이루고 있었다. 비록 3~4m 정도밖에 안 되지만 이 지역에선 유일한 언덕이기 때문에 '강상묘'라는 이름이 붙은 게 아닌가 하는 생각이 든다.

　넘어진 생철판은 새빨갛게 녹이 슬어 '강상무덤'이라고 쓴 글씨도 제대로 보이지 않는다. 주위가 20m, 높이 2m 되는 정방형의 붉은 벽 담으로 둘러싸여 있고, 바로 옆에는 민가인지, 지키는 건물인지 용도가 불분명한 벽돌집이 붙어 있다.

　사람이 없어 철문을 열고 들어갔다. 풀이 우거져 있다. 가시에 다리가 긁히고 팔뚝에 찔린다. 한참을 문지를 정도로 무척 아팠다.

　사진으로 볼 때는 완전한 적석총이었다. 강돌, 바닷돌을 주워다 쌓았다고 하며 그림도 돌로 덮인 것을 보았는데, 막상 현장에 와 보니 봉분이 동그랗게 있고 위에는 1m 높이, 폭 15cm의 글씨 없는 사면체의 시멘트 기둥이 서 있다. 전체가 풀로 덮여 있어, 한쪽으로 잡초들을 걷어 내니 흙 새새로 돌이 박혀 있는 것이 보인다. 앞의 방형 부분엔 풀이 더 우거졌는데, 군데군데 움푹 구덩이가 파여 있다. 발굴 흔적이라면 또다시 덮어 놓았을 텐데, 이상한 일이다.

오늘날 강상무덤 전경. 강상무덤은 둥근 언덕 위에 동서로 28m, 남북으로 20m, 돌을 쌓아 무덤 구역을 만들고 그 안에 20여 개의 적석총들을 안치하고 있다.

강상·누상무덤 표지석. 인근에 있던 누상무덤까지 옮겨 온 것으로 보인다.

강상무덤에서는 성혈이 있는 고인돌과 부장품, 그리고 수십 구의 인골이 발굴되었다. 요녕식 청동기인 여섯 자루의 비파형 동검을 비롯한 26개의 청동기 토기, 활촉 등의 무기, 도끼·끌 등을 만드는 용범, 방추차 등 900여 점에 달하는 다양한 유물이 출토되었다. 북한 학자들은 이 무덤을 기원전 7~8C에 고조선인들이 만든 것으로 판단하고 있다.

이 무덤은 외국인의 접근이 허용되지 않는다. 위치를 물어볼 때도 주의를 했고, 답사하는 데도 긴장했다.

이 무덤은 둥근 언덕 위에 돌을 쌓아서 동서 28m, 남북 20m의 무덤 구역을 만들고, 그 안에 20여 개의 무덤 구덩이를 만들었다. 한 번에 이루어진 것은 아니라고 한다. 마지막으로 그 위에 검은 흙이 섞인 막돌을 덮은 적석총이다. 무덤의 주인인 듯한 석곽을 중심으로 많은 무덤들이 있다. 이곳에서는 백수십 명분의 사람들 뼈와 부장품들이 출토되었는데, 이는 순장의 흔적으로 보인다.

북한 학자들은 이 무덤을 고조선 시기의 무덤으로 판단한다. 많은 유물들이 도굴당하였음에도 요녕식 청동기인 여섯 자루의 비파형 단검을 비롯하여 26개의 청동기 토기 등 거의 900여 점에 달하는 유물들이 나왔다. 활촉 등의 무기, 도끼·끌 등을 만드는 용범, 방추차 등 아주 다양한 유물들인 것이다. 고조선의 청동 제품들은 상당히 우수했다고 한다. 이 강상무덤에서 발견된 청동 그물 장식품에 쓴 구리실 직경은 0.25mm 정도이다. 두들긴 흔적이 없는 것으로 보아 당겨서 가늘게 뽑지 않았을까 하고 추정할 뿐이다. 그리고 무엇보다도 여기서 집단으로 나온 인골 때문에 순장을 했다고 보고 있다. 북한에서는 림건상, 이지린 등이 순장의 흔적 때문에 기원전 7~8C에 고조선은 이미 노예 소유자 국가를 이루었다고 주장을 한 것이다.

이 강상무덤 근처에는 누상무덤이 있다. 명도전이 발견되어 기원전 7~5C로, 강상무덤보다는 약간 시기가 늦지만 구조와 유물들이 거의 동일하다. 그리고 한 묘강에 여러 개의 인골이 묻혀 있어서 역시 순장제의 흔적으로 본다. 그 외에 비교적 규모가 작은 와룡천(臥龍泉) 무덤도 있다. 이러한 사실들은 이 요동반도 남부 지역이 고조선의 영토 내지 영향권 하에 있었다는 증거가 된다는 것이다. 이지린 등은 고조선이 요동반도에 있었고, 왕검성은 개평(蓋平) 부근으로 보고 있다. 적어도 해양 질서의 관점에서 볼 때 당시의 역학 관계, 전투 상황 등을 고려하면 고조선의 중심지는 요동반도가 아닐까 하는 생각이 든다.

요동반도 남부 지역에는 적석묘들은 물론, 고인돌도 아주 많이 분포되어 있다. 그런데 최근 북한은 평양이 고조선의 중심지였다고 다른 주장을 하고 있다. 강상묘 등은 고구려 초기의 적석묘와 유사한 형식이기 때문에 고구려와 고조선과의 계승성을 밝히는 증거가 되기도 한다. 그러니 중국 학자들이 긴장할 수밖에 없지 않은가.

나는 이 무덤이 바닷가에 위치해 있는지는 몰랐다. 그런데 무덤 위에 서니 바다가 바로 코앞에 있었다. 해일이 밀려 들어오면 잠길 정도로 가깝다. 요동반도 남단이 선사 시대부터 교역의 거점이었으니, 이 곳은 군사 항해상의 요충지였을 것이다. 따라서 이 무덤의 주인공은 교역을 관장하던 지방 호족 또는 요동반도 남단의 지배자일 가능성이 있다.

불안해서 재촉하는 김 교수의 손길에 끌려 사진도 제대로 찍지 못하고 떠났다.

항구 및 만을 관찰하기 위해서 대련 시내로 들어갔다. 귀국 준비를 위해 달러도 교환해야 한다.

'벌써 종반전에 접어들었구나. 그 동안 무얼 봤는지…, 다시 온다는 것도 어려운 일인데……'

우린 안중근 의사가 순국하신 여순감옥을 보고 싶었지만 뜻대로 되지 않았다. 군항인 탓인지 미리 허락을 받아야 한다고 해서 결국은 포기했다.

날씨가 더운 데다가 모두들 지쳐서인지 축축 늘어지고 있다. 늦게 대련을 떠나 와방점시로 떠났다.

늦게야 와방점시에 도착했다. 시내를 살펴보다가 결국 호텔 근처의 식당에서 저녁을 먹었다. 언제나 맛있다. 내일부턴 요동반도 남단으로 해서 압록강 하구까지 가는 일정이다. 이젠 정말 마지막 구간이다.

중국 내에서 발견된 최대의 고인돌인 와방점 개주 석붕 고인돌. 과수원 한가운데에 있다.

제6장
고구려의 해안 방어 기지

:: 오고성과 석성 | 오골성 | 압록강 하구 | 압록강

오고성과 석성
요동의 해안 방어 진지

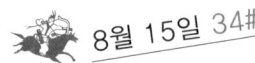 8월 15일 34#   연개수영의 전설을 찾아서

오고성吳姑城으로 간다. 시내를 벗어나 일단 대왕 쪽으로 방향을 잡았다. 어제 일을 얘기하며 잠시 시간을 보냈다. 쾌적한 차를 타고 바람까지 맞으니 기분이 상쾌하다.

성대향星臺鄕으로 들어섰다. 여기는 보란점시에 속한다. 중국은 시가 우리나라 군이나 그보다 더 큰 것 같다. 멀리서 산군이 보이자 차는 큰 길에서 벗어나 옥수수밭길로 들어섰다. 요동은 산이 별로 없다. 그래서 조금만 높은 산이 있어도 굉장히 큰 산으로 느껴진다. 이럭저럭 10여 분 달리니 산이 몸을 드러낸다.

보란점시의 경승지가 되어 있어서 입구부터 공사가 진행중이다. 조금 더 차를 타고 비탈길을 올라가자 건물들이 나타났다. 임시로 지어놓은 상점, 식당 건물들이 있고, 한쪽에선 흉한 몰골로 공사중인 시멘트 건물과 공사 장비가 있다. 포크레인 같은 장비가 동원된 것을 보니 대대적으로 개발할 모양이다. 하긴 시내도 가깝고 하니 그럴 만하다. 요동 지방에선 고구려 산성이 있는 곳이면 영락없이 관광지로 개발된다. 산이 없는 평원에서 경관이 좋은 곳은 산이고, 산에는 거의 대부분 고구려 산성이 있으니 그럴 수밖에 없다.

이 산도 고구려 산성이 아니라 '청천사'라는 절 때문에 알려진 것이다. 속칭 '오고성묘'라고 한다. '오고성'이란 명칭도 '오고'라는 여승이 창건한 절이 성 안에 있어서 붙여진 것이라고 한다. 본말이, 선후가, 주객이 전도된 것이다.

사람들은 한대에 쌓은 성이라 하고, 절 앞의 돌비는 '외패魏覇산성'이라고 쓰여 있고 동한 동무제 때 쌓아 1900년이 지났다고 되어 있다. 중국 학자들은 이 성을 광개토 대왕이 거란을 정벌하고 돌아올 때 들른 북풍성으로 추정하고 있다. 이 성의 주위에는 고분이 있다고 한다.

골짜기인 듯 높고 아주 잘 쌓은 축대가 있고, 한가운데로 물줄기가 폭포를 이루면서 흩어지고 있다. 물줄기는 역시 시원하다. 잘 다듬은 돌 위로 푸른 이끼가 끼어 있다. 그게 바로 고구려의 성벽이었다. 높이가 7m 가량 되는데, 거의 완벽하게 남아 있었다. 9m가 넘는 곳도 있다고 한다. 성 주위는 5000m라고 하는데, 성문은 원래가 네 개가 있었다고 한다. 성벽은 외벽이 최고 9.4m, 내벽이 1.2m, 폭은 3.29m까지 남아 있다.

수목이 우거져 여름 냄새가 풀풀 나는 사이로 화강암 계단이 뻗어 있다. 한 계단 한 계단 올라갔다. 산 안이, 성 안이 보이기 시작한다. 대체 어떤 모습일까? '오고'라는 기이한 이름의 여승은 무슨 사연이 있어서 이 곳에 들어왔을까? 그리고 어찌자고 고구려의 옛 성을 허물어뜨리며 절을 지었

거대한 오고성 치. 오고성은 둘레가 500m에 달하는 고구려 산성이다. 성 안에 '오고'라는 여승이 창건한 절이 있어서 '오고성'이라는 이름이 붙었다고 한다. 중국 학자들은 이 성을 광개토 대왕이 거란을 정벌하고 돌아올 때 들른 북풍성으로 추정하고 있다.

을까? 그 스님은 이 성 안에 서린 고구려의 한을 풀어 주자고 들어온 것일까? 어쩌면 한을 품고 인연을 버린 고구려의 한 여인이 환생한 것일지도 모른다.

100개째가 되도 계단은 아직 이어지고 있다. 138개째가 되자 비로소 흙이 밟히고, 눈 안으로 절이 들어찬다. 문 앞에는 위풍당당한 석사자가 두 마리 앉아 있는데, 일본의 고마이누처럼 빨간 천을 다리에 묶고 있다. 이상한 일이다. 수백 년 되어 보이는 나무가 서 있다.

식당 주인 겸 안내인을 자칭하고 있는 젊은 남자가 우리를 안내하겠단다. 이 곳에 대해 글을 쓴 것도 있다고 자랑하면서 말이다.

절의 정면에서 왼쪽으로 꺾어 산으로 걸음을 옮겼다. 고구려 기와편이 발끝에 차이는가 했더니, 이내 안 형이 뭔가를 집어 올린다. 창 모양으로 된 10cm 정도의 화살촉이다. 녹이 슬어 만지니 쇠의 결이 부서져 떨어져 나간다. 아직도 고구려의 유물들이 많이 남아 있다는 증거다. 보고서는커녕 발굴조차 안 했으니, 본격적으로 관광지가 되면 고구려의 흔적들은 어떻게 될는지?

능선으로 붙으니까 시야가 탁 트이는 게 벌판이 한눈에 잡힌다. 가장자리 능선의 성벽이 완벽한 형태를 남기고 있다. 위에 서 있으면 흙과 풀밭인데 아래는 성벽이다. 고구려의 석성은 또 나를 감동 속으로 빠지게 한다.

여긴 견치석의 행렬이 보이는 게 특색이다. 절을 만들 때 외벽의 돌들을 대량으로 뽑아다 썼는데, 그러다 보니 내벽이 통째로 드러나 견치석들이 마치 수정의 원석이나 얼음탑처럼 뾰족뾰족 전면에 박혀 있다. 그 새에서도 풀은 자라 몇 줄기들이 한들거린다. 하나 들어서 빠진 틈에다 박으니 꼼짝도 안 한다.

'제자리를 찾아서이기 때문이겠지.'

성벽 아래에는 폐허가 된 채석장이나 석회암 광산처럼 돌들이 무너져 내리며 숲속으로 사라진다.

'나쁜 년!'

그녀에게 욕을 해 본다.

남쪽 능선에서 서쪽으로 성벽이 완만하게 쭉 연결되다 언덕으로 올라간다. 위로는 숲이 우거져 있고 토산으로 보였는데, 막상 가 보니 인공산이다. 풀들이 벗겨지고 무너져 내린 한쪽 틈을 보니 돌들이, 그것도 설형석으로 차곡차곡 쌓여 있다. 단순한 토산이 아니라 속에다 돌을 채운 석성이었다.

올라섰더니 꽤 넓고 안쪽으론 평평한 풀밭이다. 약 100여 평 정도의 넓이인 것 같다. 많은 군사가 주둔하고 있을 수 있다. 점장대라고 하는데, 서남을 향해서 정면으로 쌓고, 사다리꼴로 각이 확실히 졌다. 동향인 쪽은 무너져 내려 상당 부분 유실됐지만 서향인 쪽은 완벽한 형태로 남아 있다.

평원이 펼쳐진다. 멀리서 희끗희끗거리는 하얀 줄은 사하다. 그 너머에는 황해다. 자리가 사실을 말하는 것인가? 이 성의 기능이 저절로 한눈에 들어온다. 바다를 통해서 들어온 적들의 동태를 관측하고, 평원을 통과할 경우에는 방어하거나 차단할 수 있는 것이다.

점장대의 형태와 전술적 기능으로 확인하기 위하여 정면 능선을 향해 내려갔다. 중간에 움푹 파여 유실된 곳도 있었지만 몇 단의 벽을 타고 내려섰다. 20m 이상의 벽이다. 능선은 의외로 경사가 완만했고 그 끝이 들판으로 이어지고 있다. 제법 넓은 공간이 군데군데 있고 해서 야유회 하기에도 아주 적합한 장소이다.

여기서 바라다보니 우뚝 솟아 있는 데다 완벽한 사다리꼴이다. 연한 초록숲 가운데 희검은 빛의 화강암들이 차곡차곡 쌓여 면을 이루고 있다. 호방하고 의젓한 구조다. 생각해 보라, 하나의 돌산을 산등성이에 또 쌓았으니……. 그런데도 왜 저리 아름답고 부드럽게 느껴질까?

저 정도의 돌산을 쌓은 이유는 명백하다. 지금 우리가 서서 점장대를 바라보고 있는 능선은 완만한 경사를 이룬다. 따라서 적이 공격해 올라올 수가 있고, 또 이 넓은 공간에 군사를 주둔시킨 후 성벽을 공격할 수 있기 때문이다. 그래서 취약한 지점인 곳에다 저런 강력한 방어 시설을 갖춘 것이다. '저게 과연 점장대일까?' 하는 의문이 생긴다.

모양도 정면으로 보면 사다리꼴이지만, 옆으로 각이 지면서 안으로 들어갔다. 또 각이 져서 밖으로 튀어나오고 있다. 그러니까 치의 구조를 구비하고 있는 것이다. 아무리 봐도 치는 아닌 것 같고 멀리 가서 봐야 알겠지만 적대가 아닐까 생각된다.

점장대를 다시 측면으로 붙어 올라가 봉화대 쪽을 향하여 걸음을 옮겼다. 숲길을 지나니 남문 흔적이 나타난다. 다 허물어지고 돌바닥과 섬돌의 일부, 그리고 문을 해 달았던 받침돌에는 낫모양으로 길게 홈이 파져 있다. 넘어져 있는 큰 돌을 밟고 다시 앞으로 걷는다.

안내인이 가리키는 손끝을 보니 바위 밑에 약 10cm, 깊이 4~5cm 크기의 구멍이 있다. 흙이 쌓여 시커멓게 보이는 안에 물이 약간 고여 있었다. 병사들이 쌀을 빻던 곳이라고 하는데, 글쎄 너무 작은 것 같기도 하고, 굳이 이런 시설을 만들었을까 하는 생각이 든다.

성벽들이 또 나타난다. 봉화대가 있는 언덕으로 올라섰다. 사면이 가파른 경사다. 위에는 직경 동서 40m, 남북 폭은 넓은 10~15m 정도의 넓은 공간인데, 주변의 성 둘레는 물론 성 내부가 다 보인다.

남서 방향으로 위사가 흐르고 서로는 황해가 보이니까 서남 방향에서 상륙한 적은 이 곳까지 개활지를 통과할 수밖에 없었을 것이다. 우리가 들어온 길이 초록 가운데 흙빛 선을 그리고 있다. 동에서 서 방향으로는 날씨 좋을 경우 100리 이상은 충분히 관찰이 가능하다.

나는 여기가 점장대가 아닌가 하는 생각이 든다. 봉화대라고 하는데, 봉화대의 흔적도 없을 뿐더러 봉화대가 이렇게 클 이유도 없고, 큰 경우도 없다. 남쪽 방향에 있는 점장대라는 것은 아무래도 방어상의 취약점을 보완

오고성 적대

하고 병사들을 집중 투입시키기 위한 적대로 여겨진다.

점장대 북쪽으로는 날카로운 바위로 되어 있는 성벽들이 보인다. 내부를 자세히 관찰하는데 작은 기와편들이 보인다. 엎드려서 자세히 보면서 손바닥으로 바닥을 쓸어 내니 잘게 부서진 기와편들이 일렬로 박혀 있다. 건물지의 잔해이다.

돌아 나오는데 홍갈색 기와편들이 제법 눈에 띄었다. 놀랍게도 완벽한 형태의 전돌을 발견했다. 가로 12.5m, 높이 10m, 세로 8m 정도의 흙빛과 검은빛이 섞인 벽돌이다. 두드려 보니 강도도 강하다. 사람 손이 가해지고 각이 진 큰 바윗돌들도 있다. 정상 부근에 있는 이 자연석들은 중간에 깨서 성돌로 쓰거나 올리려다가 실패해서 방치한 게 아닌가 여겨진다. 바위 틈에 고개를 들이밀고 혹시 무슨 글자나 남아 있나 찾아봤다. 거의 습관적인 행동이지만 한 번도 찾은 적은 없다.

서쪽으로 들어오는 골짜기의 경사가 급하다. 서문 쪽은 우거졌는데, 옹성 구조에다 예전엔 철문으로 되어 있었다고 한다. 문화혁명 때 누군가 떼어 갔다고 하는데, 모택동은 고구려에게까지 피해를 입혔구나!

서문 안쪽 골짜기 안에 음마만과 양어지가 있다. 서문에서 다시 능선이 위로 연결되면서 봉우리가 하나 툭 튀어나와 있는데, 말을 매었다는 바윗덩어리란다. 그럴 듯한 전설이다. 서능을 따라 북으로 가면 주봉인 외패산이 나오고 자금성으로 연결된다. 북문에서 동문까지가 성벽이 가장 잘 남아 있다고 한다. 멀리서 보기에도 굉장히 가파른 산임을 한눈에 알 수 있다.

우리는 서문에서 올라온 길을 만나면서 하산을 시작했다. 역시 이쪽도 돌계단이 절로 이어지고 있다. 매미소리가 들린다. 여름은 여름인 모양이다.

텃밭을 지나니 절이 나왔다. 옛날에는 성의 관부가 있었던 곳일 텐데……. 청량사는 규모는 작지만 건축물들이 화려하고, 비석도 많이 있다. 유·불·선을 함께 모신다는 절인데, 절 내부는 좁지만 비석 등 장식물들이 많이 있다. 왠지 중국인들의 미의식은 우리와 달라 비위에 맞지가 않는다. 야단스러움과 혼란스러움은 일본과 별 차이가 없지만 왠지 투명하지 못해 더 마음에 걸린다.

또 달렸다. 들판을 달렸다. 그래도 이 들판은 흑룡강성이나 요동 북쪽의 들판과는 다른 멋이 있다. 광활하다는 느낌은 들지 않는다. 아기자기하고 부드러운 느낌이 든다. 흙빛 때문일까? 아니면 군데군데 산들이 있어서 직선을 휘어 버리기 때문일까? 어쩌면 바다가 가까워 습기를 머금은 탓인지도 모른다.

　장하현을 향해서 차를 몰고 가다 큰길을 벗어났다. 성산향으로 가기 위해서다. 옥수수밭길이 좁아진다. 산들이 눈을 가린다. 냇물을 건너는가 했더니 동네 집 앞을 지나간다. 길이 가라앉거나 꺼진 것도 군데군데 나타난다. 비가 온 흔적이다.

　산군들이 나타났다. 석성을 향하고 있는 중이다. 석성만 하더라도 오고성처럼 들판 가운데 우뚝 솟아오른 산봉우리가 아니라 산군 속에 자리잡고 있다. 많은 군사가 성 안만이 아니라 주변 지역에 포진할 수 있고 성 외 주변 산속에도 웅거할 수가 있게 되어 있다. 역시 관광지화되고 있는 중이다. 중국은 이제 웬만한 곳은 다 관광지화시킬 모양이다. 이런 산골, 사람이 올 것 같지도 않은 곳에다 커다란 중국식 성문을 만들어 놓고 도로를 닦고, 입장료를 받고 있으니 말이다. 차를 타고 구비구비 언덕을 몇 개 돌아 올라가니 성벽이 나타났다. 돌 깨는 사람들이 일을 하다 우리 일행을 본다. 관광객인 줄 아는 것 같다.

　남문이다. 왼쪽에 계곡을 끼고 오른쪽에서 흘러내려오는 능선을 막아 화강암 돌로 문을 쌓았다. 오른쪽은 높이가 3.5m, 왼쪽은 6m 이상이 된다. 차를 통과해 들어가는데, 성문의 두께는 4m 이상이 된다. 길이 30~40cm 정도의 돌로 차곡차곡 쌓아 외벽을 했는데, 길고 큰 돌은 1m가 넘는 것도 있다. 그런데 여기 돌들은 횟빛에다 산화철의 녹빛으로 변색한 것들이 꽤 많다. 문을 통과하자마자 주차장인데, 계곡을 막고 흙을 메워 인공으로 돋웠다. 절에 들어오는 사람들을 위한 주차장이다.

　산이 우람차 보인다. 오고성이 여성적인 분위기라면 석성은 아주 강건한 남성적 분위기다. 계곡을 막은 곳은 성벽의 수구문 자리인데, 윗부분에 직경 1m의 구멍이 뚫려 있고, 물이 흘러내린다. 물론 저 물은 주차장 때문에 막혔던 물줄기를 쏟아 내는 것이니 당시의 모습은 아니다.

신선한 바람이 분다. 남벽이 병풍처럼 가지런히 펼쳐지고 중간에 튀어나온 치들이 보인다. 이쪽을 보며 사진을 찍던 안 형이 차에서 손짓을 한다.

거대한 벼랑 바위에도 돌을 쌓아 성을 구축했다. 성의 정면인 만치 방어에 만전을 기하려는 의도이다. 치와 연결된 평평한 공간에는 중국인들의 신앙 장소인지 비석을 세워 놓고, 안에는 이중의 모자테를 두룬 돌탑들을 수십 개 쌓아 놓았다.

'예전에는 군사들이 성벽으로 접근하던 적군들을 공격하던 곳일 텐데……'

멀리서 능선들이 겹겹을 이루면서 산군을 이루고 있다. 조금 더 전진을 하니 동문이 나타난다. 아주 견고하게 돌로 차근차근 쌓았는데, 성문 위에서 발을 딛고 보니까 둥그런 것이 옹성 구조이다. 높이가 8m 정도인데, 제법 높다는 느낌이다. 폭도 두꺼워 남문과 마찬가지로 3m 정도이다. 입구 너비 역시 3m 정도이다. 당시의 성문들은 거의 이 정도 크기였던 것 같다. 그러니까 큰 수레 등은 들어오기가 힘들었을 것이다.

안쪽이나 바깥쪽이나 사람들의 통행이 없는 곳이라 문벽 쪽으로 풀이 자라고 있지만, 바닥이 판판하고 길이 나 있다.

동문을 지나면서 성벽이 연결되다가 다시 단단한 각을 이루면서 툭 튀어나온다. 아주 완벽한 형태의 치다. 백암성보다 커 보이고 돌들도 하나하나가 부드러운 느낌을 주는 데다가 전체적으로 곡선 분위기를 갖고 있다.

견고한 석성의 성벽, 견치석으로 쌓았다.

아래로부터 위로 올라가면서 높이를 재 보니 10m 정도이다. 그런데 상단은 60° 각도로 급경사를 이루고 있는데 반하여 하단부 5m는 경사를 45° 각도로 낮추면서 굽도리 형태로 단을 쌓았다. 안정되고도 부드러운 구조이다. 살벌한 성벽이라기보다는 제사용 건축물 같다. 첨성대의 옆면과 경사도나 모양, 돌 다듬은 것이 거의 똑같다. 단은 16개이니, 1단이 평균 30cm 정도이다. 담쟁이덩굴이 단 아래를 무성하게 덮고 있고 몇 가닥은 돌들을 따라 올라가고 있다.

이 동문의 치는 위가 요철형의 여장을 남기고 있다. 여장은 수비하는 군사가 몸을 숨기면서 적을 향하여 공격할 수 있게 담벽 위에 요철형으로 튀

천단 기단의 굽도리 형태의 아름다움.

어나온 구조이다. 이 곳은 돌들의 색깔이 하얗게 변하여 아래의 성벽과 다른 것으로 보아 근래에 다시 주워 쌓은 것으로 판단된다. 올라가 보니 여장은 높이 40cm, 폭 60cm 정도로 정면에만 네 개가 있고, 넓이는 가로 6m, 세로 4m 정도이다. 안에도 돌무더기가 남아 있고, 한쪽 구석으로 '요망대'라고 중국인들이 써 놓은 매끈매끈한 화강암비가 서 있다.

   동벽은 산 위쪽으로 올라가고 있는데, 안쪽은 특이하게도 2단 구조로 되어 있다. 성 내부의 평지에서 2m 높이로 단이 있고, 그 안은 약 60cm 공간이 있으며, 다시 2m 높이로 성벽이 있다. 그러니까 병사들은 60cm로 성벽을 따라 길게 이어지는 폭이 60cm인 공간 위에서 비교적 자유롭게 활동하면서 적과 전투를 하였던 것이다. 성벽은 산릉선을 따라 오르락내리락 구불구불 이어지고 있다.

해가 떨어지려는지 주위가 어두워진다. 서둘러 재촉하다 보니 자연히 발걸음이 빨라진다. 거의 뛰다시피하게 된다. 점장대 100m쯤 전방에 이르렀다. 성벽이 두 갈래로 갈라지면서 내부를 둘러싸고 있다. 십자로 모양처럼 오른쪽과 왼쪽이 각각 치처럼 2m의 두께로 뻗어가고 있는데, 윗부분의 네모꼴은 3m의 폭이다. 왼쪽으로 흘러간 성벽은 가운데 솟은 봉우리를 감싸고 있다. 돌아가서 북쪽으로 가니 폭 2m, 두께 3m의 문이 있다. 한 옆에 세워진 안내판은 이 곳이 길이가 186m, 높이가 4m의 내성임을 알려 주고 있다. 또한 장수들이 지휘하는 곳으로, 병사들의 출입은 금지되었다고 쓰여 있다.

그런데 내성도 역시 2중 구조로 되어 있어 적은 몇 번 방어선을 돌파해서 벽을 넘어야 최후의 내성으로 들어올 수가 있게 되어 있다. 비록 무너져 내렸지만 여장의 흔적이 보이고 있고, 안쪽 벽도 이중으로 되어 있다. 여러모로 백암성의 내성과 역시 유사한 구조이면서도 더 복잡하게 되어 있다.

내성의 입구 반대쪽에는 봉화대 표시판이 있지만 분명하게 나타나 있지는 않다.

점장대는 내성 끝에서 동남 방향으로 능선을 따라 30m 정도에 있다. 100명 이상이 상주할 수 있는 비교적 커다란 사다리꼴 모양이고, 사방을 둘러볼 수 있는 전망이 매우 좋은 곳이다. 돌을 쌓아 더 높게 만들어 놓았는데, 길이가 65m, 폭 35m, 높이가 12m의 방대형이다. 돌무더기를 쌓아 놓은 모양이 꼭 성황당 같다. 올라가 보니 위가 평탄하고 남쪽으론 벽을 둘러놓았다. 평상시엔 장군들이 올라가서 성 안을 관찰하고 병사들의 훈련을 지휘하지만 전투시엔 작전을 총괄·지휘하는 곳이다.

북북동 방향으로 능선 끝까지 성이 요철을 이루면서 계속 연결되어 있다. 그리고 북북동에서 다시 좌현으로 능선이 아래로 빠지다가 거의 4분의 3까지 간 지점에서 내려가는 길이 있다. 그 밑에는 현재 절이 있는데, 옛날에 이 성의 관청이 있었던 곳이다.

장대 위에는 군데군데 구멍이 나 있고, 구멍이 나 있는 곳은 돌들이 차곡차곡 쌓여 있다. 큰 것은 폭이 사방 1m, 깊이도 1m 정도이다. 샘물인가 하고 살펴보았더니 겉에는 제법 큰 돌들로 사방 1m 정도의 둘레를 쌓아 놓았고, 1m 깊이의 안쪽으로도 우물처럼 돌을 둘러쌓았는데, 물 흔적은 전혀 없다. 창고나 혹시 한뢰가 아닌가도 추측해 보지만 그런 것 같지도 않다.

서벽도 아주 가파른 75°에서 80°되는 경사로 되어 있지만 역시 평평한 정상 부분에는 성을 쌓아서 마지막까지 적이 들어오는 것을 방비했다. 그다지 높지는 않지만 차곡차곡 3m 정도 높이이다. 정남 방향으로 능선이 150m가량 더 연결된다.

해변과 멀리 떨어져 있다고 하나 성 안에서 바다가 보이고, 평원으로 몰려오는 적의 움직임을 관측할 수가 있다. 또한 주변의 오고성 및 조금 더 남쪽의 장하현의 석성도, 대장산도 등에 있는 고구려의 석성과 연결되고 있어 모든 해양 방어 체제의 일환으로 구축된 것임을 알 수가 있다. 이 성은 《신당서》 '고려전'에 치열한 전투가 벌어지던 성으로 기록되어 있다. 수군을 이끌고 온 우진달牛進達군이 요동반도 남쪽 해안에 상륙한 다음에 이 곳에 이르러 100번의 전투가 이루어졌다고 한다.

　얼마나 중요한 전략적 거점인지 성의 방어 체제가 아주 꼼꼼하고 견고하게 되어 있다. 북쪽은 전부 절벽으로 이어져서 아래가 300m 정도의 급경사로 되어 성이 불필요한데도 3m 정도로 역시 성벽을 쌓았다. 북벽 아래 아득한 골짜기 밑으로 실개천이 급한 유선형으로 흐르고, 그 협곡은 길을 사이에 두고 바로 맞은편 산과 만나고 있다. 여기서 보기엔 아무래도 그 산도 예사롭지가 않아 산성이 있을 것으로 여겨진다. 역시 그 곳에도 산성은 있었다.

　북릉 위에는 낙엽송들이 하늘을 향해 치솟고, 풀꽃들은 여름날의 어둠을 살살 피워 내고 있다. 카메라 덮개가 깨져서 더 이상 사진을 찍을 수도 없다. 이젠 오로지 달리면서 어둡기 전에 많이 보는 수밖에 없다.

　북벽 중간쯤 해서 다시 석조 건축물 흔적이 나타났다. 평균 3.5m의 정사각형, 9단의 굽도리 양식으로 기단을 쌓은 평평한 대가 있다. 이 안에는 서쪽에서 올라오는 입구에 아주 미끈하게 잘생긴 돌로 계단이 쌓여 있는데, 안정감 있다. 가로 50cm, 세로 60cm 되는 돌이 왼쪽에 놓여 있는데, 안 부분이 각진 채로 움푹하게 파여 있다. 다른 돌이나 나무를 받쳤던 흔적이다. 그리고 지금 현재 분명히 남아 있는데, 이 굽도리 양식 맨 위쪽 부분 사면의 모서리에는 석조물로 보이는 기둥이나 벽을 놓았던 흔적이 하얗게 바래 있다. 마치 햇빛을 받지 못한 하얀 살결 같다. 어쩌면 굽도리 양식의 돌이 더 있었는지도 모르겠다.

　윗부분에 있는 모든 돌들이 바깥쪽은 평균 15cm 정도가 검게 변해 있었고 안쪽으로는 회색빛, 돌의 원색인 것으로 보아 전체적으로 여기에 좀

석성 복원 모습. 연개소문의 누이 연개수영이 장수로 성을 지켰다는 전설이 전해 온다.

더 높은 단이 있었던 것으로 보인다.

 봉우리 높은 곳의 기단만 남아 있지만 단아하고 장중하면서도 아름답다. 고구려인들은 돌덩어리에다 숨길과 정을 불어 넣는 재주를 지닌 것 같다. 석굴암, 미륵사, 서산의 마애불 등만 보면서 우리는 백제와 신라의 석조 예술만을 생각해 왔다. 고구려는 다만 군사 능력만 뛰어난 것으로 알았었는데, 고구려의 전지역을 거의 살펴본 나로서는 오히려 반대로 고구려는 문화국가였다는 생각이 든다. 돌들을 저렇듯 자유자재로 다루고 종교적 예술품 뿐만 아니라 전쟁 시설물에도 미적인 아름다움을 중시하고 있으니, 얼마나 대단한가? 성벽이나, 군사 지휘처를 저렇듯 귀중한 조형물 다루듯이 하고 있으니…, 미를 존중하지 않는 사회라면 불가능한 작업이라고 생각한다.

이 석조 조형물의 원형은 알 수 없다. 용도도 분명치 않다. 다 기록을 안 남긴 탓이다. 우리학자들 가운데 일부는 '천단'이라고 주장하고 있다. 타당한 이야기일 것이다. 그런데 중국인들은 이 곳이 '소장루'라고 한다. 안내판에 의하면 다음과 같다.

"이 건물은 길이와 폭이 각각 5m의 2층 루각이다. 전설에 의하면 연개소문의 누이인 개수영이 세운 것이라고 한다. 원래는 루각이 없었으나 다시 중수한 것이다. 다른 장령과 같이 내성에 거주하지 않고 이 곳에 홀로 거주했다. 그리고 그 다음은 개수영이 문무에 출중했고, 이 성을 지키는 주장이었다."

개소문의 동생인 개수영의 이야기는 오고성에도 있고, 비사성에는 개수진의 이야기가 전해 온다. 사실 안시성도 고구려 여왕의 전설이 있다.

개소문의 여동생이 있다는 기록을 우리는 보지 못했다. 그런데 고구려의 옛 땅에서는 기록과 상관없이 그녀의 존재와 흔적이 분명히 남아 있는 것이다. 어느 쪽이 사실일까? 사실의 문제와 상관없이 진실의 문제인 것 같다. 설사 개수영이나 개수진이 존재하지 않았다 해도 고구려인들에게, 고구려의 유민들에게 그녀들은 진실로 존재했던 것이다.

고구려인들은 여자들도 남자와 같이 말을 타고 전쟁에 참여했던 것 같다. 아니 최소한 나라의 정치와 국방에 백제나 신라, 그리고 현대의 여자들보다는 적극적이었던 것 같다.

연개수영, 그녀는 단순한 고구려 여인 이상이었을지도 모른다. 신모의 뜻을 백성들에게 전해 주고, 때로는 전쟁을 지휘하는 신녀였을지도 모른다.

고구려는 하늘 숭배 신앙을 가지고 있었고, 특히 고등신은 동명을 모시지만 결국 하늘을 상징하고 있다. 고구려의 조상신 신앙은 결국 하늘 신앙과 일치하고 있다. 우리는 그것을 고구려의 무덤들, 특히 장군총 등에서 감지할 수 있었다.

고구려의 조상신 신앙이 아주 중요했고, 현실적이었음은 전쟁기사에서도 나타난다. 즉 고구려인들은 전투를 하다가 어려움이 닥치면 성 내에 모셔둔 사당에 가서 빌고 하였다는 기록이 있다. 이 때 '신모'란, 물론 부여신이라고 불린 고주몽의 어머니인 '유화 부인'이다. 그러니 성 안에는 신모 사당과 천단이 있었을 것이다. 어쩌면 두 가지의 기능을 동시에 하는 종교적 성소가 있었을지도 모른다. 그러니 그녀가 거처하는 처소는 신모 사당 자체거나 혹은 사당이 있었을 가능성이 높다.

우리는 아직 천단이나 신모 사당의 모습을 알지 못한다. 그런데 이 석조 건축물은 너무나 정교하고 우아하며, 성 안에서도 제일 깊숙한 내부에, 그것도 높은 봉우리를 선택했고, 또 흙을 돋워 올린 데다가 잘 다듬은 돌로 단을 쌓은 위에다 2층으로 건물을 세웠다. 그러니 천단일 가능성도 많다.

그녀를 생각해 본다. 몸에서, 혼에서 바람이 흘러 나온다. 얼마나 아름다웠을까? 하늘처럼, 별처럼? 유화 부인과는? 유화는 연못 속에서 살았고, 연개소문 역시 물을 나타내는 연천씨이다. 그러니 한 핏줄임을 암시하고 있다. 그녀의 나이는? 무술 솜씨는? 세상을 보는 지혜는? 아마 하늘의 뜻도 알았겠지?

그녀는 사랑을 알았을까? 온달의 관을 부여잡고 흘린 평강 공주의 눈물을 그녀도 흘렸을까? 아니면 고구려의 여인으로 모두를 사랑했을까? 최후까지 생존했을까? 고구려의 멸망을 어떤 눈길로 보았을까?

　백암성의 점장대, 이 석성의 내성 구조를 보면 고구려인들은 최후의 일인까지 싸우다 패할 때는 죽었다는 것을 알 수 있다. 그렇다면 그녀는? 그녀의 죽음은 별똥별처럼 사라졌을까?

　그녀의 눈길이 머물던 산길, 들꽃, 흙알갱이, 성벽 들에 어둠이 배어든다. 나의 사랑과 꿈이 스며든다. 내가 안 것은 무엇이었나? 난 이제 이 곳을 떠난다. 고구려의 천년 역사를 덮은 어둠이 그때처럼 오늘도 차오르고 있다.

　소장루를 떠나 서쪽으로 달린다. 또 능선이 뭉쳐 볼록한 봉우리가 솟고, 그 위에 적석묘나 성황당처럼 돌들이 쌓여 있다. 안내판에는 '좌독기坐纛旗'라고 쓰여 있다. 군기를 꽂았던 곳인데, 작전시에는 대표 장수의 깃발을 꽂았다. 이 군기는 승패의 상징으로서 깃발이 있으면 성과 병사가 있으나 깃발이 쓰러지면 성은 함락당하고 병사가 흩어진 것이다. 그렇기 때문에 좌독기는 군영 중에서도 가장 중요한 방위 지역에 있다. 성황당의 모습에 익숙해 온 우리의 눈에는 군기를 꽂는 장소라고 하기엔 왠지 낯설어 보인다.

　다시 더 달리니 능선이 갈라지며 남쪽은 완만한 능선을 이루며 들판으로 흘러 내린다. 약간 평평한 공간에 풀밭이 펼쳐지고 그 위에서 말 떼들이 풀을 뜯고 있다. 초원을 지나 들판 위에 솟은 산꼭대기에서 풀을 뜯는 말들을 보니 왠지 낯설다. 말들 너머 아래로 산이, 들판이 보인다.

　'집안에 두고 온 마리는 잘 있겠지?'

　서능을 타고 달렸다. 이쪽도 마찬가지로 험하고 벼랑이 곳곳에 있는데,

그 사이사이로 성들을 쌓았다. 성벽을 관찰하면서 막 달려가는 나를 동네 사람들이 바위 위에 앉아서 보고 있다. 길이 안쪽으로 휘어진다. 건물이 보인다. 절이다. 소장루 아래로 희끗거리던 건물이다.

절을 곁눈질하고 또 달렸다. 아래에서 기다리고 있으니 어쩔 수가 없다. 더구나 김 교수께서는 다리를 삐끗하셔서 올라오지도 못하고 마냥 우릴 기다리고만 계신 거다.

수뢰가 나타났다. 처음 주차장에 내려서 바라본 축대 같은 것이 수뢰의 바깥 벽이었다. 안쪽은 높이가 5m 정도인데 꽤나 넓었고, 지금은 군데군데 풀들이 무성하게 자라고 있다. 수뢰는 죄인을 벌 주기 위한 장소이다. 물이 가득한 연못 가운데 돌기둥을 박고 그 곳에 죄인을 묶어 세우는데, 거의 물에 얼굴이 닿을 정도로 한다. 시간이 흐르고 죄인은 힘이 들어서 몸을 숙이거나 다리를 굽힌다. 그러면 그대로 묶인 채 수장이 된다. 무섭고도 질긴 형벌이다. 보는 사람들에게 잔인함은 느끼지 못하지만 서서히 공포감을 주어 죄악에 대한 경종을 울리기에 효과적인 것 같다.

차까지 달려오니 이미 날은 어두워졌다. 어차피 오늘은 장하에서 자기로 한 거니까 굳이 서두를 이유는 없다.

석성은 여지껏 본 고구려 산성 중에서 가장 완벽한 형태로 남아 있고, 아름답다. 더구나 역사에서 사라져 버린 개수영의 흔적을 보았으니…….

나는 석성을 뒤로 돌아보고, 중국인 운전사는 앞만 보며 차를 몬다. 동네를 통과하려는데 차가 멈췄다. 길이 끊겨서 사람들이 나와 보수 공사를 하고 있는 중이다.

'비가 더 계속 심하게 내리면 이런 마을들은 고립된 채 며칠을 살아가겠

석성 동벽의 치. 굽도리 형태의 단을 돌려 둥글게 쌓은 동벽은 전체 높이가 10m 정도 되는데, 위에 요철형의 여장이 완벽하게 남아 있다.

지?'

 그래도 별로 달라질 일은 없을 것이다. 다만 물에 잠겨 농작물이 유실되지나 않을까 하는 것이 큰 근심거리일 것이다. 어쩌면 무료하기도 하고, 아줌마들까지도 둘러앉아 마작을 하는 중국의 농촌이니 물 구경은 신나는 구경거리임에 틀림없을 것이다. 헤드라이트 불빛에 옥수수 이파리들이 번쩍거린다. 길가에 옥수수밭이 있는 게 아니라 옥수수밭 한가운데를 뚫고 지나가는 듯한 느낌이 든다.

 밤 9시가 다 돼서야 장하시에 들어섰다. 큰 길가 빈관 앞에 사람들이 몰려서 있어 양거춤인가 하고 고개를 들이밀었다. 야외 가라오케다. 사람들이 돈을 내고 노래를 하면 다른 사람들은 앉거나 서서 부러운 듯이 바라보고 있다. 처음에는 돈을 내고 부르는지 몰랐었는데, 참 재미있는 일이다. 일본에 가면 '일본인들은 정말 가라오케를 좋아하는구나' 하는 생각이 든다. 그런데 중국에 오니 여긴 도가 지나쳐 정말 광적인 것 같다. 더구나 특유의 춤을 곁들이니 그 열광의 도는 일본이나 우리와는 비교가 안 될 정도다.

중국인들의 춤 솜씨는 대단히 뛰어나다. 예전에는 조선인이 가무 음곡에 뛰어났다고 하였지만 지금은 정반대다. 사회주의 체제라 그런지 정부가 춤을 장려해서 대부분의 사람들이 어려서부터 춤을 배우는데, 요즘은 블루스 같은 춤도 춘다. 우리와 다른 점이 있다면 아직까지는 건전하다는 것이다. 춤을 출 때도 우리처럼 밀착하는 게 아니고 적당한 거리를 두고 안으며 팔로 등을 감는 게 아니라 손바닥을 펴서 엄지와 검지 사이를 브이 모양으로 하여 겨드랑이에 살짝 걸친다. 그러니 전혀 낯선 사람들과도 자연스럽게 춤을 출 수가 있다. 그뿐 아니라 남자 혹은 여자끼리도 춤을 춘다.

오골성
검은 바위산에 쌓은 성

 8월 16일 35#

아침에 일찍 떠나려 했는데 문제가 생겼다. 김 교수께서 산성에서 다리를 약간 삐끗했는데, 그게 아침에 일어나 보니 심상치가 않았다. 어젯밤에도 한의사한테 모시고 갔는데, 별 차도가 없는 모양이다. 내가 병원에 모시고 갔다. 나야 덕분에 중국 병원을 볼 수가 있으니까 좋은 경험이 되겠지만 선생님이야 고생이 심하시고, 또 우리로선 일정에 차질이 생기게 되었다.

중국 병원은 좀 나를 놀라게 했다. 아무튼 나는 시간 여행도 겸하고 있는 것이니까, 내 어릴 때 한국 병원의 모습을 여기서 다시 확인하고 있는 것이다. 결국 불필요한 엑스선 사진을 찍고 1시간 이상을 기다려야 했다.

난 장하시 근처에 있는 석성도 근처로 가자고 했다. 이 근처는 고인돌도 있다. 장하현은 요동반도에서 압록강 하구로 가는 중간에 있기 때문에 전략적으로 중요하고 옛부터 사람들이 많이 모였던 곳이다.

시내를 벗어나자마자 갯내음이 코를 찌른다. 황해바다처럼 펄이 가득

고구려 수군이 주둔했을 것으로 보이는 장산군도 고려성

차 있고, 배들은 펄 속에 비스듬히 누워 쉬고 있다. 바닷가 둑길을 한 30여 분 달려 동네에 도착했다. 물고기 양식장 있는 곳인데, 바로 앞에 섬이 하나 있었다. 4km 이상 되어 보이는 거리인데, 썰물 때라 걸어갈 수 있을 정도였다. 우린 바닷가에서 잠시 시간을 보내면서 동네 사람들과 얘기를 나누었다.

그 섬 안에는 고구려 산성이 있다. 사실 요동반도 남쪽에는 해양도, 대장도 등 몇 개의 섬에 고구려 산성이 있다. 이 석성도는 이름 때문에 가능성이 있을 것으로 대충 짐작했지만 다른 섬에도 고구려 산성이 있다는 사실은 엄청난 의미를 갖는다. 고구려의 해양 방어 체제가 육지에서 뿐만 아니라 바다 한가운데에서도 이루어진 것이다. 그리고 무엇보다 고구려 수군이 있었다는 강력한 증거가 된다.

섬에 성이 있으면 그 곳에 군사들이 주둔해 있어야 하고, 그렇다면 선박을 보유하고 있어야 되기 때문이다. 그때 선박은 단순한 척후선이나 섬의 병력을 이동시키는 소극적인 수준이 아니었을 것이다. 요동반도 남부를 지키고 적의 수로군과 결전을 벌이는 함대였을 가능성이 크다.

이 수군과 함대는 요동반도와 발해만 해안에 구축된 산성들과 유기적인 관계를 이용해서 작전을 펼치면서 해양 방어전을 수행했을 것이다. 뿐만 아니라 황해 북부를 항해해서 후방으로 침투하려는 적의 수군과 해상전을 벌이기도 했을 것이다.

시간은 없고 밀물 때는 되어 가고, 우리는 다시 장하시로 돌아왔다. 다행히 김 교수님의 엑스선 사진 검사 결과가 좋아 가벼운 마음으로 출발했다.

장하 시내를 빠져 나와 서쪽으로 차를 몰았다. 이젠 계속 서진하는 것이다. 평산향平山鄕 정성촌旋城村 동북산東北山에 있는 성을 찾아간다. 언제나 그렇듯이 아스팔트 길을 어느 정도 가다가 다시 들판길 가운데를 달려가고, 그러다 보면 아주 조그만 동네에 들어온다. 하도 한갓진 동네라 마을에 사람들이 나타나지 않는다.

차에서 내려 야산을 향해서 걸었다. 시냇가를 건너서 콩밭을 지나 넓게 펼쳐진 옥수수밭 둑을 걸었다. 너무나 낮아 보이는 야산이라 도저히 성이 있을 것 같지는 않았다.

키가 150cm도 안 되는 마른 할아버지가 우리를 안내한다. 꼴 베러 나왔다가 우리한테 붙들렸다. 너무나 순박하게 생겨 흡사 바보가 아닐까 싶을 정도다. 뭐가 좋은지 턱없이 순진한 웃음을 흘리고 있다. 애정이 솟는다.

'신화 속 인물은 아닐까? 아니면 불전에 나오는 보살의 화신은 아닐까?'

노인은 이 성 밑 마을 근처에 고구려 고분이 10여 기가 있었다고 하며, 옥수수밭을 가리킨다. 단지 속에 사람을 묻었었다고 하는데, 말을 들어보면 '옹관묘' 같다. 옹관묘는 고구려의 양식이 아니니 어떻게 해석해야 할지 모르겠다.

마을에서 보이는 산을 올라서니 건너편에 또 하나의 산이 있고, 그 산 둘레로 성벽들이 구불구불 선을 긋고 있는 게 보인다. 잘해야 한 200m 될까 한 야트막한 동산이다. 고구려 성은 자체가 매우 특별한 구조로 되어 있지만 이 성은 정말 이상하다. 조그만 여러 개의 능선이 복합적으로 모였는데, 나무가 하나도 없고 풀만이 자라고 있으며 흡사 관광지인 듯 잘 다듬어져 있다. 주위가 1300m라는데, 정상 부분은 완전히 평평하게 깎여 있고 위에서 내려다보이는 성 안은 경사가 약간 급한 목장의 내부 같다는 인상을 준다. 건물이 두 채 있고, 우물터인 듯한 흔적이 남아 있다. 성벽들은 높이 2m가 채 안 되는데 차근차근 위로 쭉 둘러쌌다.

내성을 벗어나 골짜기를 내려가 서문 쪽에서 문 흔적을 보았다. 다 무너져 내리고 옹성 구조였던 듯 7~8m 높이의 흙무덤이 두 개 엇갈려 있고, 위에는 한 20평 정도의 평평한 공간이 있다. 성돌인 듯한 돌들만이 흩어져 있고, 성문 아래쪽으로도 돌들이 보인다.

문화혁명판 인공굴에서 물이 흘러 나오면서 서문 옆으로 빠져 나가고 있다. 이 성은 고구려 성이라고 하지만 그 흔적을 찾기엔 매우 힘들다. 성의 구조도 많이 변해 버린 데다가 현재의 성벽들도 고구려 것들은 거의 안 보이고 그 후에 중국인들이, 노인의 말에 의하면 모택동 지시에 의해 일괄적으로 쌓은 것이라고 한다. 그래서 돌들도 견치석이나 화강암을 다듬은 것이 아니라 그냥 막돌인 경우가 많았고, 차근차근 쌓은 것이 아니라 그냥 쏟아 부은 듯했다. 멀리서 보면 성의 형태를 갖추고 있지만 와서 보면 돌들을 그냥 쌓아 놓은 정도에 불과하다. 치도 흉내는 냈지만 제 구실을 할 정도는 아니다. 국가에서 시키니까 어쩔 수 없이 비자발적으로 흉내만 낸 것 같다고 말하는 안 형의 말이 맞는 것 같다. 고구려인들의 축성술과 현재의 이것을 비교하기 위하여 사진을 찍었다.

주변 경치는 그만이다. 북서 방향으로 호수가 보이고 있다. 그 너머 북쪽으로 높은 산들이 줄지어 서 있다. 초록빛 산과 풀밭이 둘러싸고 있는 호수의 물빛은 가을 하늘보다 더 짙푸르다. 모든 게 원색에 가깝다. 신선하고 깨끗한 아름다움이다. 바람이 불어와 땀에 젖은 얼굴을 스친다. 이런 곳에 집을 짓고 살면 어떨까 하고 얘기를 나누었다.

보임만이 있는 적막 그 자체이다. 간간이 우리들의 말소리 외에는 오로지 자연의 소리뿐이다. 계단을 내려와 점장대였음직한 언덕으로 올라가니 남동 방향으로 평야가 전개된다. 그 너머에는 바다가 있는 것이다. 김 교수가 반대편 능선에서 기다리고 계신 모습이 보였다. 서둘렀다. 그분은 1시간 이상을 거기서 기다리고 계신 것이다.

봉성을 찾아간다. 몇 번 차를 돌리며 갈팡질팡하다 제 길을 바로잡고 달렸다. 물어보는 사람마다 길을 달리 가르쳐 주니 운전사도 혼동이 되어 왔다 갔다 했다. 새로 만든 도로인 듯 아스팔트가 초록 들판 사이에서 새까맣게 윤기가 돈다. 우리는 봉황성을 찾아가고 있다. 오래 전부터 답사하려고 벼르던 산성이다. 일정이 거의 마감되고 있다는 느낌이 든다. 이제 이 성을

봉황산이 자리한 오골산은 평야 한가운데에서 툭 튀어나온 두터운 산덩어리로서 이름에 걸맞게 검은 화강암으로 이루어져 있다.

보면 큰 성은 다 보게 되는 것이고 종착지인 단동을 향해서 가기 때문이다. 물론 수암 쪽으로 해서 고구려 산성들이 많이 있지만 그럴 만한 시간이 없다. 방학도 거의 끝나가고 집도 너무 오랫동안 비웠다. 그리고 같이 온 안 형도 회사일로 돌아가야만 하기 때문이다.

차 앞으로 돌산이 다가온다. 평지 가운데 급한 경사와 모양이 울퉁불퉁한 화강암 돌산이 떡하니 버티고 앉아 있다.

산이란 선이다. 어디선가 발원지가 있고, 거기서 한 갈래 한 갈래 뻗으면서 길고 복잡한 선을 이루는 것이다. 선은 그래서 산의 줄기가 되고 생명의 흔적이 된다. 그래서 대간, 정간, 정맥 등이라 이름하지 않는가! 인간은 그 선을 따라 이동하면서 더불어 살아가고 있는 것이다. 적어도 그게 우리의 산인 것이다. 풍수란 바로 산의 이러한 흐름 때문에 나온 게 아닌가!

그런데 이 산은 이어짐이 없이 별안간 평야 가운데서 툭 튀어나온 데다, 야산도 아닌 높고 두터운 산덩어리이다. 그런 데다 거의 돌덩어리로만 이루어져 있으니 얼마나 기이한가? 거기다가 무슨 화강암이 그리도 까맣지. '오골산烏骨山'이란 명칭은 이름 그대로 '까만 바위산'이라는 뜻이다. 처음 들었을 때부터 대충 짐작은 했지만 이 정도일 줄은 몰랐다.

설악산은 바위산이라 해도 뾰족하고 가벼운 맛이 있으며 뭔가 손짓을 해 대는 아기자기함이 있다. 바위의 엄숙함과 단단함을 상쇄시키는 변화가 있고, 나무와 풀이 있다. 그런데 우리가 보고 있는 서벽은 완전한 돌덩어리에다 경사도가 45°에서 정상에 가까워지면 더 가파라져서 거의 직벽같이 보일 정도이다. 남쪽을 빼놓고는 다 마찬가지라고 한다. 한강 하류에서 바라보는 북한산의 모습과 비슷하면서도 더 무지스럽게 보이는 돌산이다. 저게 성이라면 대체 어떻게 넘어가겠는가?

산악 훈련과 암벽 훈련을 받은 특수 부대라면 모르지만 일반 병사들은 엄두도 못 내고, 또 대규모로 침투할 수도 없게 되어 있다. 일단 남쪽 외에는 길이 없는 것이다. 모두들 놀라서 입을 벌렸다. 달려가면서도 연방 셔터를 눌렀다. 산꼭대기에 송신탑이 있는 게 보인다. 봉황성의 병사는 저 곳에서 들판을 바라보며 적의 움직임을 깃발이나 봉화로 점장대와 성 안 사람들에게 알렸을 것이다.

들판을 오른쪽으로 보면서 달리다 오골산을 향해 안으로 들어갔다. 가까이 가면 갈수록 그 산의 구조가 복잡하고 바윗덩어리들이 겹쳐가면서 봉우리를 향하고 있었다. 무시무시한 구조이다. 사면이 완벽하게 절벽이고,

오로지 한 면만이 뚫어져 있다.

산을 다니는 우리들이니 얼마나 마음이 싱숭생숭했겠는가! 한국의 산악인들을 데리고 와서 각자 자기 코스를 통해서 정상까지 가는 암벽대회를 열었으면 좋겠다고 얘기들을 나누었다. 사실 이 곳뿐만 아니라 그런 생각을 많이 했다. 지난 탐사 때 집안에서 환인 가는 길을 가면서도 '능선 종주 겸 고구려 성 답사단을 조직하면 상당히 의미 있을 텐데' 하고 생각을 했었다. 그런데 이번에 천리장성을 답사하면서는 그런 생각이 더욱 굳어졌다.

일반인들이나 학자들은 하기가 힘든 면이 있었다. 우선 시간 관계상 빠른 시간에 이동을 하지 않으면 안 된다. 또한 산성의 구조와 전 기능을 파악하려면 먼저 산성 전체를 샅샅이 훑어야 하고, 그 주변 지역까지 답사해야 한다. 그래야 성의 기능이나 성 안의 구조물들의 역할을 알 수 있다. 그

봉성 석축을 조사하는 필자

리고 성은 반드시 자연 지형을 이용한 만큼 주변 지역, 즉 산이나 강, 평야 등의 기능과 유기적인 관련 속에서 파악해야 한다. 그러기 위해서는 산에 대한 훈련이 있지 않으면 부족하다. 그리고 산에서의 길을 알아야 한다. 산에는 길이 있다. 등산로로 나 있는 길은 그런대로 이해가 가능하다. 그러나 그렇지 않은 곳, 더구나 이 곳 봉황산성이나 길림의 라통산성 같이 험악한 산악에서는 길에 대한 개념이 없으면 성 안의 이동이나 군사 배치 등 전술적인 가치에 대해서도 이해를 못 한다. 산악인들을 성이나 군도 답사 등에 활용하면 얼마나 좋을까?

남문으로 해서 들어가고 있다. 두 개의 거대한 흙무덤을 지나는데 조금 야트막한 언덕에 '봉황산성'이라는 팻말이 붙어 있다. 바로 옆으로 냇물이 흘러 나오고 있는데, 김일경 교수는 그 곳이 원래 정문이라고 한다. 제법 넓은 냇물이다.

차도 옆 오른쪽으로 담벽이 길게 안으로 뻗어 있다. 군부대라고 하는데, 그 안은 동네 사람들도 절대 볼 수가 없다고 한다. 고구려의 남벽과 초소, 그리고 군사 건물이 있었던 곳인데 중국 군대가 주둔해서 우리는 성벽을 볼 수가 없고, 눈치를 보면서 슬그머니 들어갔다.

정면으로 논과 밭들이 있는 제법 너른 들이 있고, 성 중간쯤에서 북쪽 산자락으로 가까워지면서 계곡을 끼고 마을이 형성되어 있다. 주변은 좌우, 그리고 정면 북쪽으로 높은 산들이다. 우리가 길에서 보았던 산의 안쪽 면들이다. 뾰족한 봉우리에서 내려온 산줄기들이 안을 향해서 열지어 흘러내려오고 있다. 분지 같은 특이한 모양이다. 길이 폭 3~4m 정도로 평소에 차가 다닐 수 있지만 여름에는 차량 통행이 어려울 것 같다.

오골성은 욕살이 다스린 대성으로서 둘레가 20리이고 10만 명이 거주할 수 있다고 하는데, 정말 엄청난 넓이다.

근처에 고려 문성이 있고, 그 주변으로 석성, 석두성, 탕산성 등을 비롯하여 다섯개의 산성들이 있다. 이러한 방어 체제는 수도에 적용되는 특성이다. 때문에 북한 학자들은 이 성이 부수도이며, 경기도 남양주에 있었던 '남평양'에 상대되는 '북평양'이라고 주장한다. 봉황은 그만한 가치가 있는 것 같다.

남쪽 문을 빼고는 거의 모든 삼면이 완벽한 험한 벼랑으로 둘러싸인 완벽한 요새이다. 수백 개의 잔 능선들이 성 안 동네를 향해 내려오고 있다. 그러니 능선과 능선을 넘는다는 것도 그렇고, 골짜기를 활용한다면 대규모의 군사들이 은거할 수 있다. 내부에는 옥수수밭, 군부대, 마을 등이 있다. 이 곳은 성 내부가 너무나 완벽한 평지이기 때문에 도저히 여기가 구릉 지대라든가 군사상의 거점이라는 생각을 할 수 없다. 기암 절벽으로, 벼랑으로 둘러싸인 동네 한가운데 있다는 느낌을 가질 뿐이다. 북한산이나 남한산성 안에 살고 있는 사람들은 이것이 성이라는 사실을 인식하지 못하는 것과 마찬가지이다. 평원이기 때문에 많은 백성들이 농사를 지으면서 성 안에서 거주할 수 있다. 또 성 안팎 들판에서 생산된 곡식으로 성의 평상시 재정은 물론 군량미를 확보하는 데도 적합하다. 그러니 부수도설의 타당성 여부는 아직 알 수 없지만 자체로서는 그만한 조건을 갖추고 있다.

길을 물으려고 동네 안을 기웃거리지만 어디로들 갔는지 아무도 보이지 않는다. 벌써 날은 어둑어둑해져 안 형은 카메라 사용을 포기한다며 사라졌다. 어차피 내일 다시 와야 하니까 지형 정찰이나 한다고 동쪽 산릉선으로 올라갔다.

'꿈도 야무지지.'

안 형은 성 답사도 답사지만 산을 올라가고 싶고 암벽 등반을 하고 싶어한다. 나도 그러고 싶지만 시간이 없다. 촬영팀은 오늘로 끝내자고 하여 약간의 갈등이 연출되기도 하였다. 결국 난 오늘로 끝을 내기로 하였고, 안 형은 내 말을 잘못 알아들은 채 정찰 나간 것이다. 오골산은 산으로서 정말 아름다운 산이다. 사람을 붙게 유혹하는 거대한 암장이다.

동벽도 가파른 산인데 높이는 서벽보다 더한 것 같다. 북문 가까운 동벽에서 북문 쪽으로 내려가는 능선은 완만한 경사다. 말들을 사육했던 장소로도 생각된다. 환인의 오녀산성 능선이 생각난다. 북문에 가까워질수록 길은 점점 좁아진다. 이제는 보통 산길, 산길보다는 조금 더 폭이 넓은 1.5m 정도의 길이다. 사람들이 다니지 않아서 풀숲에 묻혀 버린 것이다. 동네를 버리고 떠나가는 길 '아리랑 고개' 같은 곳이 북분이다. 남문은 평야로 통하고 낮은 지대라 사람들이 들락거리는 길이지만 북문은 교통이 불편한 다른 산동네로 가는 길이니 당연히 버려진 길이 될 수밖에……

북문을 향해서 가면서 오른쪽으로 비교적 큰 계곡이 흘러 나오고 있는데, 그 능선 한쪽으로 돌탑이 희미하게 보인다. 봉화대란다.

길가에 손길이 가해진 네모나게 각이 진 돌들이 흩어져 있다. 북벽에서 여기까지 흩어져 내려온 것으로 보아 성의 규모가 엄청난 것을 알 수 있다. 견치석들도 보인다.

북문은 생각보다 작았다. 아마 다 무너져 내렸기 때문인가 보다. 성벽의 두께는 20m, 폭은 5m 정도라고 하는데, 더 이상 확인할 수가 없다. 남문과 북문만이 있다고 한다. 문 옆에는 인공이 가해진 봉우리가 솟아 있는데, 점장대 기능을 한 것으로 판단된다. 안내한 사람에 의하면 중국 학자들이 조사했을 때 이 곳에서 인골이 발견되었다고 한다.

　북문 위에 서니 남문이 4km 정도 떨어져 멀리 보인다. 반대편으로는 협곡을 통해서 김가촌으로 연결되는데, 한참 내려가야 큰 마을이 있을 것 같다. 북문의 서쪽은 성벽이 많이 무너져서 볼 것이 없고, 동쪽 벽은 남아 있다고 한다. 낫으로 풀을 쳐 가면서 성벽으로 접근했다. 안쪽으로 50cm 정도, 바깥쪽은 내려가 보니 3m 정도이다. 이 곳은 바깥쪽으로만 성들이 쌓여 있어 폭이 좁은데, 그 위로 계속 올라가면 양쪽으로 벽이 쌓여 폭은 5~6m이다 봉화대가 바로 보이는데, 높이가 한 5m 정도이고, 바깥쪽을

봉황산 아래 민가. 봉성의 석축을 가져다 민가의 담으로 사용하여 성곽이 많이 훼손되었다.

향해서 반원형으로 되어 있다. 그 위에도 봉화대가 있는데, 원형으로 되어 있다. 얄미울 정도로 벼랑 끝 바위 위에 돌을 차곡차곡 쌓아 꼭 제비집을 지은 것 같다.

산이 잠들려 하고 있다. 어둡지도, 그렇다고 밝지도 않고, 서서히 스며드는 시간이다. 검은색이 보일락 말락, 풀의 감촉, 팔뚝을 스치는 잡초들의 느낌이 별다르다. 동벽 쪽으로 200m 정도 올라가니 아직도 나무를 때는 듯 나무 꺾은 것과 삭정이들을 묶어 놓은 나뭇단들이 있다.

내려오다 우리를 안내한 사람의 집으로 들어갔다. 그분의 할아버지 때부터 이 성 안에 살았다고 하는데, 아버지가 생존해 계시다고 해서였다. 역시 특별한 사실들은 없었고, 성 안에서 발견된 유물들을 구경하라는 것이다. 그것은 엽전류의 중국계 유물들이지 고구려 유물은 아니었다. 전에 일본인 학자들이 왔었다고 한다.

마을을 지나 남문까지 내려오는데 밤길이 어두워 정진용이가 길을 잃어버렸다. 사람들이 나눠서 찾으러 가고 나는 물가에 앉아 참외를 깎아 먹었다. 별들이 반짝거린다. 여름날답지 않게 시원한 느낌을 준다.

밤을 달린다. 봉황성의 바위산이 어둠 속에서 살을 드러내고 있다. 고려역을 보지 못한 채 그대로 통과한다.

'다시 와야지. 성 구석구석을 뒤지고 살펴봐야지.'

압록강 하구
대륙과 해양의 출입구

 8월 17일 36#

단동, 압록강 철교 앞이다. 아침에 먼저 압록강으로 나왔다. 북한 땅이 보인다. 집안에서 바라보던 북한 땅은 산골 같았고, 강폭도 좁을 뿐 아니라 수초들도 바람에 나부껴 목가적인 분위기마저 느꼈다. 이 곳은 넓고 깊다. 덩치가 큰 화물선·관광선들이 부두에 정박하고 있고, 강 위를 떠다니는 것들도 적지 않다. 사람들도 번다하고, 선창가 옆에 자리잡은 여관들하며 기념품 가게도 많이 있다. 바로 우리 옆에는 어제 같은 호텔에서 묵었던 고등학생들이 있는데, 북한으로 직접 건너갈 것인지, 단순하게 압록강 유람을 하러 온 것인지 알 수가 없다.

단동은 고대부터 교통의 요지였다. 1947년에 도시를 세우고 '안동'으로 불렸는데, 1965년에 '단동'으로 바꾸었다고 한다. 인구가 53만으로 산업이 발달했고, 특히 압록강을 통해서 내려오는 목재가 모이는 곳이다. 하지만 이 곳은 역시 국경 도시 냄새가 물씬 난다.

외국 나가서 한 나라에서 다른 나라로 건널 때마다 느끼는 감정이지만

압록강 철교. 일본군이 만주 점령시에 세운 철교는 한국전쟁 때 미군의 폭격으로 끊겼다. 그 옆에 새로 철교를 세워 반반씩 중국과 북한이 연결해 교류하고 있다.

우리의 국경 개념과 너무 다르다. 우린 국경을 보기도 힘들고, 본다 하더라도 인적이 끊기고 살벌한 분위기이다. 우리가 기껏 국경을 접하고 있는 데가 북한밖에 더 있는가! 그런데 세계를 다녀보면 삼엄하지도 않고 건너가는 것도 자유로울 뿐만 아니라, 무엇보다 사람이 가장 많이 들끓는 곳이 국경이다. '국경 도시'란 말도 있지 않은가. 여기만 해도 그렇다. 그런데 한민족은 어쩌자고 이 좁은 강을, 고구려의 한가운데를 흐르고 있던 강인데도, 왜 오랫동안 건너지 못했을까? 그 땅이 그렇게 두려웠을까? 한 번 빼앗기고 나니 다신 돌아보기조차 두려웠던 모양이다. 그런 용기마저 없었으면서 어떻게 자식들을 볼 용기는 있었을까?

철교 위로 올라갔다. 사람들이 많다. 초등학교 아이들도 단체로 와서 관람하고 있다. 유리창을 단 진열장을 다리 한가운데 놓고 북한군의 모자, 계급장, 총, 어깨에 둘러메는 긴 탄창, 돈 등을 팔고 있었다. 옆에는 인민군 군복과 함께 치마저고리를 걸어 놓았다. 빨간 치마에 노란 저고리, 옷고름이 강바람에 날렸다.

북한 땅이 좀 더 잘 보일까 해서 다리 2층으로 올라갔다. 단동 쪽은 시내 바깥으로 산들이 보이고 있는데 신의주 쪽으로는 산이 보이지 않는다. 날씨가 흐린 탓도 있겠지만, 평지가 계속되고 있는 것 같다. 신의주는 생각보다 큰 도시인지도 모르겠다. 3층·4층 건물도 눈에 띄고, 공장인지 아니면 화물 운반 때문에 그런지 모르지만 화물을 들어 올리는 많은 도구들이 눈에 띈다.

모래사장에서 사람들이 수영을 하고 있다. 지금은 물 속에 들어가 수영할 조건이 못 된다. 물도 차갑고 날씨도 굉장히 흐리고, 빗방울도 후두둑대는 데다가 바람까지 세차게 불고 있다. 그런데도 북한 사람들은 물가에서 놀고 있다. 무엇을 의미하는 걸까? 만주 지역을 다니면서 북한 사람들의 어려운 생활에 대해 많이 들었다. 거긴 어쩌다 그렇게 됐을까?

한국에 있을 땐 정권에 대한 반작용, 보다 풍요로운 생활, 보다 자유로운 생활을 염원했기 때문에 상대적으로 북한이나 중국에 대해 우호적인 마음을 갖는 경우도 때론 있었다. 하지만 나와서 다니고, 또 중국, 러시아 등을 다니다 보니 좀 더 자신감을 갖고 객관적으로 볼 수 있게 된다. 정확한 정보가 없기 때문에 누구도 확실한 평가는 내리기 힘들지만 여기 와서 북한에 대해 우호적인 사람들에게 들어봐도 북한은 문제가 심각하다.

경제적인 어려움은 말할 것도 없고, 정치적·사회적 자유가 상당히 제약을 받는 것이 확실하다. 이젠 그들의 인권과 삶에 대해서도 객관적으로 평가하고 대책을 마련할 때가 된 것 같다. 한국에서 정치 지향적이고, 인권 운동한다는 사람들은 왜 북한의 인권에 대해서는 말을 안 하는 걸까? 북한을 방문한 사람들은 왜 북한의 주민들, 그저 평범하게 살아가는 사람들은 만나지 않고, 그들의 고통에 대해서는 돌아와서도 한 마디 안 하는 걸까?

단동 역전 광장에 있는 모택동 동상. 원래 단동은 동쪽을 편안하게 한다는 뜻으로 '안동'으로 불렸다. 그러나 중국이 공산화되면서 1965년 동쪽을 붉게 물들이는 곳이란 뜻인 붉은 단 자를 사용해 '단동'이라고 부르게 되었다. 이처럼 단동은 역사의 수레바퀴 속에서 주변 정세에 매우 민감한 곳이었다. 한국전쟁 때에도 다급해진 김일성이 단동에 와서 모택동을 만나 한국전쟁에 중국을 끌어들였다. 기차를 타고 평양으로 돌아가는 김일성을 향해 손을 흔드는 모습이라고 하기도 한다.

그들의 방문과 그들의 언동이 북한 주민들의 삶이나 인권에 얼마나 악영향을 끼치는지를 왜 인정하지 않으려 할까?

그들이 북한 가서 환대 받고, 영웅 대접 받고, 관념적인 구호를 남발할 때, 북한의 고통받는 민중들의 인간적인 저항은 맥없이 자지러질 수밖에 없다. 미국이 독재정권에 우호적인 발언이나 비호를 할 때마다 우린 얼마나 좌절하고 또 많은 이들이 희생을 당했던가? 똑같은 것인데 자기들의 행동과 구호에 대해 반성도 하지 않는 뻔뻔한 인간들이 너무 많다. 그들도 권력 지향적인 사람들이었을까?

단동 역전에 가니 모택동 동상이 비를 맞으면서도 검고 육중한 몸으로 발 아래 중국 인민들과 나를 바라보고 있다. 어쩌면 김일성 동상과 저리도 똑같은지. 이순신 동상과 현충사의 건립을 독재정권의 유지용이라고 비판하던 사람들은 곳곳에 세워진 모택동의 동상, 천안문광장 끄트머리 기념관에 생채로 매장되어 관광객을 맞이하고 있는 모택동 시신을 어떻게 생각할까? 모택동의 동상을 빼닮은 김일성의 동상을 보며 무얼 생각할까? 우린 이런 것까지 중국의 아류가 되어야 하나?

북한을 드나드는 조선족들이 있다. 그들은 남한 사람들을 욕한다. 인간답지 않다고. 심지어는 가진 게 돈밖에 더 있느냐고 극단적으로 말하는 사람들도 있다. 그러면서 북한 사람들에 대해서는 애정을 갖고 얘기한다. 불쌍하게 산다고. 그래서 그 사람들 생활이 어떠냐고 말하면 항상 특유의 연민과 허무가 뒤섞인 표정, 힘이 풀린 미소를 띠며 얼버무린다. 그러면서 사람이 살 데가 못 된다고 한다.

통일은 지향하되, 우리는 남과 북을 동시에 비판하고 양쪽에 사는 백성

위화도는 압록강 중간에 떠 있는 섬으로 고려 말 요동 정벌을 앞두고 이성계가 회군하여 고려를 멸망시킨 장소이다.

들을 모두 껴안아야 한다. 이 비바람 속에서도 물 속에 들어가고 모래사장에서 노는 척을 해야 하는 저 아이들의 마음을 어떻게 좀 헤아려야 하지 않겠는가?

다리는 조금 가다가 끊겼다. 만주를 점령한 일본군인들이 세운 압록강 철교는 한국전쟁 때 폭격으로 끊어진 상태로 보존하고 있다. 다리 상판을 시멘트로 깔아 관광객들이 다닐 수 있게 하였지만, 끝에까지 오니 철교의 끊어진 부분을 그대로 놓아두었다.

고구려의 멸망? 한국전쟁, 이 모든 것들이 이 철교 위에 응축되어 있다. 비가 온 탓인지 탁류가 급하게 흘러 내려가고 있다.

오른쪽으로 북한에서 들어오는 기차가 몸뚱이를 길게 끌며 지나간다. 길고 긴 몸뚱이에 비해 깃발이 너무 작아보인다. 사람이 없는 걸 보니 화물차인 듯하다.

극성스런 중국 아줌마와 교섭을 하고 배를 빌렸다. 중국에 와서 여러 번 배를 빌려 타고 강을 돌아봤는데, 이젠 여기가 마지막인 것 같다.

배가 물살을 튀긴다. 중국 땅을 박차고 북한 쪽으로 달렸다. 감회에 젖을 시간을 채 갖기도 전에 신의주 방파제 바로 옆으로 갔다. 한 5m나 될까? 사람들의 모습이 생생하게 보인다. 어선들과 일하는 어부들, 초라하게 보이는 총을 맨 병사들, 애들도 방파제 위에서 앉거나 걸어가면서 우릴 바라본다. 손 흔드는 사람들도 있지만, 엿먹으라고 소리치는 사람들도 있다. 하지만 대부분의 사람들은 중국 사람들, 한국 사람들을 꽤나 보았던 듯 무감각한 표정들이었다.

배를 북으로 돌려 위화도 근방으로 갔다. 생각과 달리 위화도를 사이에 두고 오히려 북한 쪽의 강폭이 넓다. 이성계가 북진의 말머리를 돌린 곳인데, 현장에서 지형을 살펴보니 아무래도 그는 애당초 북진할 뜻이 없었던 인물로 보인다. 조선 건국의 정당성을 주장하는 사람들은 당시 조선과 신흥 명과의 현실적인 국력 차이, 승산 없는 싸움과 민중들의 고통을 들어 북벌의 무모함을 주장하고 있다. 양국 간의 국력 비교는 상대적인 것이고, 특히 국제 질서의 재편기엔 계량적이거나 가시적인 전력으로만 평가되는 것은 아니다. 또한 전쟁이란 반드시 전면전을 의미하지도 않으며, 국지전이나 한시적인 전략적 성격의 전쟁도 가능하다.

우리 민족으로 봐서는 오랜만의 북벌이고, 압록강을 건널 수 있는 기회였다. 전쟁에 패한다 해도 민족적으로 봐선 긍정적일 수도 있다. 더군다나 바로 2년 전에 이성계는 환인까지 진격해서 적을 항복시켰는데. 비겁한 무장들은 항상 칼을 안으로 휘두르고, 꼬리를 감춘 비겁함을 속이기 위해

안으로 더 폭력화하는 것이다. 조선의 양반 통치배들이 계급적으로 더 철저하고, 민중을 탄압하며, 현실 노선을 포기한 채 교조적이 된 것은 이와 무관하지 않다. 눈앞의 포기와 그들 집단에 의한 정권 찬탈은 또 한 번 민족적 패배감을 불러일으켰다. 외부에 대한 무력감 포기와 굴종이 내부로는 기만과 가식 그리고 폭력을 낳았다. 갈밭이 많다는 위화도는 안개에 쌓여 가물가물거린다. 북한 배들이 옆을 지난다.

'바보 같은 놈들. 이 강에서 왔다 갔다 하는 네놈들이나 남의 땅 된 옛 땅을 밟으며 여기까지 와서도 배 타고 돌아다니는 우리나 다 한심한 놈들이다.'

정말 비는 줄기차게 온다. 바람이 심하게 불고 빗방울이 내리치고 있다. 차창으로 바깥이 잘 보이지 않는다.

대행성大行城을 찾아왔다. 단동에서 남쪽으로 20여 km로 내려와 랑두진浪頭鎭 마을이다. 압록강 방어 체제의 일환인데, 서안평 지역의 전진 방어 거점이다. 폭우 속에서 길을 찾느라 헤매다 보니 잠시 차에서 내렸는데도 옷이 푹 젖어 버렸다. 길가 진흙탕 속에서 눈에 겨우 띌 정도의 자그마한 돌비가 서 있다. '소낭낭성小娘娘城'이란 붉은 페인트 글씨 위로 빗물이 줄줄 흘러내린다.

성의 흔적은 찾을 길이 없고, 밭 건너편에 도로의 진행 방향과 횡으로 300m 정도의 작은 언덕이 이어진다. 풀숲과 작은 나무들이 엉켜 빗속에 더 푸르게 보인다. 옛날 토성의 흔적이다. 그 토성 바로 너머가 압록강이다.

주변이 평평한 들판이고 강이 바로 옆에 있으니 지형상으로 보아 산성일 가능성은 없었다. 그래도 막상 평지성이라 하니 왠지 허전하다.

그런데 '소낭낭성'이란 이름은 왜 붙었고, 무슨 의미를 가지고 있는 걸까? 그러니까 대낭낭성이 있음직하고 '낭낭'이란 특별한 의미가 있는 이름일 텐데. 태조 대왕 94년146년에 서안평을 공격하여 대방령을 죽이고, 낙랑 태수의 처자를 잡아온 기록이 있다. 혹시······.

시내에서 일단 점심을 먹은 다음 구련성九連城으로 차를 돌렸다.

우리가 군도와 집안 지역을 답사할 때가 중국 동북 지방에선 100년 만의 홍수라고 했는데, 이제 이 비는 우릴 따라 요동을 다니더니 다시 압록강 하구까지 온 모양이다.

차를 타고 북동 방향으로 15분 정도 가니 다리가 나타나는데, '구련성교'라고 되어 있다.

북에서 흘러와 압록강으로 합류하는 애하는 물이 불어 큰 강처럼 보인다. 조선 시대 지도를 보면 애하의 서쪽에 있었는데 이상하다는 생각이 든다.

소낭낭성터. 서안평 지역의 전진방어 거점인 소낭낭성은 고구려의 압록강 방어 체제의 일환이지만 성의 흔적은 찾을 길이 없고, 성터임을 알리는 푯말만 서 있다.

건물들이 몇 채 보이기 시작하더니 곧 구련성점이다. 성 이름이 동네 이름이 된 것이다. '구련성 시장'이란 간판도 있고, '구련성 반점'도 있다. 중국 시골 어디서나 볼 수 있는 슬라브형 낡은 벽돌집들인데, 여긴 유달리 밝은 연두빛을 띠고 있다. 음식점 앞 지붕 처마 아래에서 할아버지가 압록강의 물고기들을 양철 대야에 담아 놓고 팔고 있다.

비 기운 탓인지 물 탓인지 물고기들의 비늘이 한층 파들거리고 싱싱하다. 거기다 긴 풀이파리를 흐트러 놓으니 아주 원시적인 느낌마저 든다. 입으로 그냥 물어뜯고 싶은 생각이 든다. 살은 찌지 않았지만 골격이 좋고, 표정이 있는 노인은 뭘 물어도 담담하게 약간의 신경질기 있는 말대꾸뿐이다. 김일경 교수가 오시더니 이 노인에게 여러 가지를 물어보고 안내를 부탁했다. 이 지역 토박이에다 구련성을 안다고 했기 때문이다.

눈살을 찌푸리며 고기 대야를 몇 번 쳐다보더니 우릴 따라 나선다. 내가 우산을 받쳐 주니 그제야 얼굴이 펴진다.

산쪽 마을 안으로 방향을 틀었다. 그러니까 단동서 올 때는 왼쪽 방향이다. 언덕길을 비스듬히 올라가니 언덕들이 집들 뒤로 나타난다. 풀숲에서 황토흙이 빗물에 씻겨 흘러내리고 있다. 샌달 신은 맨발 위로 흙물이 흘러간다. 어릴 때는 재미로 일부러 흙물에 발을 적시기도 했다.

김일경 교수는 아직도 다리를 절룩거린다. 미안하기도 하고, 한편으론 그분의 공부도 되니까 하며 미안함을 누그러뜨려 본다. 대단한 분이다. 나이 드신 분이 뒤늦게 고구려 공부를 하시고 몸소 현장들을 답사하며 연구를 하고 계신다. 짐승은 나이가 들면 약해지지만 사람은 나이가 들면서 더 무서워지고 쓸모가 많아진다.

한 200여m 올라가더니 할아버지가 마을의 언덕들을 가리키며 성이란다. 토성의 흔적이다. 여기저기 보이는 언덕들이 다 토성이란 말인가? 왠지 모양이 잡히질 않았다. 성 구조가 머릿속에 그려지지가 않는다. 왼쪽으로 조금 공장 같은 건물을 보면서 고개 위로 올라서니 들판이 나타나고, 그 건너편에 물줄기가 보이면서 뒤로는 산이 연결된다. 그런데 고개를 가운데 두고 군데군데 언덕들이 있다.

비가 너무 쏟아진다. 카메라 렌즈에 물방울이 번진다. 할아버지에게 마이크와 녹음기를 들이대는 내 손 끝에서 빗물이 타고 흘러 겨드랑이를 적셨다.

구련성, 그것은 하나의 성 이름이 아니었다. 어려서부터 구련성을 보아 온 노인이 한 말이다. 아홉 개의 성이 이어져서 강을 바라보면서 하나의 방어 체제를 구축하고 있었던 것이다. 그러니까 강 건너편에 보이는 서안평성보다 오히려 더 중요한 전략상의 요충지였다. 그래서 명대에 완성된 후대에까지 중요했고, 조선 시대 지도에도 표시가 되어 있었던 것이다.

안에 있는 마을이 큰 구련성 방어 체제의 안이다. 남동에서 북서 방향으로 있는데, 이 성에서 남동 방향으로 애하가 보인다. 노인은 이 성터들을 다 볼려면 두세 시간 가지고도 다 못 본다고 한다. 구련성이 아홉 개의 성인 줄 누가 알았겠는가! 예전에는 돌로 쌓은 고분군이 있었다고 노인은 팔을 들어 가리켰다. 고갯마루를 넘으면서 오론쪽 언덕토성 너머였다. 단순한 적석총인지, 방형계단적석총인지 확인할 수는 없다. 사실 나는 이 곳에 고분군이 있다는 보고서도 본 일이 없다. 현지 답사란 이래서 중요한 것이다. 몸으로 체험하여 애정을 갖는 것은 당연한 일이고, 글자에서 보이지 않앙

서안평으로 추정되는 들녘

던 부분도 새롭게 찾을 수가 있는 것이다.

이젠 단순한 '구련'이란 글자가 아홉 개의 성덩어리로, 그 곳에서 살았던 사람들의 아홉 마을 사람들의 삶으로 다가온다.

또 강을 건넜다. 구련교를 건넜다. 그리고 강쪽의 벌판을 향해 달리다가 또 강을 건넜다. 다리 난간의 시멘트에 구멍을 내어 장식했다. 그 새로 보이는 강물이 뻘겋다. 초록색 강둑과 잘 어울린다. 드문드문 있는 길가 집들과 흙길 새를 10여 분 달려가니 옥수수 들판 가운데서 마을이 비에 젖고 있었다.

구경 나온 사람들에게 물어볼 필요도 없이 '애하첨성'이라는 팻말이 우리를 기다리고 있었다.

애하첨 고성지가 바로 여긴데, 남아 있는 것이나 눈에 띄는 것은 아무것도 없다. 모두 땅 속에 묻혀 있다고 한다. 애하와 성의 거리는 너무 먼 것 같다. 그리고 주변에 산이 있는데 성이 없다. 이 곳이 그 유명한 서안평성이란 말인가? 어처구니가 없다.

서안평성은 구련성의 동북에 있다는 기록이《삼국지》'고구려전' 현장에서 확인된다. 압록강 하구이니 서안평의 전략적 가치는 말할 필요조차 없을 정도이다. 남북을 오고 가는 선박은 물론 강을 통해서 고구려의 내부로 들어가려는 선박들은 모두 이 곳을 거쳐야 한다. 선박뿐만 아니라 사람들도 마찬가지이다. 서한만의 입구가 바로 이 곳이기 때문이다.

고구려는 일찍부터 이 지역에 진출했을 것이다. 태조 대왕 94년(146년)에 서안평을 공격하여 대방령을 죽이고, 낙랑 태수의 처자를 잡아온 기록이 있다. 이후 동천왕은 손권의 오나라와 교섭한다. 당시 요동반도는 양국에 적대적인 공손씨가 장악하고 있었으므로 항구는 압록강 하구가 될 수 밖에 없다. 양자강 하구에서 황해를 거슬러온 손권의 사신들은 안평구로 들어왔고, 여기서 말 등을 싣고 돌아갔던 것이다《삼국지》'오서'. 이후 이 서안평 유역은 고구려군이 황해로 진출하는 출해권을 얻고 군사적으로, 경제적으로 이익을 얻기 위해서는 계속 점령해야 하는 요충지였다. 이후 서안평은 고구려와 위가 갈등을 일으키는 지역이 되었다. 관구검이 246년에 고구려를 침입한 원인 가운데에는 242년 동천왕이 서안평을 공격했기 때문이다. 서안평은 그 후에도 수·당군의 침입을 방어하는 기지 역할을 했다.

애하첨 성지. 고구려가 황해로 진출하는 출해권을 얻고, 경제와 군사적 이익을 얻기 위해 축성한 애하첨은《삼국지》'고구려전'에 서안평성으로 기록되어 있다.

압록강 하구는 폭이 좁다. 그 위로 올라가도 역시 폭이 좁을 수밖에 없는데, 이것은 적이 수로를 통해서 국내성까지 침입하기가 쉽지 않다는 사실을 알려 준다. 왜냐하면 강폭이 넓을 때는 강 안에서 방어하기가 힘들지만 폭이 좁을 때는 충분히 강 양변에서 공격할 수 있다. 더군다나 강에다가 여러 가지 방어 시설을 설치할 수도 있기 때문이다. 실제로 고구려는 압록강변에 방어 시설을 구축해 놓았다. 서안평성은 수군의 공격을 사전에 방어하고, 해안선을 따라서 가는 적들을 공격하는 고구려군의 방어 체제를 총괄하는 전략 사령부 역할을 하였을 것으로 판단된다. 논문을 쓰면서 얼마나 서안평을 생각했었던가! 크기와 모양은 고사하고 위치도 정확히 몰라서 얼마나 노심초사했었는데……. 그런데 여기서 이렇게 보게 되다니!

서안평의 젖은 흙을 밟아본다. 숱한 사연이 켜켜이 쌓인 역사의 흙인데, 알지 못하면 누가 빗물에 푹 배인 이 옥수수밭에서 사람들의 숨결을 느낄 것인가?

시내로 들어갔다. 비 오는 단동거리는 사람들의 흔적으로 어지럽다.

압록강
고구려의 옛 땅을 갈라 놓은 국경선

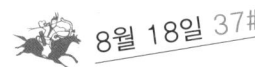 8월 18일 37#

다음 날, 나는 김 교수와 둘이서 '박작성'으로 갔다. 박작성은 사료에 많이 등장한 성이다. 압록강구의 교통을 말할 때는 하나의 기준이 되는 성이다. 그런데 그 동안은 위치를 정확히 모르고 있었다. 구련성과 박작성을 혼동하기도 하였다. 다행히 몇 달 전에 중국 학자들이 박작성으로 추정되는 곳을 발견했다.

역에 나가 택시를 대절했다. 터무니 없을까 봐 걱정을 했는데 의외로 흥정이 잘 되어 싼 값에 출발할 수 있었다. 구련성촌을 지났다. 어제보다 물이 더 불었다. 산천이고 동네고 길이고 모두가 풀에 펑하니 젖었다.

차는 '관전寬甸'이란 팻말을 보면서 북으로 달렸다. 박작성이 있는 호산진虎山鎮 호산촌虎山村을 찾는 것이다. 이 길은 압록강 변에서는 일반적으로 험한 편에 속한다. 주위에 산과 산이 겹쳐지고 있는데, 물론 높은 규모의 산은 아니고 동네 야산 정도의 크기이다. 한 40여 분 달리니 호산촌이 나타나고, 오른쪽으로 둥그런 봉우리 두 개가 폭 솟아 있다.

비안개에 휩싸인 박작성 전경. 압록강 초입의 고구려 산성으로, 오늘날 중국은 이 곳이 만리장성의 시발점이라며 동북공정의 깃발을 세우고 있다.

관광 안내판이 있어서 내려섰다. 명나라의 장성인 탑호산성塔虎山城이다. 육중한 벽돌로 성벽과 문을 쌓았는데, 투박한 붉은 빛의 철문은 꽉 닫혀 있다. 문 뒤로 돌아가 보니 성벽이 철조망 너머에서 봉우리 정상 쪽으로 이어진다. 이 근처가 분명한데 올라가 볼 수가 없으니 정확히 밝힐 수가 없다.

봉우리 안쪽으로 강과 맞닿은 틈새로 마을이 있다. 들어가려고 앞으로 갔는데, 마을 입구가 물이 차서 택시가 전혀 들어갈 수 없었다. 다시 차를 돌려 나와서 박작성을 멀리서 볼 수 있는 곳으로 나갔다. 성터에서 1km 정도 더 북으로 가서 차를 세웠다.

산의 윤곽이 비안개 때문에 분명하지는 않지만 형체는 보였다. 200m가 채 못 되는 두 개의 봉우리가 밭게 만나 한 덩어리를 이루고 있었다. 끝이 날카롭지가 않고 뭉실하여 여자의 가슴 같다. 오른쪽, 그러니까 길 쪽으로 명의 장성이 있고, 그 반대편 뒷쪽 강과 만나는 봉우리의 아래로 경사가 지면서 평평한 지역을 이루고 있다. 그 곳이 박작성터 같다. 중국 학자들의 보고에 의하면 토성의 흔적이 100여 m 남아 있고, 우물이 하나 있다고 한다. 그리고 그 곳에서 3.7m 길이의 목선이 발견되었다. 고구려 시대의 유일한 목선이, 고구려의 해양 활동을 입증할 최초의 구체적인 증거물이 발견된 것이다.

좀 더 안쪽을 관찰할 목적으로 길 아래 강가로 내려서려고 발을 옮기는데 운전사가 팔을 당기고, 아래쪽에 있던 중국인이 내려오지 말라고 손을 젓는다.

호산장성의 고구려 화살촉

"이거 왜 이래?"

이 곳은 변경이라 내려오면 안 된다는 것이다.

"선생님, 어젠 배 타고 신의주 5m 앞까지 갔었는데요. 싱거운 놈들이죠?"

"글쎄요?"

김 교수도 같이 당황해한다.

중국인이 하는 말은 둑 밑은 북한 땅이라는 뜻이다.

천 가운데는 폭이 3m, 길이가 200여m 가량의 둑이 저쪽으로 연결되고 있다. 조금 전에 둑을 가리키며 고려둑이라고 해서 고구려인들이 쌓은 둑을 요즘 다시 시멘트로 해놓았나 하며 이상하게 생각했었다. 그런데 북한 땅에 있어서 고려둑이라 부른 것이다. 지금은 물이 불어 강처럼 보이고, 위험해서 사람들이 없지만 보통때는 북한 아낙네들이 빨래를 하고 병사들이 지금 내가 서 있는 바로 아래에까지 와서 담배를 얻어 피운다고 한다. 운전사는 자기도 가끔 과자를 사 가지고 와서 주곤 한다고 말한다.

그러니까 박작성 아래의 개천 같은 것은 바로 북한 땅이었다. 압록강이 중간에 섬을 두고 한 줄기가 이쪽으로 흐르는데, 이 곳까지가 북한 땅이었다. 그러니까 그냥 단동에서 환인 쪽으로 나가는 도로 변 아래의 얕은 강이 바로 국경이었던 것이다. 그러니 이들의 국경 개념이 우리와 같을 리가 없다. 민간인들끼리 손을 맞잡고 얘기하고 말을 주고 받을 정도로 구분이 희박한 것이다. 만약 우리가 통일된다면 중국과 우리는 어떻게 될까? 우호적으로 이런 국경을 유지하고 있을까? 아니면?

박작구가 이렇게 미묘한 위치에 있다니……. 빗속에서 사진을 서둘러 찍지만 제대로 나올런지는 모른다.

단동 시내로 돌아오니 저녁이다. 책방에 들러보았지만, 언제나 그렇듯이 아무것도 없었다.

압록강 지류에 있는 박작성 전경. 당나라와의 전투에서 압록강 하구를 지키며 큰 역할을 했다. 왼쪽 나무숲이 북한 지역이다. 한 걸음만 내딛으면 북한 땅이어서 '한 보 넘음' 이라는 한자로 된 표지석이 세워져 있다.

이젠 일정이 다 끝났다. 촬영팀은 집안으로 돌아가 국동대혈을 더 찍고 대련으로 해서 돌아간다고 하고, 우리는 이제 심양으로 해서 서울로 돌아간다. 비행기표가 잘 구해졌는지는 모르지만 일단 여긴 떠나는 것이다. 이젠 우리도 갈 준비를 해야 한다.

박작성 성벽 밑에서 우물 발굴 현장 사진

고구려 우물임이 밝혀지자 어느 날 우물을 메워 버린 현장

우리 겨레
진달래꽃 피는 땅은 모두 우리 땅

8월 19일 38#

비행기 안이다. 다 끝났다. 심양에 도착해 하루 자고 아침 일찍 나와 비행기를 탔다. 혹시나 하며 긴장을 했는데 잘 통과했다. 예상치도 않게 안 형의 비자 기간이 2일 초과된 것이 통과대에서 걸렸는데, 그것도 별 탈 없이 넘어갔다. 중국인들의 여유로움 때문인지, 돈 잘 쓰는 한국인들을 더 많이 오게 하려고 하는지 모르지만, 우리에겐 행운이었다.

'중국, 고구려의 산천을 떠나는구나'

아무리 봐도 정겨운 풍경이다. 결코 모나지 않은 산릉선하며, 깊지만 거칠지 않은 골짜기, 자연스레 내리뻗은 능선과 들판들, 우리 땅 어디서나 볼 수 있는 모습들이다.

민족과 국가의 경계는 압록강을 가운데 두고 있지만 자연은 결코 경계가 아니었다. 압록강은 만주, 옛 고구려 땅에 있는 강과 똑같이 들판 사이를 흐르는 강일 뿐이다. 그렇다고 크거나 깊은 것도 아니고 그저 평범한 강일 뿐이다. 옛날 고구려가 만주 땅을 차지하고 있었던 것은 자연의 순리를 그대로 따른 것일 뿐이다. 조선족 말대로 진달래꽃 피는 땅은 다 우리 땅이었다.

이제 40여 일간, 천수백 년 전의 고구려 땅을 헤매고 돌아가는 길이다. 단순한 지역 이동, 시간 여행이 아니라 존재의 근원과 숨겨졌던 의식의 한 부분을 찾고 또 나의 자아, 민족의 아이덴티티를 확인하는 작업이었다.

감동은 자신감으로, 내 모습을 스스로 찾은 희열은 뭔가 해야 할 일을 할 수 있는 용기를……

거울에 낀 때를 닦아 낸다는 것은 바로 존재의 원 모습을 찾는 것이 아니냐?

천수백 년간, 우리 역사 속에, 내 몸뚱이, 혼 속에 뿌옇게 끼었던 그림자 앙금이 사라지고 맑고 투명해졌다. 역사에서 맑고 투명한 모습을 찾는다는 건 얼마나 아름답고 벅찬 일인가!

난 한국인이 아니라 고구려 사람으로, 고구려 땅에서, 고구려 혼을 찾고 마시며 다닌 거다. 이 땅이, 이 역사가 내게 준 사명이고, 또 나의 원이었다.

주머니 속 수첩에 끼어 간직하고 다녔던 단군의 영정, 그분은 해모수였는지도 모른다. 그분을 모시고 다니며, 그분의 빼앗겼던 옛 삶을 다시 누리게 해드렸다.

참 많이 보고 겪었다. 발로, 손으로, 눈으로. 산동반도의 장보고, 진시황, 한 무제의 흔적과 발해의 한을, 그리고 눈강 하얼빈, 심지어는 동몽골의 초평선까지 가서 고구려인들의 뛰는 모습, 이동성을 몸으로 체험해 봤다.

동명처럼 북부여의 땅·동부여의 땅에서 강들을 건너기도 했고, 고구려의 옛 군도를 말로 넘기도 했다. 고생도 많았고, 재미있기도 했고, 안타깝기도 했고, 슬프기도 했지만, 감동은 항상 내 몸 속에 담겨 떠날 줄을 몰랐다.

고구려인들의 피, 땀, 눈물, 자유로워지려는 의지. 길가 돌멩이, 깨어진 기와 조각, 성 벽돌 하나하나에서 느꼈다. 무엇보다도 중요한 것은 고구려와 고구려인을 관념적·추상적·감성적으로 이해한 것이 아니라 구체적·이성적으로 받아들인 것이다. 그럼에도 감상적 접근보다 더 감동적이었고, 현상 이전의 세계, 행위를 낳게 한 의식을 보다 확실히 이해했다. 고구려인들이 가장 원한 것은 자유의지 free will였다. 고구려의 유물들이, 고구려인들이 최후로 남겨 준 메세지는 바로 그 자유의지였다.

또 역사적 사실·기록에 대해서도 검토하고 검증할 수 있었다. 막연히 글자로서 추상화됐던 '사실史實'들이 '사실事實'이 되어 가슴 속에, 손 끝에 만져졌다.

무수한 방어 체제들, 통념을 깬 산성들의 구조와 크기, 아름다움, 숱한 틈과 사이사이에 박힌 방어 요새, 특별한 의미를 가진 건축물들…….

고구려인들은 자기들에게, 또 후세인들에게 뭔가 메세지를 남기고자 애를 썼다. 그래서 그들이 그들의 역사가 스러진 지 천수백 년이 지난 지금에도 내가 와서 이렇게 그 메시지를 찾아내고 있는 것이다.

이젠 모든 것이 끝났다. 40일간의 일정이었는데, 결국 무사히 끝났다. 모두모두 고생했다. 어려운 일이었는데…, 모든 사람들에게 감사를 드린다.